Winfried Prost

Führen mit Autorität und Charisma

Winfried Prost

Führen mit Autorität und Charisma

Als Chef souverän handeln

GABLER

Bibliografische Information der Deutschen Nationalbibliothek
Die Deutsche Nationalbibliothek verzeichnet diese Publikation in der Deutschen Nationalbibliografie; detaillierte bibliografische Daten sind im Internet über <http://dnb.d-nb.de> abrufbar.

1. Auflage 2008

Lektorat: Ulrike M. Vetter

Gabler ist Teil der Fachverlagsgruppe Springer Science+Business Media.
www.gabler.de

Umschlaggestaltung: Nina Faber de.sign, Wiesbaden
Druck und buchbinderische Verarbeitung: Wilhelm & Adam, Heusenstamm

ISBN 978-3-8349-0551-2 Hardcover
ISBN 978-3-8349-4411-5 Softcover

Vorwort

Der Blick auf sich rasant wandelnde Märkte im globalen Wettbewerb erhöht den Druck auf Führungskräfte, durch „Excellence in Leadership" ihre Mitarbeiter zu einer immer höheren Performance in der Wertschöpfungskette anzutreiben. Mit „Catchwords" wie „Passion for Business", „Passion for Innovation", „Passion for Success" oder „Creative-Self-empowerment" wird die totale Hingabe und Selbstentäußerung einer im permanenten „Change"-Rausch rotierenden „High-Potential-Group" bis zum letzten Blutstropfen gefordert. Währendessen spült das „Global-Network" der „High-Speed-Developer" und „High-Performer" längst immer mehr zusammenbrechende „Burn-out-Geschädigte" vor die blinden Türen überforderter Human-Resources-Departments. Die sind in überheblicher Ignoranz und Verkennung ihres eigentlichen Auftrags vor allem damit beschäftigt, ständig neue propagandistische Begriffswelten zu kreieren und wie Seifenblasen in die Welt zu pusten.

Dem Makrokosmos des vermeintlich grandios Globalen steht in der Mikrowelt eine andere Wirklichkeitsdimension gegenüber. Dort müssen in vielen Millionen täglicher kleiner Begegnungen und Berührungen von Ichs und Dus Vertrauen, Motivation und innere Identifikation all der einzelnen Menschen erzeugt werden, aus deren Summe erst das erfolgreiche Funktionieren einer Gruppe, einer Firma oder der Netze resultieren kann.

Von diesen kleinen und so unendlich wichtigen Begegnungen von Menschen an den Knotenpunkten des globalen Netzes handelt dieses Buch. Es beleuchtet die Felder an Sympathie, Vertrauen, Autorität und Charisma, dic dabei um einzelne Menschen herum entstehen können und unter Umständen ein größeres Feld speisen und beeinflussen können. Es soll Ihnen als Leser zeigen, wie Sie als scheinbar winziger Knotenpunkt im globalen Netz nicht nur Durchleiter, sondern auch Impulsgeber Ihres Umfeldes werden können, wie Sie Einfluss darauf nehmen und dessen Qualität führend mitbestimmen können.

Winfried Prost

Inhaltsverzeichnis

Einführung

Liebe Leserinnen und Leser,

vielleicht hoffen Sie, hier ein Buch mit neuen und revolutionären Ideen für leichte Problemlösungen in die Hand zu bekommen. Vielleicht erwarten Sie Patentrezepte für ein künftig sorgenfreies neues Leben. Natürlich wissen Sie, dass das nicht sein kann, aber Sie werden in diesem Buch vieles finden, das umwälzend wirken kann. Manche Wahrheiten und Ideen liegen im Verborgenen, sind oder werden verdrängt. Man kann versuchen, sie auch einmal in Worte zu fassen und klar auszusprechen. Wenn man sie dann konsequent umsetzt, kann daraus unter Umständen eine Revolution werden. Viele erfolgreiche Internetfirmen haben das in den letzten Jahren gezeigt. Allerdings verlaufen die wenigsten Revolutionen so, wie ihre Anstifter das gehofft und erwartet haben. Es kommt eben nicht nur auf die Auslösung des ersten Startmomentes an, während der Fahrt muss man eben auch ständig aufmerksam am Steuer bleiben.

Wie kann nun dieses Buch Ihr Leben bereichern und Ihre Führungsaufgaben erleichtern?

Seit 25 Jahren befrage ich in Führungsseminaren Führungskräfte nach ihren Sorgen, Problemen und Schwierigkeiten beim Führen anderer Menschen. Dabei habe ich einen recht umfassenden Überblick über deren Fragen, Nöte, Zwiespälte, Zwänge und Herausforderungen gewonnen. Zugleich kenne ich auch einen großen Teil der Techniken und Maßnahmen, mit denen sie versuchen, ihre Aufgaben zu bewältigen. In der Auseinandersetzung mit Führungsfragen habe ich aus diesen Gesprächen einige zentrale Einsichten gewonnen. Sie bilden die Grundlage dieses Buches:

1. *Einstellungen sind wichtiger als Methoden und Techniken*
   Führungstechniken und Methoden sind gut und schön, aber sie allein wirken nicht verlässlich. Vielfach kommt es nicht auf die Methoden, sondern auf die inneren Einstellungen und die damit verbundene Aus-

strahlung und Wirkung einer Führungspersönlichkeit auf andere Menschen an. Wie Sie sich diese Einstellungen bewusst machen und sie in sich selbst herstellen können – darum geht es in diesem Buch.

2. *Maßnahmen müssen situativ angemessen sein*
   Ich habe feststellen müssen, dass Menschen, die über Jahre mit ihren Führungstechniken und Strategien erfolgreich waren, plötzlich in einer neuen Situation und einem neuen Umfeld nicht mehr erfolgreich waren. Und ich habe die Erfahrung gemacht, dass es weder allein an der Methode noch allein an den Menschen oder allein am Umfeld liegt. Ein ganz wichtiger Aspekt, auf den es ankommt, ist die situative Angemessenheit.

3. *Situative Angemessenheit setzt hohe Aufmerksamkeit voraus*
   Wer sich beim Führen auf Führungs- oder Kommunikationskonzepte und Inhalte konzentriert, stellt diese zwischen sich und seine Gesprächspartner und nimmt diese deshalb nicht deutlich wahr. Insofern ist ein hohes Maß an konzeptfreier und offener Aufmerksamkeit wesentliche Voraussetzung für die Wahrnehmung und das Verständnis anderer Menschen. Nur wer versteht, kann erfolgreich auf andere eingehen.

4. *Aufmerksamkeit setzt innere persönliche Balance voraus*
   Wer wegen eigener Probleme oder Zwiespälte mit sich selbst beschäftigt ist, kann sich nicht auf anderes konzentrieren. Er sieht darum andere Menschen oder Situationen unscharf, gebrochen und mit den blinden Flecken seiner eigenen Brille. Daher ist eine ständige Arbeit an der eigenen Person erforderlich, um harmonisch ausbalanciert zu werden und eigene Probleme verarbeiten zu können. Ein stabiles Selbstwertgefühl, innere Sicherheit, Versöhntheit mit dem eigenen Leben und eine Perspektive des Überblicks über das Ganze sind dafür von Vorteil.

5. *Persönliche Authentizität ist zum Führen wichtiger als alles andere*
   Um auf andere Menschen glaubwürdig zu wirken, helfen keine antrainierten („Schauspiel-“)Techniken. Menschen können intuitiv sehr klar empfinden, was echt und was unecht ist. Insofern ist es für die

Glaubwürdigkeit und Überzeugungskraft eines Führenden unter allen Umständen die oberste Priorität, authentisch mit sich selbst in Einklang zu sein und zu bleiben.

Zusammengefasst: Da Führungsaufgaben strukturell nicht allein durch Detailwissen zu bewältigen sind, sondern aus der Position des Überblicks über das Ganze. In diesem Buch zeige ich Ihnen Aspekte des Führens auf, die, obwohl substanziell, dem Alltagsbewusstsein oft wie die Fundamente oder tragenden Elemente eines Hauses unsichtbar bleiben. Sie betreffen:

- Grundsätzliches zum Führen,
- die Person des Führenden,
- die Menschen, die geführt werden,
- die Grundsätze der Kommunikation zwischen den beteiligten Menschen,
- die Praxis des Führens.

Dieses Buch kann Ihnen ersparen, das Rad selbst neu erfinden zu müssen. Vieles ist schon gedacht worden, und das finden Sie hier in überschaubarer Form aufbereitet und ergänzt. Weiter finden Sie hier eine Vielzahl an Werkzeugen, Anregungen und Impulsen, die Sie innerlich und äußerlich in Ihrer Führungsrolle stärken können und sollen, damit Sie Ihr Führungsverhalten optimieren und Ihre Ziele erfolgreicher erreichen.

1. Führen

Sinn, Funktion und Notwendigkeit des Führens

Fragen wir uns zuerst: Welchen Sinn, welche Funktion hat Führung? Gibt es Notwendigkeiten, die Führung vielleicht sogar zwingend erforderlich machen?

Ordnung schaffen im Chaos

Stellen Sie sich eine Klasse mit 30 Schülern im Alter von etwa 14 Jahren vor. Ein Lehrer ist ausgefallen, und in der entstehenden Freistunde wird den Schülern aufgetragen, sich selbst zu beschäftigen. Jeder macht etwas anderes, die meisten trödeln sinnlos vor sich hin. Würde man am Ende der Stunde einmal den Gesamtnutzen dieser Stunde auswerten, so wäre vermutlich wenig Lohnendes zustande gekommen. Einzelergebnisse und Gesamtergebnis wären rein zufällig. Die Fähigkeiten der Anwesenden wären nicht genutzt worden. Möchte man sich mit solchen Nicht-Ergebnissen nicht zufriedengeben, sondern will man sinnvolle Ergebnisse oder gar eine wirtschaftliche Existenz aufbauen und sichern, entsteht die Idee und Notwendigkeit, alle Aktivitäten auf ein gemeinsames Ziel hin zu koordinieren. Dieser Impuls ist die Geburt der Idee des Führens.

Idee, Plan und Ziel

Würde man den Schülern die Aufgabe stellen, ihre Klasse neu zu streichen, dann hätten mit entsprechenden Werkzeugen, Materialien und einem geeigneten Plan 30 Schüler innerhalb einer Stunde vermutlich eine Menge an sichtbarem Ergebnis bewirkt und den Klassenraum neu gestaltet. Vermutlich wären sie über das Ergebnis selbst verblüfft gewesen und hätten Lust auf neue und größere Unternehmungen bekommen.

Die wichtigsten Vorgaben wären vermutlich die Idee, der Plan und das Ziel gewesen. Hätten da nur Eimer mit Farbe, Rollen und Pinseln gestanden, hätte sich niemand an die Arbeit gemacht – oder es hätte nur eine riesige Farbschlacht gegeben.

Woher kommen Idee und Umsetzungsplan? Hier wurde zunächst unterstellt, der Input sei von außen gekommen. Vorstellbar ist aber auch, dass die Schüler selbst auf die Idee gekommen wären und auch gemeinsam einen solchen Plan hätten aufstellen und durchführen können. Dabei wäre die Idee vermutlich nicht vom rangniedrigsten Mitglied der Gruppe gekommen, mindestens hätte dieser Schüler nicht die Kraft gehabt, die Idee zugkräftig in die Gruppe zu kommunizieren. Eine solche Idee wäre eher von einem Klassensprecher oder einem anderen Schüler aus der oberen Rangskala zu erwarten gewesen, oder ein solcher Schüler hätte die Idee aufgreifen und durchsetzen müssen. Diese Person könnte man dann zu Recht für diesen Moment als Führer der Gruppe bezeichnen.

Gruppendynamik und die Entstehung von Hierarchie

Was folgt dann? Vielleicht übernimmt später ein anderer die Funktion, vielleicht streiten zwei oder drei um die Führungsrolle. Eine sinnvolle gemeinsame Aktivität wird erst beginnen können, wenn die Führungsrolle geklärt ist.

Die Erfahrung zeigt, dass es meistens ziemlich lange dauert, bis eine Gruppe aus sich selbst eine Idee entwickelt und sich einvernehmlich darauf verständigt. Oft entzünden sich dann lange Diskussionen, Streitigkeiten, Widerstände oder Konkurrenzkämpfe, und selbst beste Ideen gehen dabei häufig wieder unter und verlieren sich im Nichts. Gruppen ohne Führung brauchen oft viele Anläufe, um eine innere Führungsstruktur zu entwickeln, durch die dann auch Ergebnisse produziert werden können.

In Seminaren zur Gruppendynamik übernehmen die Trainer oft zu Beginn ausdrücklich nicht die Führungsrolle und überlassen die Gruppe sich selbst. In dem entstehenden psychosozialen Prozess werden dann Dynamiken sichtbar, die meistens zu einer klaren und stabilen Gruppenstruktur mit einer Hierarchie führen. Solche Strukturen geben dann allen Sicherheit und Orientierung, selbst wenn die konkrete Struktur nicht geliebt wird.

Arbeitsteilung, Delegation und Koordination

Ohne eine solche Struktur würde ein Vielfaches an Zeit für die Besprechung benötigt, wer, was, wann, in welcher Reihenfolge, an welcher Stelle machen soll, damit sich in einer sinnvollen Abfolge ein gutes Ergebnis erzielen lässt. Ehe es zu einer erfolgreichen Umsetzung käme, wäre bei der Schulklasse vielleicht das Schuljahr darüber vergangen, eine Firma hätte zwischenzeitlich vermutlich Konkurs anmelden müssen.

Auch in dieser Hinsicht wird deutlich, dass zumindest eine Art Moderator für eine Straffung des Prozesses vorteilhaft ist. Arbeitsteilung beschleunigt den Prozess. Nicht jeder Schüler im Beispiel muss den von ihm benötigten Farbeimer selbst per Fahrrad besorgen, man kann zusammenstellen, was man an Werkzeugen und Material braucht, und einer oder zwei können das dann für alle besorgen. Gegebenenfalls ist es die sinnvollere Lösung, die Beschaffung an einen Elternteil mit Pkw zu delegieren, weil der Arbeitsaufwand damit in eine angemessene Relation kommt. Zusätzlich muss die Reihenfolge der erforderlichen Arbeitsschritte festgelegt werden, dass beispielsweise erst die Gardinen abgenommen werden, dann die Löcher in den Wänden glatt gespachtelt werden, und erst im dritten Schritt damit begonnen wird, die neue Farbe auf die Wände zu bringen. Es wird sogar sinnvoll sein, einen Schüler als „Springer“ freizustellen, der dann den Überblick über alle Aktivitäten behält und bei Bedarf kurzfristig mit Hand anlegen kann.

Überblick für alle

Wenn Sie nun fürchten sollten, hier Schritt für Schritt in eine straffe Führungsphilosophie gelockt zu werden, die sich nachher als militärisch entpuppt, dann ist das Gegenteil richtig: Beim klassischen Militär wird den Ausführenden eine Maßnahme nach der anderen befohlen, ohne dass sie deren Sinn erkennen oder überschauen können, ohne dass sie überblicken, Teil welchen Plans die einzelnen Handlungen sind. Als sinnvoller und effektiver für die Motivation von freiheitlich organisierten Gruppen erweist es sich, alle in den Sinnzusammenhang einzuweihen und ihnen in groben Zügen den Überblick über das Ganze zu vermitteln.

Verstärkung durch Wettbewerb

Würde man zusätzlich zwischen allen Klassen der Schule noch einen Wettbewerb ausrufen und der Klasse, die am schnellsten und besten ihren Raum gestrichen hat, einen Preis in Aussicht stellen, könnte man noch zusätzliche Dynamik wecken. Der Gerechtigkeit halber müssten dann allerdings noch Maßnahmen zwischengeschaltet werden, durch die das Ergebnis kontrolliert und vergleichbar gemacht werden könnte.

Schritte einer Projektplanung

1. Es braucht eine Idee. Die Idee wird zum Ziel.
2. Zur Erreichung eines Ziels braucht es einen Plan.
3. Zur Verwirklichung eines Plans ist ein Koordinator erforderlich.
4. Koordination soll nach Effektivitätskriterien erfolgen.
5. Wettbewerb gibt zusätzliche Dynamik und Energie.
6. Einer muss den Überblick bewahren und vermitteln.
7. Ergebnisse müssen vor ihrer Belohnung überprüft werden.
8. Es sollte eine Belohnung erfolgen.

Zusammenfassung

Am Beispiel der Schulklasse wurde gezeigt, dass es selbst in einfachen Zusammenhängen sinnvoll ist, bestimmte Funktionen zur Zielerreichung an einen Führenden zu delegieren. Er erfüllt seine Aufgabe gut, wenn die Erreichung des Ziels zügig verwirklicht wird. Besonders bei vielschichtigen und ineinander verschachtelten Zielsetzungen ist es sinnvoll, die Zielerreichung nicht jedes Mal der Gruppendynamik zu überlassen, sondern einer geeigneten Peson die Leitung und Steuerung der Gruppe zu übertragen.

Die Bedeutung der Hierarchie

Die Führungsperson

All das könnte in einem freien gruppendynamischen Prozess von allein stattfinden. Ein solcher Prozess braucht allerdings viel Zeit. In der Schule entsteht manchmal der Eindruck, man habe jahrelang Zeit, aber im Business und im Markt drängt sie. Abgesehen von der Gründungsphase vieler Startup-Unternehmen, in denen die Gruppendynamik als kreativer Schub zu einer erheblichen Erfolgsdynamik beigetragen hat, wird aber festzustellen sein, dass in den meisten schon länger existierenden Unternehmen mit gewachsenen Strukturen die Führungsaufgabe von eingesetzten Führungskräften übernommen wird. Deren Aufgabe ist es, Ziele zu erreichen oder zu implementieren und die Dynamik einer Gruppe so zu steuern, dass sie die Ziele zügig und effektiv erreicht und umsetzt. Hier begegnet uns also die institutionalisierte Führungskraft.

Disziplin

Bei der Betrachtung der erforderlichen Maßnahmen zur Zielerreichung wird deutlich, dass neben der fachlichen Kompetenz auch die Disziplin erforderlich ist, konsequent auf diesem Weg voranzuschreiten und Störfaktoren so weit wie möglich auszuschalten. Das können neben externen Störungen auch Gruppenmitglieder sein, die die Erreichung des Ziels behindern oder blockieren.

Der Unternehmer als Urtyp der Führungsperson

Der Urtyp einer Ziele auslösenden Person könnte in einer Schulklasse ein Lehrer, ein Klassensprecher oder schließlich jeder Schüler sein, in der Wirtschaft ist der Urtyp des Initiators der Unternehmer. Er stellt zur Verwirklichung einer eigenen Idee Leute ein und bezahlt sie dafür, seine Idee umzusetzen. In diesem Fall entfällt zunächst jeglicher Rechtfertigungszwang und auch jeder Anspruch der Mitarbeiter auf Mitbestimmung. Der Unternehmer besitzt im ersten Ansatz die völlige Freiheit, Ziele zu setzen und die Maßnahmen zu deren Erreichung zu bestimmen. Als Urheber (lateinisch: auctor) ist er in voller Unabhängigkeit (Autonomie) selbst der Gesetzgeber (griechisch: autos = selbst; griechisch: nomos = Gesetz), das Urbild von „Authentizität". Er entscheidet nach seinem eigenen „Für-gut-Halten" und trägt die Konsequenzen von Erfolg oder Scheitern. Aus diesem Verständnis heraus kann es in Unternehmen keine Demokratie geben. Hier geht es zunächst um das Recht des Einzelnen, seine eigenen Ziele zu verwirklichen, und um seine Vertragsfreiheit mit anderen Menschen, die er als Mitarbeiter einstellt.

Selektion

Zu den Gesetzen des Marktes gehört es, dass derjenige, der sich mit seinen Entscheidungen nicht im Markt behaupten kann, aus dem Markt ausscheidet. Da keiner über alles Bescheid wissen kann, steht es in der Freiheit des Unternehmers, sich von seinen Mitarbeitern beraten zu lassen. Zu seiner Kompetenz sollte es sowohl gehören, Fachleute zu engagieren, die dazu in der Lage sind, als auch auf sie zu hören. Trotzdem wird er selbst die Entscheidungen treffen müssen.

Führen oder Leiten – die große Illusion

Es ist eine große Illusion vieler so genannter „Leitender Angestellter" in Groß-Unternehmen zu glauben, dass sie Führungskräfte sind. Wie das Wort Leiter im elektrotechnischen Sinne sagt, geht es beim Leiten mehr darum, Botschaften (der Unternehmensführung zu den Mitarbeitern oder

Kunden) hin durchzuleiten, als selbst Botschaften zu erzeugen und ins Leitungsnetz einzuspeisen. In Firmen wird viel mehr geleitet als geführt. Darüber sollte man sich keine falschen Vorstellungen machen. Eigenmächtigkeit, d.h. eigene Macht von Mitarbeitern, ist meist nicht gewünscht.

Und ein Abteilungsleiter ist oft nur da, um die Botschaften seiner Chefs möglichst geschmeidig in seine Abteilung hineinzuleiten und innerhalb seiner Gruppe eine widerstandsfreie Umsetzung und Kommunikation zu gewährleisten.

Nur der Oberste führt

Nüchtern betrachtet ist nur die Person an der Spitze einer Hierarchie führend, alle anderen sind durchleitend und ausführend. Manchmal sind sie auch Transformatoren oder Durchlauferhitzer. Das ist durchaus im positiven Sinn gemeint. Als Transformatoren sind sie Übersetzer und passen die eingehende Energie auf die Anwenderbedürfnisse an. Durchlauferhitzer führen noch einmal verstärkende Energie zur Botschaft hinzu und können damit – verstärkt um die eigene Identifikation – oft bessere Überzeugungsarbeit leisten als ein Durchleiter.

Hierarchie als förderliche Ordnung

Nun ist das Wort „Hierarchie“ gefallen. Was damit gemeint ist, scheint allzu klar: Einer ist oben und viele sind unten. Und das scheint für die meisten auf Anhieb nichts Gutes zu sein. Die Frage taucht auf: Wie rechtfertigt sich das „Obensein“? Ist es nicht moralisch verwerflich, sich über andere zu stellen? Möchte eine Mehrheit unter einem stehen? Gibt es da nicht zwangsweise Widerstand und irgendwann Revolte? Gehen wir wieder in die Schule: Wenn Sie sich einmal einen wirklich guten Lehrer vorstellen, der fachlich, menschlich und kommunikativ mit seinen Schülern hervorragend umgeht, dann liegt es nahe, dass die Schüler diesen Lehrer bzw. diese Lehrerin verehren und gerne zu solch einer Person aufschauen. Wenn es klar ist, dass diese Person das Wohl eines jeden im Auge hat und durch ihre Kompetenz, ihr Alter und ihre Position jedem einen Nutzen bringt, dann wird die Höherstellung als wünschenswert anerkannt. Dazu passt, dass sich das Wort „Hierarchie“ aus dem Griechischen mit „Heilige Herrschaft“ oder etwas sanfter – mit „heilsame Führung“ übersetzen lässt. Trotz aller schlechten Erfahrungen mit unheilvoller Führung ist Hierarchie in diesem Sinn etwas Gutes und bedeutet eine förderliche Ordnung. Sie könnte sich zum Teil oder manchmal schon allein aus altersbedingtem Erfahrungsvorsprung von selbst ergeben.

Die ordnende Perspektive der Metaebene

Wer in einer Metaebene platziert ist, kann aus dem Überblick, der von dort möglich ist, eine ordnende Funktion ausüben. Darum müssen Sie sich als Führungskraft immer wieder um eine solch höhere Perspektive bemühen. Sie können daraus fast automatisch andere Einsichten in Zusammenhänge und Notwendigkeiten gewinnen, als wenn Sie mitten im Getümmel sind.

Beispiel

Ein ADAC-Hubschrauberpilot kann den Verkehrsfluss anders beurteilen als jemand, der unten im Stau steht. Daher kann er auch sinnvolle Umleitungsempfehlungen geben bzw. Maßnahmen zur Staubehebung vorschlagen. Hierarchisch befindet sich der Pilot über dem Autofahrer. Aber der Pilot hat trotz Perspektive meist nicht die Macht, die Dinge, die er empfiehlt, anzuordnen. Über ihm gibt es noch eine Leitzentrale, die zwar auf dem Boden platziert ist, aber doch noch einen höheren Überblick hat als der einzelne Pilot. In der Leitzentrale werden die Informationen von allen Hubschraubern und Verkehrsbeobachtungsposten gesammelt, und es wird da eine Gesamtkoordination ggf. unter Berücksichtigung der Wetterbedingungen und Kosten vollzogen, vielleicht noch mit der Polizei koordiniert, die aufgrund höchstrichterlicher Entscheidung eine extremistische Massenveranstaltung z. B. durch künstlich erzeugte Staus verhindern soll.

Zusammenfassung

> Die Einsicht in die Notwendigkeit des Führens wird ergänzt durch den Sinn und Nutzen von Hierarchie im Sinn von Über- und Unterordnung. Führung ist keine gleichrangige Funktion wie Moderation, Verwaltung oder Controlling, sondern beinhaltet eine übergeordnete Steuerungsfunktion, die einen Überblick über das Ganze sowohl fordert als sich auch daraus rechtfertigt und ableitet.

Macht und Vollmacht

Macht ist die Möglichkeit, etwas zu machen

Im beschriebenen Beispiel der Verkehrssteuerung gibt es eine Reihe hierarchischer Ebenen. Darin kommt unter Umständen das höchste Verfassungsgericht vor. Bleiben wir jetzt bei der Verkehrsleitzentrale. Wenn dort die Kompetenz für Entscheidungen liegt, dann sollte sie auch über die Macht verfügen, diese Entscheidungen durchzuführen. Es ist aber auch leicht vorstellbar, dass dort zwar die richtigen Entscheidungen getroffen werden, aber die Verkehrsleitzentrale eben nicht die Macht hat, sie durchzusetzen. Die Macht hat allenfalls die Polizei. Sie kann Straßen sperren, Umleitungen anordnen, Geschwindigkeiten vorschreiben und auch bei roten Ampeln durchwinken. Bei guter Koordination mag dann die Umsetzung funktionieren.

Macht bedeutet, wie dieses Beispiel zeigt, die Möglichkeit etwas durchzusetzen. Viele Menschen haben die Macht anderer aber als Bedrohung erlebt oder empfunden und sind darum innerlich jeglicher Macht gegenüber skeptisch eingestellt. Das ist insofern berechtigt, als unkontrollierte Macht sicherlich gefährlich ist. Durch Gesetze, Behörden, Aufsichtsgremien, Betriebsräte und Gewerkschaften sind im unternehmerischen Zusammenhang entsprechende Kontrollen vorhanden, was grundsätzlich sehr zu begrüßen ist.

Es gibt eine weit verbreitete gesellschaftliche Grundeinstellung, dass Macht auszuüben unmoralisch und schlecht sei. Wegen solchen negativen Assoziationen mit Macht versuchen viele Leute zu vermeiden, Macht auszuüben, oder entwickeln Schuldgefühle beim Durchsetzen eigener Wünsche und Vorstellungen. Sogar viele Führungskräfte haben innerlich Skrupel, Macht auszuüben. Sie fürchten, etwas Schlechtes zu tun bzw. von denen, über die sie Macht ausüben, abgelehnt zu werden.

Wenn man unter Macht aber nur Vollmacht und die Fähigkeit versteht, etwas machen zu können, stärker ausgedrückt: etwas durchzusetzen, dann wäre das Gegenstück Ohnmacht. Das wäre keine echte und wünschenswerte Alternative. Macht ist zunächst etwas Wertneutrales. Ihre Bewertung hängt davon ab, ob man das, was mit ihr angestrebt und vollzogen wird, als gut oder schlecht bewertet oder empfindet.

Wie bei jedem Werkzeug kommt es auch bei der Macht darauf an, was man damit macht. Und wenn Sie es ehrlich bedenken, werden Sie sich schon unzählige Male mehr Macht gewünscht haben, um endlich einmal richtig zu machen, was in der Welt um sie herum falsch läuft.

Jeder freut sich auch, wenn er für sein Geld etwas kaufen kann. Das ist eigentlich eine Grundsituation der Ausübung von Macht. Wer Geld auf legitime Weise erwirbt, erwirbt damit zugleich legitime Macht, und das bedeutet die Möglichkeit, zwischen Optionen zu wählen. Mehr Geld bedeutet dann mehr Optionen.

Außer Geld bedeutet auch ein gehobener hierarchische Rang meist mehr Optionen und damit größere Freiheitsgrade. Wer also viele Optionen und größtmögliche Freiheit wünscht, muss sich Geld und Macht als Mittel dafür wünschen. Haben Sie also keine Angst vor Macht.

Auch im Sinn einer gesunden biographischen Weiterentwicklung können Sie mit voller Berechtigung sagen: Je älter (und damit hoffentlich erfahrener und kompetenter) ich werde, desto mehr Vollmacht will ich auch haben, Dinge so zu machen, wie ich sie für richtig halte. Entsprechend will ich im Lauf der Jahre in der Hierarchie aufsteigen und auch über mehr Mittel verfügen können. Konkret könnte das so aussehen: Mit 6 Jahren kann man Brötchen und Gummibärchen kaufen gehen, mit 14 kauft man sich seinen ersten Laptop, mit 18 das erste Auto, mit 30 die erste Eigentumswohnung, mit 40 handelt man dann mit millionenschweren Immobilien, und mit 50 trifft man (unternehmens)politische Entscheidungen, die das Schicksal von 1000 Mitarbeitern betreffen. Wenn man dann mit 60 in der Politik über die europäische Einigung und weltpolitische Entwicklungen mitreden würde, wäre auch das angemessen.

Sie sehen, das sind durchaus gesunde Vorstellungen über den Umgang mit Macht, und man kann unter bestimmten Umständen sogar ein moralisches Gebot daraus ableiten, sich um Macht zu bemühen, wenn Aussicht besteht, damit etwas Besseres zu machen, als es die anderen Bewerber um die entsprechende Machtposition erwarten lassen.

Machtpositionen und Führungsfunktion

Nun ist nicht jeder ein Gründer und Unternehmer. Die Welt ist zum Teil schon fertig und vorhanden. Insofern zeigt sich, dass es Plätze in Institutionen gibt, man nennt sie Positionen, wo die Hebel der Macht schon vorhanden sind und von wo aus die Person, die diesen Platz innehat – (fast) egal wer es sei –, über vorhandene (Be-)Reiche regieren kann. Die meisten Regierungschefs verfügen über Staatskassen, einige Präsidenten gar über „rote Knöpfe", mit denen Sie Atomraketen auslösen können. Dass um solche vorgefertigten *Machtpositionen* gerungen wird, kann man sich vorstellen, ebenfalls, dass dabei nicht unbedingt die höhere Kompetenz und die höhere Moral die primären Motive sind, sondern oft einfach nur die Lust an der Macht, an persönlicher Bereicherung, an Selbstdarstellung und ihrem Glanz. Das kann dann in der Folge zu manchen Übeln führen.

Wenn Sie sich nun anschauen, wie viele Menschen Machtpositionen innehaben oder hatten, wie sie damit umgegangen sind und was sie von dort aus bewirkt haben, werden Sie erkennen, dass das Besetzen einer Machtposition allein keinen Wert hat. Führungskompetenz muss hinzukommen, um angestrebte Wirkungen erzielen zu können. Bleibt also die Herausforderung, diese Kompetenz zu erwerben.

Die Ethik der Macht

Es ist leicht, von den Mächtigen ein besonderes Ethos zu fordern. Sie tragen eine Verantwortung, die eventuell Tausende oder Millionen Menschen in ihren Auswirkungen betrifft. Wer nur den Glanz und die Ausstrahlung der Macht sucht, wird vielleicht den Schein eines hohen Ethos um sich herum aufbauen. Aber je mehr jemand öffentlich sichtbar auf dem Tablett (oder Tableau) der Macht steht, desto mehr Menschen beobachten ihn in seinem Verhalten. Desto größer wird die Lust, jemanden eines Fehlers oder einer Unmoral überführen zu können und ihn stürzen zu sehen. Ich halte es insofern gar nicht für die überzeugendere Argumentation aus ethischen Gründen für eine hohe Integrität zu plädieren, sondern überzeugender dürfte die Erinnerung an die vielen Fälle von Prominenten aus Wirtschaft, Politik, Showbusiness und Kirche sein, die von sensationsgeilen Paparazzi irgendwelcher bösen Dinge überführt worden sind. Da nutzt dann meist alles Leugnen nicht, irgend ein zu kurz gekommener Zeuge packt dann doch aus, und es kommen Dinge ans Licht, die dem Betroffenen anderer Motive überführen und ihn seine Position für immer verlieren lassen. Integrität ist insofern nicht nur ein moralisches Gebot, sondern vor allem ein Gebot langfristiger Klugheit. Fast nichts ist so geheim, dass es für immer verborgen bleibt. Und wenn etwas Krummes ans Licht kommt, dann ist der Glanz dahin. „Wer einmal lügt, dem glaubt man nicht", weiß schon der Volksmund. Besonders erschreckend ist, wie vielen Menschen, die sich längere Zeit in Führungspositionen aufhalten, das gesunde Unrechtsbewusstsein des Normalbürgers abhandenkommt, sodass sie sich in völliger Unschuld wähnen, während das Urteil der Öffentlichkeit eindeutig und niederschmetternd ist. Also: Achten Sie auf echte Integrität. Sie tun sich und Ihrer Zukunft damit das Beste, was Sie dafür tun können. Mit Leichen im Keller schläft es sich nicht so gut.

Machtworte

Wenden wir uns wieder der Praxis der Macht zu. Wie hochrangig auch immer eine Position aufgestellt sein mag, die Zeichen und Insignien der Macht sind oft klein. Sie sind oft unauffällig, erscheinen als etwas ganz

Normales und wirken stärker im Unterbewusstsein der Beteiligten als im Bewusstsein, sind aber oft von großer Wirkmächtigkeit.

Das Wort: „genehmigt“ ist zum Beispiel ein ausdrückliches Machtwort, „o. k.“ ist die kleinere Abwandlung davon. „Ja, ich will“ ist bei der Hochzeit oder in der ersten oder tausendsten Liebesnacht ein noch schöneres. „Nein, ich will nicht“ ist ebenfalls ein Machtwort.

Beispiel

> Ich hatte einen Onkel, der bei uns als Jugendlichen immer wieder ein Ohnmachtsgefühl auslöste, wenn er uns etwa fragte, was wir am Nachmittag vorhätten, und unsere Antworten mit „genehmigt“ abstempelte. Wir wussten uns nicht zu wehren und empfanden sehr deutlich, dass er sich ständig über uns stellte. Obwohl er vermutlich keine besondere Fachkompetenz in seinem Beruf hatte, machte er eine erstaunliche Karriere bis zum Vorstand. Ich habe den Verdacht, dass ein Teil seines Erfolges in jenem Wort „genehmigt“ lag.

Das zunächst negative Beispiel zeigt, wie stark eine ganz simple Methode wirken kann. Hätte der Onkel uns als stadtkundiger Reiseführer nach unseren Plänen gefragt und auf unsere Vorschläge geantwortet mit: „Das kann ich euch empfehlen, das eher nicht, macht doch lieber Folgendes ...“, wäre er durch Kompetenz und Nutzen gerechtfertigt gewesen – und wir hätten uns nicht geärgert. So sollten Sie sich jedenfalls als Führungskraft eher platzieren.

Machtworte spricht jeder, mal bewusst, mal unbewusst. Führen bedeutet Machen, und das Machen braucht Machtworte. Als Führungskraft müssen Sie dazu in der Lage sein. Machtworte sind normal und können so gut oder so schlecht sein wie die Absichten und Ziele desjenigen, der sie spricht.

Um wirksam zu sein, sollten Sie Ihre Machtworte und Machthandlungen in logisch systematischer Abfolge konstruktiv auf sinnvolle Ziele hin ausrichten. Nur die wenigsten Menschen tun das systematisch, deshalb erreichen sie dann auch nicht die gewünschten Effekte. Viele haben auch

Skrupel, sich gezielt irgendwelcher Machtmittel zu bedienen. Jedes „Ja“ und jedes „Nein“ setzt einen Prozess in Bewegung oder stoppt ihn. Und wie oft bewirkt man durch seine Worte Dinge, die man so eigentlich gar nicht hätte bewirken wollen. Bewusstheit, Zielorientiertheit und Aufmerksamkeit auf das, was Sie tun und bewirken, ist entsprechend ein wichtiges Gebot für den Erfolg beim Einsatz der Machtmittel des Führens.

Die Synthese als konstruktives Mittel der Durchsetzung von Macht

Bleiben wir noch einen weiteren Gedanken lang bei der Frage, ob es ethisch zu rechtfertigen ist, wenn Menschen ihre Optionen und ihre Macht für sich und ihre eigenen Interessen und Bedürfnisse nutzen. Es kann nicht a priori schlecht sein, seinen eigenen Bedürfnissen Raum zu geben und sich um deren Verwirklichung zu bemühen. Das ist etwas ganz Normales, es ist das Grundprinzip jeder Selbstverwirklichung. Der Einzelne stößt allenfalls da an moralische Grenzen, wo er durch seine Selbstverwirklichung anderen Schaden zufügt. Da ist es auch nicht in erster Linie ein moralisches, sondern eher ein gesellschaftlich-politisches Postulat, nach Immanuel Kant sogar ein Postulat der „Reinen Vernunft“, sich nach Lösungen umzusehen, die die Interessen und Bedürfnisse aller zu einem Ausgleich bringen. Immanuel Kant formuliert das in seiner Abhandlung über den Kategorischen Imperativ so: „Handle so, dass du einen Menschen niemals nur als Mittel, sondern immer auch als Zweck an sich behandelst.“ Dafür gibt es auch schon ein fertiges Lösungspaket: Die abendländische Philosophie bietet dafür seit der griechischen Antike die Idee und Technik der Synthese an. Dabei geht es darum, Lösungen zu entwickeln, in denen die Interessen und Bedürfnisse aller Beteiligten integriert enthalten sind. Wenn im Sinne der Durchsetzung von Interessen Lösungen in dieser Form zustande gebracht werden, dann legitimiert sich ein dazu beitragender Moderator allen beteiligten Seiten gegenüber als konstruktiver Gesprächsführer und kann Führungsautorität gewinnen. Die Technik der Synthesebildung ist eine konstruktive Form des Miteinanders bei gleichzeitiger Durchsetzung eigener Interessen. Sie wird im 4. Kapitel im Abschnitt „Grundsätze und Methoden erfolgreicher Kommunikation“ ab Seite 165 ausführlicher dargestellt.

Macht und Kontrolle

Zum Ausüben von Macht oder neutraler gesagt: zur Erfüllung einer Führungsfunktion gehört auch die Überprüfung, ob die angestrebten Ziele erreicht worden sind. Der Satz: „Vertrauen ist gut, Kontrolle ist besser" hat im ersten Teil seinen Sinn darin, dass Misstrauen für die Motivation der Mitarbeiter schädlich wäre, im zweiten Teil darin, dass blindes Vertrauen in die Ergebniskatastrophe führen kann. Trotz des Vertrauens muss auch Kontrolle stattfinden. Schwierig ist dabei neben der Kontrolle das zweite Problem: die dabei gewonnenen Erkenntnisse über Fehlentwicklungen umzusetzen. Als Chef kommen Sie dann leicht in die unangenehme Situation, am Verhalten von Mitarbeitern Kritik üben zu müssen. Das kann insbesondere dann die Stimmung verderben, wenn die Mitarbeiter es sich mittlerweile in Harmoniebetontheit und gegenseitiger Schonung bequem gemacht haben. Aber bequem sind der Weltmarkt und die Konkurrenzsituation meistens nicht. Und wenn Sie aus harmoniebetonter freundlicher Fehlertoleranz Ihre Führungsfunktion nicht wahrnehmen, kann daraus ein Wettbewerbsnachteil zum Schaden aller werden. Klarheit, Transparenz und konsequente Maßnahmen sind deshalb immer wieder gefordert, und dabei können Sie leicht in die Rolle des Bösen gedrängt werden, der den Frieden der Mehrheit stört. Es gibt jedoch keine Alternative dazu. Sie werden diese Rolle annehmen, durchziehen und aushalten müssen.

Der Preis der Macht: die Einsamkeit des Führenden

Alles hat seinen Preis. Nicht zuletzt aus dem oben geschilderten Szenario ist mit dem Führen immer das Risiko verbunden, unpopuläre Maßnahmen treffen zu müssen und dabei allein zu sein und sich im Lauf der Jahre einsam zu fühlen. Wer führt, gerät fast unvermeidlich in Situationen, wo er Entscheidungen treffen muss, die von Einzelnen oder einer Mehrheit abgelehnt werden, Entscheidungen, die unbequem sind und die schmerzen. Als Führungskraft müssen Sie sie notfalls auch gegen Widerstand durchsetzen. Das bringt Sie schnell und ohne dass Sie es wünschen in eine Außenseiterrolle. Vielleicht offenbart dies nur, dass Ihre Sonderrolle eine Einzel- oder Solistenrolle ist. Das mag zwar ein gewisses Ansehen und öffentliche Sichtbarkeit als Gewinn bringen und seine angenehmen Seiten haben. Die Schattenseite kann aber auch unangenehm und schmerzlich sein.

An dieser Stelle zeigt sich, das Führungsfunktionen nichts für Menschen mit extremem Harmoniebedürfnis sind. Wer mit der Angst lebt, abgelehnt zu werden, und bereit ist, für Harmonie einen hohen Preis zu zahlen, wird vermutlich in einer Führungsposition über kurz oder lang innere Schwierigkeiten damit bekommen. Innere Unabhängigkeit, innere Autonomie, Abstand und die Fähigkeit, Dinge mit sich allein auszumachen, gehören zur Grundausstattung einer Führungskraft. Anderenfalls entwickeln sich oft chronische Leidensgeschichten, oder es passiert eine Katastrophe wie im folgenden Fall:

Beispiel

Ein Personalchef bekam von seiner Firmenleitung den Auftrag, fünfzehn Prozent der Belegschaft abzubauen. Das waren etwa 150 Personen, von denen er die meisten selbst eingestellt hatte und die er teils seit zwanzig Jahren kannte. Bislang hatte er sich eher als fürsorgender Freund der Mitarbeiter gefühlt, nun sollte er – die wirtschaftliche Notwendigkeit war einsichtig – dieselben Leute, denen er sich teils freundschaftlich verbunden fühlte, auf die Straße setzen. Als ausdrücklich harmoniebetonter Mensch verkraftete er diesen Auftrag nicht und starb etwa sechs Wochen nach den ersten Mitarbeitergesprächen plötzlich im Büro an einem Herzinfarkt. Er war 53 Jahre alt.

Jedem Führenden sei also geraten:

- sein Harmoniebedürfnis zu prüfen und Konflikte durchstehen zu lernen,
- seine privaten familiären und freundschaftlichen Beziehungen zu pflegen,
- Kontakte, Gemeinschaft und offenen Austausch mit anderen Menschen zu suchen,
- sich beruflich nicht vereinzeln zu lassen,
- sich unabhängig und autonom zu halten,
- den Sinn von Zielen zu hinterfragen und nur sinnvolle Ziele zu verfolgen.

Wenn Ihnen das alles gelingt, werden Sie Ihre Lust am Leben, am Arbeiten und Führen bewahren.

Die Skepsis und der Widerstand gegen Führung

Traumatische Erfahrungen – die Panik vor dem Führer

In allen Zeitaltern und Kulturen der Menschheitsgeschichte hat es verbrecherische, korrupte, egoistische Regime gegeben, die Menschen versklavt, missbraucht und vernichtet haben. Neben genialen, klugen und hervorragenden Herrschern gab es Horrorgestalten und Bestien an Führern und Führungsklassen, aber auch solche, die einfach nur ignorant waren und sich unbemerkt von den von ihnen beherrschten Menschen und Völkern entfremdet hatten.

In Rom führte der entflohene Sklave Spartakus um das Jahr 73 vor unserer Zeit einen Sklavenaufstand an. In England wurde der König im 13. Jahrhundert schon durch die „Magna Charta" unter ein Gesetz gezwungen. Thomas Müntzer, zunächst Anhänger Luthers, dann von ihm Verfolgter, sammelte in den Bauernkriegen um 1525 viel Volk, um nicht nur die Kirche zu reformieren, sondern der Unterdrückung durch die Feudalherren ein Ende zu bereiten. Auch die französische Revolution war unter anderem eine Folge feudalherrschaftlicher Ignoranz und Unterdrückung. Beispielhaft dafür ist die Episode, als man Königin Marie-Antoinette berichtete, dass das Volk von Paris im Aufstand sei, weil es kein Brot mehr habe. Da soll sie in völliger Verkennung der Situation geantwortet haben: „Dann soll es halt Kuchen essen!" Dass man den europäischen Monarchen nach Amerika davonlief, war eine Folge. Dass man sich dort etwa durch die Amerikanische Unabhängigkeitserklärung von 1775 von deren Vorherrschaft zu befreien versuchte, eine weitere. Aber es waren nicht nur einzelne Fürsten als Personen, sondern auch ganze Oberschichten, die Teile von Völkern erst als Leibeigene versklavten und später zum industriellen Proletariat verkommen ließen.

Karl Marx verfasste anlässlich der deutschen Revolution im Jahr 1848 das „Kommunistische Manifest“ mit vielfachen Folgen bis zur Oktoberrevolution in Russland. Auch dort gab es eine völlig realitätsferne Oberschicht, die das Volk in unsäglich elenden Verhältnissen in Leibeigenschaft hielt, unterdrückte und ausbeutete und auf alle Reformansätze nur mit noch heftigeren Unterdrückungsmaßnahmen reagierte. Die Strukturen in Systemen haben sich oft als so starr erwiesen, dass sie nicht mehr reformierbar waren. Das galt für das vorrevolutionäre Frankreich, das zaristische Russland, das nationalsozialistische Deutschland sowie für die ehemalige DDR, das ehemalige Jugoslawien oder den Irak unter Saddam Hussein. Diese Systeme sind eher zusammengebrochen und untergegangen, als dass sie sich hätten reformieren können.

Neben solchen kollektiven politischen Erfahrungen gibt es die individuellen, die persönlichen. Wer von Eltern, Lehrern oder Kameraden unterdrückt und terrorisiert wurde, kann ein persönliches Trauma haben, das ihn in inneren und äußeren Abstand und Widerstand zu Personen mit Führungsanspruch bringt. Und wie soll nach allen Korruptionsskandalen in Politik und Wirtschaft, nach allem sexuellen Missbrauch selbst durch Vertrauenspersonen wie Priester oder all den überführten Ehrenmännern, die sich an Kinderpornografie ergötzen, noch Vertrauen in dieser Gesellschaft möglich sein? Auch eine Scheidung der Eltern kann das Urvertrauen in Führung erschüttern. Überhaupt ist keine Kindheit für ein Kind leicht. Die Erwachsenen haben einfach die Macht. Die Erfahrungen damit müssen nun zwar nicht gleich traumatisch werden, aber dass eine gewisse defensive Grundhaltung gegenüber Älteren und Oberen bei vielen Menschen verbreitet ist, lässt sich aus all den genannten Gründen verstehen und erklären. Führung ist immer auch etwas Gefährliches und Bedrohliches und wird auch so wahrgenommen.

Da Vertrauen im Großen wie im Kleinen unendlich oft gebrochen und zerstört worden ist, werden Menschen, die führen wollen, fast immer ablehnenden Vorurteilen begegnen.

Teils finden Sie diese Ablehnung sogar in Form von Skrupeln in sich selbst. Diese abzubauen und durch positive Vorstellungen und Ideale von Führung zu ersetzen, ist eine wichtige Voraussetzung für erfolgreiches

Führen und damit eine Aufgabe für alle, die führen oder führen wollen. Wer in dieser Hinsicht mit sich selbst im Zwiespalt ist, verschleißt seine Kräfte im aufreibenden Kampf mit sich selbst.

Zum anderen Teil begegnet uns Widerstand gegen Führung auch in den Reaktionen von Menschen, die konkrete negative Führungserlebnisse hatten und sich deswegen innerlich sträuben oder äußerlich wehren.

Durch solchen inneren und äußeren Widerstand fühlen sich viele Führungskräfte in die Enge getrieben und suchen nach Rechtfertigungen fürs Führen. Sie versuchen etwa zu erklären, dass ja doch irgendjemand organisieren und entscheiden müsse und dass es insofern eine unvermeidliche Notwendigkeit gäbe, zu führen. Solche Positionen sind defensiv und deshalb schwach. Hilfreicher wäre es, den negativen Erfahrungen mit Führung positive Bilder und Erfahrungen entgegenzustellen und selbst glaubwürdig und vertrauenswürdig zu führen.

Negative Führungsbilder

Bevor wir solche positiven Bilder und Visionen entwickeln, will ich hier einige verbreitete negative und abschreckende Assoziationen aus dem Umfeld von Führung aufdecken. Sie müssen sich darüber im Klaren sein, dass Sie sich dagegen behaupten und positiv abheben sollten.

Der deutsche Nationalsozialismus und der „Führer"

In Deutschland bleiben die Erfahrungen mit dem gewalttätigen NS-Regime und seinem verbrecherischen Führer als Horrortrauma weiterhin bestehen. Aus meiner Coachingpraxis muss ich berichten, dass die Folgen noch in der Enkelgeneration massiv nachwirken. Kein Wunder, dass gerade in Deutschland eine besondere Skepsis gegen jegliche Führung herrscht. Die erlebte Verführung und die nachfolgende Zwangsherrschaft hat zu einer gesamtgesellschaftlichen Vertrauenskrise geführt. Dass sich im Gegenzug ein verbitterter Widerstand gegen jegliche Führung und Autorität, ja sogar gegen gesunde Ordnungsprinzipien entwickelt hat, ist nur daraus verständlich. Er hat sich unter anderem in so extremen Anti-Formen wie der „außerparlamentarischen Opposition" (APO) in den sechziger Jahren, bei den „Anarchisten“, der „Rote-Armee-Fraktion“ (RAF) bis hin zu der so genannten „Autonomen Szene der Hausbesetzer“ gezeigt.

Die deutschen Diktaturen

Wie sollte auch ein Volk, das innerhalb von knapp 100 Jahren von seinen Führungseliten in die Katastrophen des Ersten Weltkriegs, des Zweiten Weltkriegs und in die Diktatur der DDR geführt worden ist, noch Führern vertrauen können? Wie sollten Menschen, die über Jahre hinweg von Gestapo, Stasi, Nachbarn, Lehrern, Ärzten, Anwälten, Freunden und Familienangehörigen bespitzelt und verraten worden sind, jemals wieder anderen Menschen vertrauen können? Die Brüche sind so gewaltig, dass eine Heilung weder leicht vorstellbar noch bis heute wirklich erfolgt ist.

Das Militär

Auf der Basis preußisch-militärischer Traditionen wurden im 20. Jahrhundert in Deutschland sogenannte „militärische“ oder „deutsche“ Tugenden bis hin zum Kadavergehorsam pervertiert. Im Ersten und Zweiten Weltkrieg hat der blinde Gehorsam in Deutschland und Europa dazu geführt, dass das Leben von Millionen junger Menschen der Ideologie und den Wahnvorstellungen von Psychopathen geopfert wurde. Die meisten Erinnerungen an und Erfahrungen mit militärischer Führerschaft beinhalten Erniedrigung, Gewalt an Unschuldigen, Sadismus und menschenverachtende Praktiken. Sie lösen heute bei den meisten zivilen Menschen eher Horrorgefühle als Gefühle des Vertrauens aus.

Die kirchliche Inquisition

Mit Hexenverfolgung, Inquisition und Glaubenskriegen haben die Kirchen ebenfalls ein erbärmliches Zerr- und Horrorbild von guter Führung hinterlassen. Wer sich nicht bis in die kleinsten Details den Vorschriften der Obrigkeit unterwarf, konnte verfolgt, eingekerkert und mit den heftigsten Qualen bestraft werden. Wer nicht rechtgläubig war, konnte verbrannt werden. Schätzungsweise drei Millionen Katharrer und Waldenser wurden im Mittelalter in Südfrankreich umgebracht, ungefähr weitere fünf Millionen Menschen als Hexen verbrannt. Gegen Andersgläubige wurden Kreuzzüge geführt und das Volk wurde mit Sündenpanik und Höllendrohung psychologisch neurotisiert. Die kollektive Geringschätzung und Verdammung des Menschen als hoffnungslosen Sünders, der nichts aus eigener Macht vermag, ist an Unmenschlichkeit kaum zu überbieten.

Leibeigenschaft und Sklaverei

Nicht nur die Kirchen haben sich bei der Menschenführung disqualifiziert. Auch die Staaten, die Leibeigenschaft, Sklaverei und Sklavenhandel zugelassen, betrieben oder davon profitiert haben, sitzen mit im selben Boot. Das gilt nicht nur für historische Ereignisse wie den kolonialen Sklavenhandel, sondern genauso für die gegenwärtige wirtschaftliche Ausbeutung der ärmsten Länder der Welt. Auch wenn es zum Teil ererbte Folgen historisch bedingter Strukturen sind, so zeichnen sich die gegenwärtigen politischen und wirtschaftlichen Führungen der großen Industrienationen der Welt nicht unbedingt durch weitsichtige oder mutige Entscheidungen zu einer Verbesserung der globalen Entwicklungen aus. In diesen Zusammenhang kann die Weltklimapolitik durchaus in das Führungs-Versagen mit eingeschlossen werden.

Der Galeerentreiber

Ein weiteres historisch motiviertes Führungsbild ist das Bild des Antreibers auf einer Galeere. Diese Metapher begegnet uns immer wieder, weil sich offenbar viele Menschen so geführt fühlen. Da ist irgend einer – der Chef –, der den Takt vorgibt. Sei es am Fließband, bei den vorgeschriebenen Umsatz- und Verkaufszahlen, bei den Fertigstellungsterminen für bestimmte Projekte. – Jenseits von jedem Sinn, der in all dem stecken mag, neigen viele Mitarbeiter dazu, ihren Chef als einen Galeerenchef zu empfinden.

Der Ochse

Dagegen ist das Bild eines Ochsen noch vergleichsweise harmlos. In der Tat kann man konstatieren, dass sich viele unprofessionelle Chefs, insbesondere von Kleinunternehmen, wie Ochsen aufführen, die einen Wagen ziehen. Ein solcher Chef macht viel Arbeit selbst und versucht den Karren mit den Lasten zu ziehen. Wenn er nicht Acht gibt, sitzen die anderen gemütlich oben drauf und lassen sich fahren. Solch ein eher gutmütiges, aber stumpfsinniges Bild müssen Sie auch nicht unbedingt leben. Sie werden sehen, dass es durchaus attraktivere und sinnvollere Führungsbilder gibt.

Führen und Sanktionen

Es gibt Chefs, die sich mit dem Hinweis: „Dies ist meine Firma und mein Geld – und hier wird genau das gemacht, was ich will“ wenig Sympathien verschaffen. Dahinter steckt meist die Androhung von Sanktionen. Viele Menschen empfinden die Perspektive von Strafen und eines möglichen „Rausschmisses“ als existenzielle Bedrohung und beginnen dann einen entsprechend heftigen und auf Vernichtung zielenden Kampf gegen ihren Chef. Eine solche permanente Drohkulisse sollte man als Chef – oder auch als Partner zu Hause – möglichst nicht aufbauen. Die Kampf- und Widerstandskraft, die man dadurch eventuell entfesselt, kann gewaltig werden. Ich habe mehrere Leute gesprochen, die den Kampf gegen einen solchen Chef geführt und gewonnen haben.

Betrachten Sie Arbeitsverhältnisse besser als das, was sie sind: Vertragsverhältnisse, die man eingehen und wieder lösen kann. Wenn Sie das so sehen, wird eine Kündigung kein existenzieller Vernichtungskampf, sondern eine Weichenstellung auf ein anderes Gleis. Sie sollten sich auch in guten Zeiten klar machen, dass eine Kündigung eine legitime Option beider Seiten und in jedem Arbeitsvertrag enthalten ist. Entsprechend sollten Sie während der Laufzeit regelmäßig klares Feedback an Ihre Mitarbeiter geben. Wenn ein Arbeitnehmer per Vertrag zugesagt hat, bestimmte Leistungen zu erbringen, dann sollte er das auch tun. Die zugrunde liegende Vereinbarung ist: Geld für Arbeit. Wenn ein Mitarbeiter gleichzeitig per Vertrag zusagt, bestimmte hierarchische Anweisungen anzunehmen und zu befolgen, dann ist die Erwartung, dass er das tut, durchaus angemessen. Sollte er dazu nicht mehr bereit sein, steht es ihm frei, den Vertrag zu kündigen. Unterlässt er das, bricht er den Vertrag, und es ist angemessen, wenn ihm dann der Arbeitgeber kündigt.

So richtig und notwendig es ist, angemessene Sanktionen zu verhängen und durchzuziehen, so wenig sympathisch macht das den Führenden. Er ist und bleibt damit eine potenzielle Bedrohung. Entsprechend hat man in Zeiten wirtschaftlicher Prosperität und aus teils ängstlichem Harmoniebedürfnis in vielen Firmen Altlasten angehäuft. In den letzten Jahren zwingt Kostendruck, diesen Ballast abzubauen. Die Maßnahmen sind für die Betroffenen oft schmerzlich und wirken nach jahrelanger ignorierter Notwendigkeit auf viele brutal. Dabei werden Lebenskonzepte, die sich Mitarbeiter auf der irrigen Basis vermeintlicher Dauersicherheit entwickelt hatten, oft plötzlich und unerwartet infrage gestellt.

Das Aufbegehren gegen Führungsansprüche

Revolutionen und die antiautoritäre Revolte der 68er Jahre

Gegen all diese Bedrohungen und den Missbrauch von Macht richteten sich die verschiedenen teils schon erwähnten Revolutionen. Sie wandten sich gegen monarchistischen Absolutismus, gegen Privilegien von einigen wenigen, gegen die Missachtung von Bedürfnissen und Menschenrechten oder gegen die Versklavung großer Teile der Bevölkerung. Auch die teils gewaltsame Revolte der 1968er Jahre entsprang dem Widerstand gegen den Missbrauch von Gewalt. Es war die erste nach dem Zeiten Weltkrieg geborene Generation, die nach allen erfolgten Gewalttaten mit dem teils noch vorhandenen oder schon wieder restaurierten alten System aufräumen und abschließen wollte. Die Werte der Vorgeneration wurden als verlogen und repressiv empfundenen. Lehrer, Polizisten, Richter, Unternehmer, Manager, die zuvor als Nationalsozialisten das alte System mindestens mitgetragen und ihre eigenen und dessen Gewalttaten im Nachhinein verleugnet und verharmlost hatten, wurden mit dem Misstrauen und einer teils kompromisslosen Ablehnung und Verweigerung der folgenden Generation konfrontiert.

Dabei wurden – wie in den Anfangsstadien vieler Revolutionen – die traditionellen Prinzipien des Führens teilweise so gründlich infrage gestellt, dass teils sogar Anarchie bzw. eine autoritätsfreie Erziehung zum

Leitbild der angestrebten neuen Gesellschaft erhoben wurde. Solche Pendelausschläge ins entgegengesetzte Extrem sind typische Erscheinungen von Umbruchzeiten. Sie dienen der Auflösung des Alten. Danach kann man dann erkennen, welche funktionalen Notwendigkeiten zum Beispiel hinsichtlich des Führens einer Gruppe, einer Organisation oder einer Gesellschaft unverzichtbar sind.

Gewaltfreie Revolutionen

Erfreulicherweise gibt es auch Beispiele für gewaltlose Revolutionen: Der gewaltfreie Widerstand in Indien durch Mahatma Gandhi führte 1947 zur Unabhängigkeit Indiens, die Rosenrevolution von 1974 in Portugal führte zu einem demokratischen Staat, der Übergang von der Franco-Diktatur zum demokratischen spanischen Königreich, das dann auch zügig Mitglied der EU werden konnte, verlief ebenfalls friedlich, ebenso der lang geforderte Übergang im Jahr 1994 vom Apartheidsystem in Südafrika zum demokratischen Südafrika mit seinem ersten Präsidenten Nelson Mandela.

Trotz solcher positiven Beispiele von starken Führern mit hohem Ethos und erfolgreicher Zielerreichung ist der spontane Reflex auf Führung bei den meisten Menschen eher abwehrend. Wie bereits geschildert waren die kollektiven Erfahrungen mit Führung – zumindest in Deutschland – offenbar zu schlecht.

Zusammenfassung

Die Erwartung, dass einem Führer oder einer großen Organisation spontan Vertrauen entgegengebracht wird, wäre angesichts der gezeigten traumatischen Erfahrungen der Geführten wohl eine romantische Utopie. Wer mit dem Anspruch und der Verheißung daher kommt: „Ich bin jetzt euer Chef und Führer, ich will jetzt mit euch vorwärtsgehen und alle Probleme lösen, und ihr sollt tun, was ich euch sage, und mir nachfolgen", wird also kaum auf Anhieb willkommen geheißen werden und kann keine große Begeisterung erwarten. Als Führungsperson müssen Sie mit Misstrauen rechnen und eher mit

Distanzierung als mit Bereitschaft zu spontanem Vertrauen und wohlwollender Kooperation.

Insofern haben viele Menschen Skrupel zu führen, und auch von Jugendlichen ist der Wunsch, eine Führungsposition zu erlangen, eher selten als persönliche Zielvorstellung zu hören. Wenn Sie dennoch führen wollen oder sollen, müssen Sie diese negativen Assoziationen um das Thema Führung überwinden und daran arbeiten, eine positive Autorität zu gewinnen. Dann können Sie anerkannt werden und erfolgreich führen. Drei Herausforderungen sind also meistern:

1. Bewältigen Sie die eigenen inneren Skrupel, Ängste und Widerstände gegen die Rolle des Führens und entwickeln Sie ein positives Verständnis zu dieser Aufgabe.

2. Erzeugen Sie positive Bilder und Gefühle bei den Geführten.

3. Stellen Sie sich positiv dar und erwerben Sie Vertrauen.

Die Sehnsucht, geführt zu werden

Die geschilderten negativen Erfahrungen mit autoritärer, diktatorischer und missbräuchlicher (Ver-)Führung ist ein Teil der Realität, vielleicht sogar der, der in der Öffentlichkeit im Vordergrund des Bewusstseins steht. Teilweise ist es sogar unvermeidlicher Bestandteil jeglicher Führung, dass sie bedrohlich wirken kann, weil sie Grenzen ziehen muss. Andererseits gibt es bei vielen Menschen eine eher unbewusste und uneingestandene Sehnsucht, geführt zu werden. Dabei müssen gar nicht unbedingt Menschen wie Chefs, Gurus oder Idole die Führenden sein, auch nicht gleich Sekten oder sonstige Geheimbünde, es können auch Moden, Trends, Markenlabels oder Lifestyles sein, auf die man sich einlässt, von denen man sich gern und leicht führen und verführen lässt. Da Sie aber kein Trend, sondern eine Person sind, müssen wir hier schauen, was für positive Bilder und Metaphern Ihnen das Führen erleichtern können.

Positive Führungsbilder

Es gibt neben den negativen auch eindeutig positive Vorstellungen und Bilder dazu. Wenn Sie führen wollen oder müssen, sollten Sie sich ein solches positives Führungsbild suchen oder schaffen. Indem Sie sich damit identifizieren, können Sie aus einer solchen inneren Rolleneinstellung Verhaltensweisen ableiten, die nach außen Ihren Vorstellungen gemäß wirken können und werden. Von den vielen möglichen Vorbildern und Metaphern zu Führung bringe ich Ihnen hier nun einige in Erinnerung bzw. stelle Sie Ihnen vor:

Der Vergleich mit einem guten König

Beginnen will ich mit dem vertrauten Bild vom guten (jungen) König. Jeder hat in seiner märchengebildeten Fantasie eine Vorstellung davon. In vieler Hinsicht wird man daraus Weisheiten für Führungsaufgaben ableiten können. So können Sie es – wie auch die späteren Bilder – mindestens probeweise als Maßstab verwenden, um aus vorhandenem Wissen Lösungen für Situationen abzurufen, über die Sie sonst vielleicht lange nachdenken müssten. Ich will hier einmal einen von vielen möglichen Aspekten herausgreifen: Würde das Volk die Güte eines jungen Königs nicht für Schwäche halten, wenn er nicht ab und zu auch einmal einen Verbrecher konsequent hinrichten ließe? Würde das Volk nicht die Großzügigkeit eines Königs für Erpressbarkeit halten, wenn er sich nicht ab und zu ein prächtiges Schloss bauen würde? Die gezielte und punktuelle Demonstration von Macht kann durchaus notwendig sein, um Macht glaubwürdig erscheinen zu lassen.

Der Vergleich mit einem Kapitän

Auch der Vergleich mit dem Kapitän eines großen Ozeandampfers gibt einiges her: Selbst wenn er der herzensgütigste Mensch der Welt wäre: Er darf beim Besuch im Kesselraum nicht so vom Mitleid mit den armen schwitzenden Heizern ergriffen werden, dass er sich solidarisch erklärt und mit ihnen die Kohle schaufelt, nein, er muss nach freundlichem kurzen Zuspruch wieder auf die Brücke. Seine Verantwortung bezieht sich auf das Ganze und nicht nur auf einen Teil. Er muss die Heizer sogar notfalls von oben zu noch schwererer Arbeit zwingen, wenn er nur dadurch den Ozeandampfer so beschleunigen kann, dass er die Kollision mit einem Eisberg verhindert.

Der Vergleich mit einem Familienvater oder einer Familienmutter

Doch Vorsicht, Metaphern tragen oft weit, decken aber nicht immer die ganze Realität ab. Ein Kapitän kann immerhin noch einen Teil seiner Mannschaft loswerden. Er kann sie im Hafen absetzen, also nicht jederzeit, aber nach angemessener Kündigungsfrist. Das in Firmen früher häufig zitierte Bild von der Firmenfamilie mit dem Unternehmer als fürsorgendem Familienvater impliziert dagegen, dass kein Familienmitglied verstoßen werden kann oder darf, selbst wenn es sich danebenbenimmt. Sohn bleibt Sohn. Dieses Bild taugt entsprechend heute kaum noch für die Realität in Firmen. Dort geht es eindeutig um kündbare Vertragsverhältnisse.

Der Vergleich mit einem Feuerwehrhauptmann

Während straffe Führung in Deutschland heutzutage kaum sympathisch mit militärischen Vergleichen zu kommunizieren ist, hat das Bild eines Feuerwehrhauptmanns bei einem Brand ein wesentlich besseres Image. Ihm wird man zugestehen, dass er militärische Disziplin verlangt, klar kommandiert und die Durchführung seiner Befehle einfordert. Diskussionen darf es vielleicht im Nachhinein geben, aber nicht während des Einsatzes. Es leuchtet auch sofort ein, dass Befehle nicht zu den gewünschten Effekten führen können, wenn die Hälfte der Truppe sich eigenmächtig anders verhält. Dann würde im Zweifel nichts funktionieren. Analog kann man auch in Firmen Führungsprinzipien aus der Notwendigkeit, Krisen zu managen, ableiten.

Der Vergleich mit einem Dirigenten

Ein weiteres starkes Bild für Führung ist das eines Dirigenten. Er muss selbst kein Instrument spielen, der Zuhörer mag sogar empfinden, er sei überflüssig, aber er hat das Zusammenspiel in vielen Proben mit den

Musikern erarbeitet. Er kann es nicht zulassen, dass jeder einen eigenen Rhythmus spielt, wann er gerade Lust dazu hat, sondern er gibt aufgrund eines verbindlichen gemeinsamen Konzeptes – der Partitur – die Maßstäbe vor, an die sich jeder zu halten hat. Wenn da jemand ständig diskutieren und sich querstellen will, wird ihn der Dirigent aus dem Orchester entfernen. Nur wenn alle hundertprozentig dabei sind und sich an das gemeinsame Konzept halten, kann schließlich aus dem Zusammenspiel eine vollkommene Symphonie erklingen.

Der Vergleich mit einem Dompteur

Auch die Metapher eines Tigerdompteurs passt auf viele Situationen in einer Firma. Wenn da nicht einer die Autorität besitzt, alle in Schach zu halten, kann es passieren, dass eine Menge gefährlicher großer Tiere übereinander oder über andere gefällige Beute herfällt. Das kann im Blutbad enden. Genauso muss ein Chef seine von vielerlei Motiven getriebenen Mitarbeiter so bändigen können, dass sie nicht aus reiner Profilsucht und aufgestauten Frustrationen willkürlich übereinander herfallen.

Der Vergleich mit einem Wagenlenker

Auch das Bild eines Wagenlenkers, der die Zügel in der Hand hält und die Pferde lenkt, ist positiv besetzt. Die Fortbewegung der Kutsche rechtfertigt die Notwendigkeit des Lenkens. Und die Pferde können wegen ihrer Leistung, Schönheit, Eleganz und Kraft durchaus sogar höher anerkannt werden als der Lenker, auf den es trotzdem auch ankommt.

Der Vergleich mit einem Weichensteller oder Fluglotsen

Bei einem Weichensteller können Sie einerseits an denjenigen denken, der durch das Stellen einer einzigen Weiche einen großen Zug in eine andere Richtung lenkt, andererseits aber auch an eine Fachkraft, die im modernen Stellwerk eines Großbahnhofs oder Container-Terminals tätig ist. Da koordiniert manchmal ein Einzelner ein riesiges System, in dem sich eine Vielzahl von großen Zügen, Lokomotiven oder Kränen bewegt, um Massen von Menschen oder Gütern zu transportieren. Wie unsichtbar ist da der Stellwerker. Er ist gewissermaßen der Chef vom Ganzen und steht weder im Rampenlicht, noch ist er den meisten überhaupt bekannt. Ebenso steht ein Fluglotse in der Flugleitzentrale koordinierend über den Flugkapitänen und lenkt die Bewegungen der Flugzeuge. Auch wenn die Flugkapitäne in ihren Uniformen das größere Ansehen genießen, tragen die Lotsen die größere Verantwortung.

Der Vergleich mit Leittieren

Ein weiteres Bild stammt aus dem Tierreich. Da gibt es Leithammel, Leithengste, Leitwölfe oder Platzhirsche. Keines dieser Tiere tut die Arbeit der anderen. Aber jedes steuert die ganze Herde und muss dabei ab und zu einen Machtkampf gewinnen. Da diese meistens unblutig enden, handelt es sich dabei vielleicht sogar um eine rudimentäre Form der Demokratie. Ein Leittier ist jedenfalls nach einer bestandenen Bewährungsprobe meistens wieder für einige Zeit in seiner Position unbestritten und genießt bei den anderen Rudelmitgliedern unangefochtene Autorität.

Der Vergleich mit einem Wasserbauingenieur

Noch ein anderes Bild ist ein Wasserbauingenieur. Was seine Tätigkeit von allem bisherigen unterscheidet, ist vor allem, dass seine einmal gut durchgeführte Tätigkeit auch lange Zeit danach ohne sein weiteres Dazutun funktioniert. Er legt klare Strukturen an und leitet das Wasser bzw. die Arbeitsgänge in Bahnen, in denen dann alles Weitere automatisch abläuft. Genauso ist es Aufgabe einer jeden Führungskraft, die Tätigkeit aller so zu organisieren, dass sie auch ohne permanente Anwesenheit der Führenden funktioniert und sie möglichst überdauern kann.

Andere Vorbilder

Neben solchen Metaphern können Sie sich für Ihr persönliches Rollenverständnis auch Anleihen bei Personen nehmen, die Ihnen passend und vorbildlich erscheinen. Dafür kommt Ihr Vater, Ihre Mutter, Ihre Großeltern, ein früherer Lehrer oder ehemaliger Chef genauso gut infrage, wie beispielsweise Mahatma Gandhi, Mose oder andere Personen aus der Historie. Ich bevorzuge eher Verstorbene als Vorbilder, weil sie sich nicht mehr – wie schon bei verschiedenen Friedensnobelpreisträgern passiert – durch ihr künftiges Verhalten disqualifizieren können. Es geht aber letztlich nicht um die Personen, sondern um die Haltungen und Prinzipien, für die sie stehen, selbst wenn sie selbst nicht immer in der Lage waren, sie vollständig zu verwirklichen.

Die meisten Menschen haben im eigenen Erfahrungshorizont Personen, bei denen sie erhebliche Führungsqualitäten abschauen könnten. Man war sich als Kind oder junger Mensch zwar oft nicht bewusst, was da abgelaufen ist und warum sich etwas bis heute gut anfühlt, man kann sich das aber bei nachträglicher Reflexion vielfach klar und dann für das eigene Führungsverhalten, für den eigenen Umgang mit anderen Menschen zunutze machen.

Sie können sich aber auch selbst ein Vorbild in der Phantasie erzeugen und sich einen Menschen als perfekt Führenden vorstellen, der Sie als Person, durch sein Verhalten, durch seine Visionen und Argumente überzeugt, und von dem Sie sich gerne mitnehmen lassen.

Welches Vorbild Sie sich auch immer wählen, Sie können dann versuchen, sich so zu verhalten und so zu sein wie diese Person. Sie werden manches auf die eigene Situation ummünzen müssen, aber die Werte und Einstellungen, für die ein solches Vorbild steht, können Ihnen für zahlreiche Situationen ein Maßstab sein.

Zusammenfassung

Wenn Sie für sich Ihre innere Führungsrolle gefunden haben und anderen Ihre Führungsfunktion mit positiven Metaphern kommunizieren können, werden Sie eine stabile Position aufbauen und glaubwürdig mit Autorität füllen können. Dann werden sich andere Menschen gern von Ihnen führen lassen.

2. Die Führungspersönlichkeit

Gibt es eine perfekte Führungspersönlichkeit?

Eignungstests – die Suche nach der perfekten Führungspersönlichkeit

Bei vielen Einstellungen oder Assessment-Centern wird mit Eignungstest versucht herauszufinden, ob jemand geeignet ist, als Führungskraft eingesetzt zu werden. Dafür haben fähige Leute ein Profil mit erwünschten Eigenschaften und Charakterzügen einer Führungspersönlichkeit erstellt. Im günstigsten Fall sind darin die Anforderungen der zu besetzenden Stelle berücksichtigt. Grundsätzlich ist eine solche Herangehensweise sicherlich legitim und tauglich.

Entsprechend könnte ich Ihnen hier nun einen Profilbogen zum eigenständigen Ausfüllen vorlegen und Ihnen ein paar Seiten später die Kriterien für die Auswertung mitteilen. Dann könnten Sie auszählen, wie viele Punkte Sie haben, und in einer Auswertungstabelle nachschauen, ob Sie eine geeignete und gute Führungskraft sind oder werden können.

Aber so einfach ein solches Vorgehen scheint, so ungewiss ist, ob es wirklich gelingt. Wer legt denn die Kriterien fest, und welche Interessen spielen dabei eine Rolle? Wenn die eine Firma als Führungskräfte am liebsten brave Soldaten einstellt und die andere lieber kreative Künstlertypen, dann müssten unterschiedliche Profile und Profilbögen eingesetzt werden. Das ist aber nicht immer der Fall. Auf keinen Fall gibt es aber „die perfekte Führungskraft“, es gibt allenfalls geeignete Plätze für dorthin passende Personen.

Ich möchte Ihnen deshalb zur Entlastung vom Anspruch der Perfektion hier einige Hinweise geben, die Ihnen für ein seelisch gesundes Überleben bei nicht bestandenem Test helfen können. Darin enthalten sind zugleich einige skeptische Gedanken zur übermäßigen Wertschätzung solcher Tests:

1. *Manche Firmen stellen nur Kampfhunde ein.*
   Egal durch welchen Eignungstest oder welches Bewerbungsverfahren Sie durchfallen, halten Sie sich vor Augen, dass der Veranstalter nur getestet hat, ob Sie seinen Wünschen und Vorstellungen entsprechen. Es gibt Firmen, die suchen Sie als Sklaven. Die stellen dann vielleicht fest, dass Sie keiner sind. Das ist keine Minderung Ihres Wertes. Ein Personalchef sagte tatsächlich einmal zu mir: „Wir stellen nur Kampfhunde ein.“ Da hatten Katzen und Rennpferde einfach keinen Platz. Was macht’s der Katze oder dem Pferd? Nichts! Fragen Sie sich also vor allem, was für ein Tier Sie sind, und nehmen Sie das als Maßstab.

2. *Lassen Sie sich nicht wie einen Schüler prüfen. Prüfen Sie selbst.*
   Ihr klar artikulierter Anspruch sollte sein, herauszufinden, ob eine konkrete Stelle für Sie passend ist bzw. ob Sie damit kompatibel sind. Wenn Sie den Eindruck haben, dass das nicht der Fall ist, sollten Sie das möglichst früh – während des Einstellungsverfahrens oder in der frühen Probezeit – aufdecken und mitteilen. Schützen Sie sich vor der Verletzung, die häufig entsteht, wenn man von einem anderen „entlassen“ wird. Dann werden Sie zum passiven Opfer einer Verstoßung. Agieren Sie lieber pro-aktiv und geben Sie Ihrem Arbeitgeber selbst einen Korb. Wenn Sie erkennen, dass ein Platz oder eine Tätigkeit nicht das Richtige für Sie ist, gehen Sie am besten auf Ihrem eigenen Weg weiter, auch wenn Sie noch nicht überschauen können, wohin er Sie führt. Das ist dann kein dunkler Fleck in Ihrer Biographie, sondern qualifizierte Selbstführung. Vom Durchhalten beim Falschen wird das Falsche nicht besser.

3. *Es gibt keine allgemeingültigen Kriterien.*
   Es gibt keine für alle Fälle allgemeingültigen Kriterien dafür, wie eine Führungskraft zu sein hat, es zählt immer die Deckung mit der konkreten Aufgabenstellung, mit der Situation und dem Umfeld. Personalberater werden für die Beschaffung einer passenden Führungskraft mit bis zu einem Jahresgehalt des Betreffenden honoriert. Wenn es einfach wäre, den „Passenden“ zu finden, würde keine Firma freiwillig so viel Geld dafür bezahlen.

4. *Selbst der unwahrscheinliche Fall kommt vor.*
   Bei der Frage, welcher Persönlichkeitstypus besonders zum Führen geeignet ist, werden Sie vermutlich nicht zuerst an leise und introvertierte Menschen denken. Aber würden Sie nicht sofort an solche Personen denken, wenn es um Exaktheit und Sorgfalt geht? Bei einem Laborleiter, einem Sicherheitsbeauftragten, einem Techniker oder auch bei einem Controller würde es vor allem um Exaktheit und Genauigkeit gehen. So sehen Sie, dass es auch für introvertierte Menschen und andere führungs-untypische Charaktere Führungspositionen geben wird. Wenn Sie dann noch den nächsthöheren Chef mit in die Betrachtung aufnehmen, werden Sie es für möglich halten, dass er durchaus geneigt sein könnte, jemanden als Abteilungsleiter einzustellen, der ihm in seiner Art ähnlich ist. Aber manchmal ist auch ein lauter und dominanter Chef froh, wenn unter ihm jemand leise und gründlich die Arbeit tut, von der er lebt. Haben Sie also keine Sorge, ganz gleich wie Sie sind, auch für Sie wird es einen Führungsplatz geben. Vieles, was unwahrscheinlich ist, gibt es doch: Wir Menschen sind zum Beispiel ein ziemlich unwahrscheinlicher Fall im Universum, aber es gibt uns tatsächlich doch.

Ermutigung zu einer Führungskarriere

Ich plädiere hier also dafür, kein negatives Urteil darüber zu fällen oder gelten zu lassen, ob man als Führungskraft geeignet sei. Geben Sie lieber zuerst Ihren Impulsen in Richtung Führen Raum und prüfen Sie, ob es Sie auch trotz gemischten Gefühlen dahin zieht. Wenn Sie dieses Buch in der Hand haben, wird wohl irgendein Impuls in dieser Richtung da sein. Dann möchte ich Sie auf diesem Weg ermutigen und unterstützen. Wenn von außen an Sie die Frage oder Aufforderung herangetragen wird, eine Führungsposition zu übernehmen, sollten Sie das ebenfalls als Ermutigung bewerten. Dahinter steckt ja ein gewisses Feedback, dass irgendjemand Sie für eine solche Stelle – aus was für klar erkannten oder intuitiv empfundenen Gründen und Motiven auch immer – für brauchbar hält. Jedenfalls scheinen Sie der Beste für diese Aufgabe zu sein, den man dafür kennt.

Warnung vor falscher Bescheidenheit

Ich begegne oft Menschen, die mir mit echter Bescheidenheit versichern, dass sie gar nicht Führungskraft werden oder Karriere machen wollen. Sie seien mit ihrem derzeitigen Job zufrieden und würden ihn auch gern weiter machen. Einerseits mag es Menschen geben, die tatsächlich ihr ganzes Leben am selben Platz bleiben wollen und damit zufrieden sein können. In der Menschheitsgeschichte findet man dieses Prinzip der Dauerhaftigkeit in allen landwirtschaftlich geprägten Lebensmodellen. Insofern ist prinzipiell nichts dagegen zu sagen. So kann man sinnvoll leben.

Andererseits entwickelt sich unsere Gesellschaft heute in wesentlich dynamischeren Prozessen ständig weiter, und wir betrachten den Ablauf der Zeit als linearen Entwicklungsprozess und nicht mehr kreisförmig im Sinn einer ewigen Wiederkehr desselben. Insofern gibt es bei uns auch Begriffe wie Fortschritt, Entwicklung und Persönlichkeitsentwicklung. In alten Lebensmodellen hatte man mit 14 Jahren ausgelernt, man fand seinen Platz und seine Rolle in der Gesellschaft und blieb da sein Leben lang. In unserer heutigen Kultur ist das anders. Die Prozesse des globalen Umbruchs und der Herausbildung neuer, sich ständig weiter wandelnder Strukturen und Lebenskulturen verlaufen immer schneller. Da kann es auch ein Lebensmodell sein, mitzuhalten und möglichst auf dem oberen Kamm der Welle mitzusurfen. Auf Karriere bezogen bedeutet das: mithalten und versuchen in die Spitze der Trends vorzustoßen. Aber selbst bei einer maßvolleren Entwicklung im Mittelfeld muss gelten: Wenn Sie mit 40 nicht andere Dinge tun können als mit 30 und mit 50 nicht andere als mit 40, dann haben Sie nichts dazugelernt. Umgekehrt: Versuchen Sie sich einmal ausdrücklich bewusst zu machen, was Sie heute besser können als vor 10 Jahren, oder was Sie besser können als Ihre Kunden, Kollegen oder Ihr Vorstand. Sie werden bestimmt fündig werden. Und wenn Sie dann noch einmal prüfen, was keiner Ihrer zehn Jahre jüngeren Kollegen kann, was Sie aber können, dann sollten Sie spätestens jetzt erkennen, dass Sie dringend deren Chef sein sollten. Falls das noch keiner in Ihrer Firma und Umgebung gemerkt hat, sollten Sie es deutlich kommunizieren. Dass es auch angemessen ist, mehr Geld als diejenigen zu bekommen, die geringer qualifiziert sind, dürfte in einer leistungsorientierten Gesellschaft eigentlich nicht mehr weiter diskussionswürdig sein.

Ihr Vorsprung an Urteilsfähigkeit zählt

Wenn Sie sich klar machen, dass Sie mit 40 Jahren Chef von 30-Jährigen sein sollten und mit 50 Jahren Chef von 40-Jährigen, dann ergäbe sich daraus eine gesunde Hierarchie und eine gesunde Karriere. Lassen Sie sich nicht entmutigen, wenn Jüngere manches besser können. Sie müssen sich als 50-Jähriger nicht mit 18-Jährigen im Weitsprung messen. Sie sollten dann eher Vorsitzender der Jury sein und feierlich die Goldmedaillen und Preise überreichen. Unterscheiden Sie zwischen technisch-sachbezogenem Know-how und Urteilsfähigkeit. Das sind Leistungen auf unterschiedlichem Niveau. In dem Maß, wie Sie an Urteilsfähigkeit gewinnen, wächst Ihre Führungskompetenz. Urteilsfähigkeit hat etwas mit Erfahrung und Überblick zu tun und mit dem Vorsprung, den man dabei vor anderen hat.

Dabei gibt es immer nur Schritte auf einem Weg. Unsicherheit und Zweifel können bei jedem Urteil, bei jeder Entscheidung bleiben. Auf dem Weg werden Sie nie die absolute Wahrheit finden, allerdings können Sie Vorsprung vor anderen haben und mehr verstehen als diese. Ein solcher Vorsprung ist letztlich die alleinige Legitimation zum Führen.

So sollten Sie nicht abwarten, bis Sie von Leuten, die weniger kompetent sind als Sie, sich aber vielleicht besser vermarkten, karrieremäßig überholt werden. Dann müssen Sie irgendwann gegen besseres Wissen deren inkompetente Entscheidungen ausführen oder jemanden gut beraten, der dann die Lorbeeren dafür erntet.

Die Macht des Neuanfangs

Machen Sie sich bewusst, dass Ihre Attraktivität und Autorität wächst, wenn Sie einen neuen Bereich oder ein Projekt als „Der Neue“ übernehmen. Sie haben dann plötzlich ganz andere Aufmerksamkeit und ganz neue Chancen, etwas zu bewegen. Entsprechend sollten Sie sich alle paar Jahre um diesen Effekt und die damit verbundenen Möglichkeiten bemühen.

Ganz besonders empfehle ich das auch zufriedenen Führungskräften im Alter um die Mitte 50, die sich durchaus vorstellen können, auf ihrem Platz bis zum Ruhestand zu verharren.

Sie werden selbst die Beobachtung gemacht haben, dass Autorität und Ansehen häufig nachlassen, wenn jemand länger als fünf Jahre an einem Platz verweilt. Dieser Niedergang findet ganz besonders deutlich bei der genannten Altersgruppe statt, wenn der Betreffende dann von seiner Umgebung während der letzten 10 Jahre seiner Berufstätigkeit nur noch als „Ruhestandskandidat" und Auslaufmodell betrachtet wird. Da wird dann spekuliert, ob er nicht schon früher abgeht. Es wird dann befriedigender sein, noch einmal als „der Neue" in einer anderen, am besten auch höheren, Position anzutreten und seine gesamte Kompetenz einbringen zu können und gewissermaßen eine neue Raketenstufe zu zünden. Eine Dame brachte es neulich einmal auf den Satz: „Die ersten 40 Jahre habe ich gedient, die zweiten 40 Jahre will ich sagen, wo es langgeht."

Karriere ohne Mehrarbeit

Sind Sie nun also zur Karriere verurteilt? Gewiss nicht, aber hoffentlich ermutigt. Wenn Sie nun fürchten, dass dabei erhebliche Mehrarbeit auf Sie zukommt, will ich Ihnen auch dafür eine Lösung anbieten. Wenn Sie zurückdenken, waren die meisten Schritte in die Arbeitswelt hinein vermutlich mit Mehrarbeit verbunden, und Ihre Freizeit hat abgenommen. Wenn Sie das weiter hochrechnen, könnte Ihnen das die Lust auf weitere Karriereschritte nehmen.

Hier helfen vielleicht wieder verschiedene Vergleiche. Das Arbeitsleben eines Königs wird man sich so vorstellen: Morgens regiert er, nachmittags geht er auf die Jagd und abends auf einen Ball. Analog stellt man sich einen Papst nicht als ständig stressgeplagt und „busy" vor, sondern auch als betend, meditierend und gütig lächelnd. Mit wenigen Worten wird er Vorlagen abnicken oder ihre Abänderung anordnen und zur nächsten Audienz schreiten. Entsprechend ein Staatspräsident: Er muss auch die Ruhe haben, um über eine programmatische Rede nachzudenken, bevor er seinen Redenschreibern den Auftrag gibt, sie gemäß seinen wenigen, aber klaren Vorgaben auszuarbeiten.

Solche Vergleiche zeigen, dass je höher jemand in der Hierarchie steht, er sich umso mehr auf das Wesentliche beschränken und zurückziehen muss und kann. Während beim Sachbearbeiter mit zunehmender Arbeit tatsächlich die tägliche Arbeitszeit ausufert, muss das beim Aufstieg in der Hierarchie nicht sein. Das muss mit einer gewissen Konsequenz anders geregelt werden. Lernen müssen Sie dafür vor allem Prioritäten zu setzen, das Wesentliche zu erkennen und Aufgaben zu delegieren.

Streben Sie also nicht blind nach oben oder lassen sich blind auf alles ein, was man Ihnen vor die Nase setzt, sondern prüfen Sie alle Angebote gründlich. Verhandeln Sie dann realistisch, konsequent und freundlich über Ihre Aufgabestellungen und über die Bedingungen, unter denen Sie bereit sind zu arbeiten. Wenn dann die Bedingungen stimmen, können Sie einen weiteren Schritt nach oben machen, ohne dass ein solcher Aufstieg zwangsweise Mehrarbeit bedeutet.

Stressbewältigung

Eine verbreitete Auffassung sagt, dass Karriere Stress bedeutet. Und Stress wird vielfach mit schlecht und krankmachend assoziiert. Mediziner unterscheiden dagegen zwischen krankmachendem Stress und gutem Stress. Ich möchte Ihnen das an einem Bild verdeutlichen: Eine Violinsaite gibt nur, wenn sie gespannt ist, einen guten Ton. Wenn sie ohne Spannung nur schlapp über dem Griffbrett hängt, macht sie höchstens plubb, wenn man sie berührt. Eine gewisse Spannung muss also sein. Ist sie überspannt, dann reißt sie. Genauso wie bei einer Geige gilt es im Arbeitsleben für sich das rechte Spannungsverhältnis zu finden. Nicht zu viel und nicht zu wenig. Spannung ist gut.

Wie werden Sie eine charismatische Führungspersönlichkeit?

Entwickeln Sie günstige Führungseigenschaften

Nachdem Sie nun ermutigt sind, so zu bleiben wie Sie sind, und sich eine Karriere als sinnvoll und angemessen ohne zusätzliche Arbeitsbelastung vorstellen können, möchte ich Sie zur Entwicklung weiterer günstiger persönlicher Führungseigenschaften anregen. Es geht dabei darum, sich so zu entwickeln, dass Sie auch leicht, erfolgreich und mit Freude führen können.

Aktivieren Sie alle brauchbaren Register Ihres Charakters und Typs

Da mögen Sie nun befürchten oder einwenden, Sie könnten gewiss noch manches lernen, aber anderes sei doch wohl durch Charakter und Typ so unveränderlich vorgegeben, dass daran nichts zu ändern ist. Eltern und Lehrer sowie Sie selbst hätten schon oft genug und vergeblich versucht, Sie zu ändern, die Chance dazu sei wohl gering.

Vielleicht hilft Ihnen eine andere Betrachtungsweise: Wenn Sie vor zwei Jahren auf Ihren Computer ein bestimmtes Programm aufgespielt und seitdem nicht geändert haben, wird Ihr Computer noch heute danach arbeiten. Andere Dinge können Sie dann nicht damit tun. Werfen Sie deshalb Ihren Computer weg? Nein, Sie werden sich bei anderen Bedürfnissen und Umständen ein neues Programm besorgen und aufspielen. Genauso können Sie die Psychologie Ihres Charakters betrachten. Da sind Ihnen in Ihrer Kindheit einige Dinge als Verhaltensmuster einprogrammiert worden, und so funktionieren Sie bis heute. Wenn es Ihnen gelingt, ein anderes Programm aufzuspielen, sind Sie auch zu anderem Verhalten in der Lage.

Ich kann Ihnen berichten, dass es mir in meiner Arbeit sogar bei extrem schwierigen Menschen gelungen ist, kurzfristig ein neues Programm zu installieren und damit unmittelbar erhebliche Verhaltensänderungen zu bewirken. Als ein Beispiel für viele will ich Ihnen das folgende berichten:

Beispiel

Ein 53-jähriger Fachmann war mangels Alternative zur Führungskraft gemacht worden. Er wurde mir für ein Rhetorik-Seminar als vollständige kommunikative Niete angekündigt. Man wollte ihm mit diesem Seminar eine letzte Chance geben, erwartete aber nicht wirklich, dass er sich ändern könne. Tatsächlich wirkte der Mann bei seinem ersten Redeversuch unterbelichtet und total verklemmt. Wie er berichtete, war er seit seiner Schulzeit wegen eines vernichtenden Urteils eines Lehrers der Überzeugung, er könne nicht reden. Im Einzelgespräch mit ihm brachte ich in Erfahrung, dass er als Student als Karatekämpfer bei deutschen Meisterschaften Goldmedaillen gewonnen hatte. Ich aktivierte diese Erinnerung in ihm und ließ ihn vor der nächsten Redeübung die Augen schließen und sich vorstellen, dass er als Karatemeister zu seinen Schülern sprechen werde. Tatsächlich sprach er dann mit voller Souveränität zu uns. Auch in seiner Firma konnte er diese Einstellung beibehalten, und sein Chef rief mich etwa acht Wochen später an und bedankte sich mit den Worten: „Sie haben bei jemandem, dem wir es nicht zugetraut hätten, ein Wunder vollbracht!“ Das Wunder hatte lediglich darin bestanden, ein anderes Programm in ihm zu aktivieren.

Befreien Sie sich von falschen persönlichen Identifikationen

Was sich im vorigen Beispiel so leicht und einleuchtend anhören mag, hat einen teils tiefenpsychologischen Hintergrund, auf den ich noch tiefer eingehen möchte:

Jeder Mensch hat sich in seiner Kindheit mit Bezugspersonen, Rollen oder Einstellungen identifiziert. Das bedeutet, er ist – im Maß seiner Identifikation – mit diesen identisch geworden. Das kann positive und unterstützende Wirkungen haben, es können aber auch Identifikationen stattgefunden haben, die zu negativen Folgen bis hin zu Lebensuntüchtigkeit führen. An drei extremen, aber nicht seltenen Fällen will ich das verdeutlichen:

1. *Der Stellvertreter*
   Bei einem Mann, der eigentlich eine Führungskarriere angestrebt hatte, dabei bislang aber wenig erreichen konnte, stellte ich im Lauf eines Gesprächs fest, dass er – obwohl 1959 geboren – in seiner Herkunftsfamilie Stellvertreter für einen im Krieg gefallenen Onkel geworden war. Er hatte dessen Vornamen erhalten und war häufig mit ihm verglichen worden. Er stellte bei diesem Gespräch mit Erschrecken fest, dass er in seinem Leben nie über eine Stellvertreterrolle hinausgekommen war: Während seiner Schulzeit war er mehrere Jahre stellvertretender Klassensprecher, dann stellvertretender Sprecher der Schülermitverwaltung, als Student schaffte er es bis zum stellvertretenden Studentenschaftssprecher, in seiner Firma war er lange Stellvertreter des Gruppenleiters, dann ohne Zwischenstation bis heute stellvertretender Abteilungsleiter. Er erschrak noch mehr, als im einfiel, dass er vor einiger Zeit seiner Freundin gesagt hatte, er komme sich manchmal als Stellvertreter ihres Exmannes vor.

2. *Das Mädchen, das ein Junge sein sollte*
   Ein anderer Mann hatte sich dringend einen Sohn gewünscht und eine Tochter bekommen. Sie hatte – aus kindlicher Liebe und falscher Identifikation mit den Wünschen des Vaters – alles versucht, um seine Erwartungen zu erfüllen: Sie entwickelte recht maskuline Züge und Verhaltensweisen und verliebte sich immer in die tollsten Frauen. Sie studierte Medizin, machte eine Facharztausbildung zur Chirurgin und betrieb dieses Handwerk als Unfallchirurgin. Sie fuhr mit als Notärztin und operierte oft an Ort und Stelle. Sie fühlte sich ständig überfordert und stand kurz vor einem Burn-out. So erfüllte sie zwar ihre Rollenvorgabe, ein echter Junge und Mann zu werden, lebte aber an ihrer persönlichen Identität vorbei.

3. *Der kleine Bruder*
   Für Führungsaufgaben ist es auch ungünstig, wenn man sich als Kind zu stark mit der Rolle des „kleinen Bruders" oder natürlich „der kleinen Schwester" identifiziert hat. Dann fällt es einem schwer, die erste Geige zu spielen. Tatsächlich ist es statistisch so, dass unter Führungskräften überproportional viele älteste Kinder sind. Wenn man

das nun von Geburt aus nicht ist, kann es helfen, in Bezug auf seinen Beruf oder sein Erwachsenenleben auf symbolische Weise aus der familiär-kindlichen Rolle heraus in eine neue, erwachsene Rolle hineinzutreten. Dafür gab in vielen Kulturen Übergangsrituale und Initiationen.

(Fehl-)Identifikationen mit einer anderen Person können so stark sein, dass jemand im selben Alter oder unter ähnlichen Umständen wie diese stirbt. Sie können eine erhebliche Bindungskraft haben und einen Menschen trotz besseren Könnens oder Wissens in analogen Verhaltensweisen oder Situationen festhalten oder zu deren zwanghafter Wiederholung führen. Daraus ergeben sich dann Biographien, die mit den Wünschen der betroffenen Person oft nur noch wenig zu tun haben. Grundsätzlich sind solche Fehlidentifikationen auflösbar. Man muss sie allerdings erst einmal bemerken und auf die Idee kommen, dass manche vermeintlich eigenen Verhaltensweisen oder scheinbar zufällige Schicksalsereignisse dadurch bedingt sind. Falls Sie den Eindruck haben, selbst Opfer solch einer Fehlidentifikation zu sein, könnte das ein Thema für ein Coaching oder ein therapeutisches Gespräch sein.

Entwickeln Sie förderliche Einstellungen

Entsprechend haben Sie in den vorigen Abschnitten schon sehen können, dass ich Sie immer wieder anrege, sich Dinge bewusst zu machen. Aus einem veränderten Bewusstsein und anderen inneren Einstellungen heraus werden Sie sich anders verhalten als zuvor. Auch jahrzehntelang angeblich unveränderliche Charaktereinstellungen lassen sich ändern. Sie müssen nicht tausend Dinge neu lernen, sondern oft nur eine Einstellung ändern. Wenn Sie dabei innerlich Einstellungen entwickeln, die zum Führen geeignet sind, werden Sie sich auch äußerlich als Führungskraft behaupten und bewähren können. Sie können diese inneren Einstellungen mit einem Magneten vergleichen, mit dem Sie 1000 Eisenspäne auf einem Blatt Papier von unten her in ein harmonisches Muster bringen können. Da brauchen Sie keine Pinzette.

Das Erfreuliche ist, dass in der Kindheit für unterschiedlichste Gelegenheiten, Rollen und Lebensalter meist mehrere alternative Verhaltensmuster gespeichert werden: das vom Vater, das von der Mutter, das vom einen und das vom anderen Großvater, Onkel, Lehrer etc. Man hat sich dann zwar jeweils meistens auf ein Hauptverhalten festgelegt, aber es gibt aktivierbare Alternativen. Wenn das manchmal schwieriger scheint als man möchte, kann das unter anderem auch daran liegen, dass man sich als Kind zu der entsprechenden Person (teils im Einklang mit Vater und/oder Mutter) in ein Trotzverhältnis begeben hat.

Entsprechend wirkt und hilft die empfohlene Orientierung an positiven Führungsmetaphern oder Vorbildern. Dabei können Sie die zuvor aktivierten Einstellungen relativ leicht ändern. Vielleicht haben Sie auch schon erlebt, dass eine Person nach einer Beförderung ein scheinbar anderer Mensch geworden ist. Er hat dann mit der neuen Rolle auch andere Einstellungen übernommen und zeigt plötzlich Qualitäten oder Allüren, die ihm vorher keiner zugetraut hätte. Suchen Sie sich deshalb Identifikationsbilder oder -personen, von denen Sie sich selbst auch gern als Chef hätten führen lassen.

Beispiel 1

Eine Filialdirektorin von 15 Einzelhandelsgeschäften bezeichnete sich in ihrer Tätigkeit als die „Ober-Kindergärtnerin“, die sich um alles kümmern müsse. Entsprechend groß war ihr Klagelied über die Vielzahl der nicht enden wollenden Probleme, mit denen sie sich auseinandersetzen müsse. Ich schlug ihr vor, sich von ihrem Rollenverständnis lieber als „Gymnasialdirektorin“ zu verstehen und damit nicht nur selbst anders aufzutreten, sondern auch ganz andere Ansprüche an sämtliche Mitarbeiter zu stellen. Als Kindergärtnerin müsse sie wirklich jedem Kind alles hinterhertragen, während sie als „Gymnasialdirektorin“ nicht nur von den „Klassenlehrern“ die Hauptarbeit verlangen könne, sondern auch von den „Schülern“ eine gewisse Grunddisziplin und Selbstverantwortung. Unter Hinweis auf einen Satz von Laotse: Was du aussendest, kehrt zu dir zurück“ versprach ich ihr, dass ihre Arbeit um vieles leichter werden würde.

Beispiel 2

> Der Konflikt, der jahrelang zwischen einer Unternehmerin und ihrem Sohn abwechselnd schwelte und wieder aufbrach, ließ sich darin lokalisieren, dass es zu den Standardsätzen der Unternehmerin gehörte, ihr Unternehmen als „mein Baby" zu bezeichnen. Jeder Versuch des Sohnes, eine Perspektive für das Nachrücken in die Geschäftsleitung mit seiner Mutter auszuhandeln, scheiterte im großen Krach. Aus dieser Analyse heraus wurde erkennbar, dass eine Mutter kein Baby an einen Sohn abgeben kann. Entweder musste der Sohn darauf verzichten, das Baby seiner Mutter zu fordern und sich einen anderen Job suchen, oder aber die Mutter änderte ihre Einstellung und betrachtete das Unternehmen nicht mehr als ein Kind, sondern als eine Maschine. Dann wäre eine Zusammenarbeit wohl möglich. In einer mühsamen Gesprächsserie mit einigen Rückschlägen konnte die Mutter schließlich ihr Bild ändern.

Von den Stärken Ihrer Schwächen

Zu den wichtigsten Einstellungen gehören die, die man als Kind zu sich selbst eingenommen hat. Jeder hat als Kind erfahren, dass manche seiner Verhaltensweisen abgelehnt wurden. Oft ist allerdings von den Erziehern nicht klar unterschieden worden zwischen Ablehnung von Verhaltensweisen und Ablehnung der Person. Da Kinder die Bewertungsmaßstäbe ihrer Umgebung übernehmen, wird mit vielen Ablehnungen das Selbstwertgefühl geschwächt, und bestimmte Impulse werden künftig möglichst unterdrückt. Die Energie, die zum Unterdrücken benötigt wird, steht dann für andere Leistungen nicht mehr zur Verfügung. Daher wäre es vorteilhaft, möglichst wenig Persönlichkeitsanteile abzulehnen, sondern sie alle – am richtigen Platz – in die eigene Person und das eigene Leben zu integrieren. Dazu kann es Ihnen helfen, wenn Sie einmal eine Liste der Persönlichkeitsanteile oder Eigenschaften für sich zusammenstellen, die Sie für negativ und ablehnenswert halten. Wenn Sie sich dann überlegen, was die positive Seite dieser Eigenschaften ist, beginnen Sie mit diesem Integrationsprozess.

Drei Betrachtungsansätze können Ihnen dabei helfen:

1. Alles hat zwei Seiten. Insofern sind auch vermeintlich negative Eigenschaften, am richtigen Platz eingesetzt, hilfreich.

2. Vieles hat nur durch ein bestimmtes Wort eine negative Bewertung erfahren. Man könnte ihm mit einem anderen Wort auch eine positive Bewertung geben: Sturheit wird so zu: Konsequenz, Frechheit zu: Offenheit und Direktheit, Eitelkeit zu: Selbstbewusstsein, Faulheit zu: der Fähigkeit, sich entspannen zu können, Chaos zu: Spontaneität oder Kreativität, devotes Verhalten zu: Anpassungsfähigkeit, Pessimismus zu: nüchternem Realitätssinn. Sie könnten diese Übung als rhetorisches Spiel spielen, an diesem Platz empfehle ich Ihnen aber, ernsthaft an einer Umwertung und Umbenennung zu arbeiten, die Sie persönlich überzeugt.

3. Viele Bewertungen werden aus der Sicht der Bewertenden vollzogen. Was für jemanden unpraktisch und seinen Interessen widersprechend ist, wertet er einfach ab. Egal, was Sie Sinnvolles oder Ihren eigenen Wünschen Entsprechendes tun, es wird dann vom anderen verworfen. Insofern können Sie bei all Ihren vermeintlich negativen Eigenschaften einmal prüfen, für wen das daraus resultierende Verhalten eigentlich nachteilig war, wirklich für Sie selbst oder für den anderen: Wenn Ihnen jemand vorwirft, Sie seien ungeduldig, dann will er eigentlich nur Ihre Energie blockieren, die ihm selbst in die Quere kommen könnte. Wenn Sie nachdrücklich für etwas eintreten, wovon Sie überzeugt sind, kann jemand, dem das nicht passt, leicht sagen, Sie seien stur und sollten nachgiebiger sein. Wenn Sie sich für etwas engagieren, was jemand anderen stört, kann er Ihnen vorwerfen, Sie seien ein Heißsporn und sollten sich beruhigen. Auch der Satz: „Der Klügere gibt nach" ist eine Gemeinheit der Gegenseite: Unter dem Vorwand, nachzugeben sei klüger, erreicht der andere, wenn Sie versuchen der Klügere zu sein, seine Ziele. Letztlich sind Sie also der Dumme.

Prüfen Sie also die in Ihr Selbstbild übernommenen Bewertungen, und nehmen Sie sich das Recht, in allem mindestens auch das Positive zu sehen oder sogar zu entdecken, dass das vermeintlich Schlechte in Wirklichkeit sehr gut und brauchbar ist und Sie sich bislang nur zum Nutzen Ihrer Widerparts selbst zurückgenommen haben.

25 Einstellungen für eine charismatische Autorität

Wenn Sie den Zusammenhang zwischen Verhalten als Folge von Einstellungen verstehen, dann ist es für die eigene Entwicklung zur Führungspersönlichkeit vordringlich, sich darüber klar zu werden, welche Einstellungen eine Führungskraft auszeichnen sollten, und sich darum zu bemühen, sie zu erwerben. Ich habe im Folgenden 25 zentrale Einstellungen zum Führen für Sie zusammengetragen, um deren Verinnerlichung Sie sich bemühen können.

Diese Geisteshaltungen werden sich für die meisten Führungsaufgaben bewähren. Wenn Sie sich daraufhin prüfen und sie fest in Ihrem Bewusstsein verankern, werden Sie einen konstruktiven Prozess in sich initiieren, der zu lohnenden Ergebnissen führt. Sie können diesen Prozess vorstellen wie das Hochdimmen einer Lampe. Sie werden stärker als authentische, harmonische und glaubwürdige Person wahrgenommen werden und gewinnen dabei an Autorität und Charisma.

Kommen wir nun zu den dafür erforderlichen inneren Einstellungen:

1. Entwickeln Sie eine klare persönliche Identität!

Zu jeder guten PR-Strategie gehört die Unverwechselbarkeit eines Produkts oder einer Person. Dabei wird in der Werbung oft weniger Wert auf die innere Identität und den inneren Wert eines Produktes gelegt als auf seine Verpackung und seinen Auftritt. Entsprechend könnten Sie mit besonderen unverwechselbaren Attributen, wie zum Beispiel einem Papagei auf der Schulter, durchaus Unverwechselbarkeit und einen hohen

Erinnerungswert erreichen. Ich plädiere an dieser Stelle allerdings nicht für eine gute PR-Strategie, sondern für die Klärung Ihrer eigenen inneren Identität. Sie schaffen sich damit eine Voraussetzung für ein positives Selbstwertgefühl und ein authentisches Auftreten mit klaren Standpunkten.

Hinzu kommt, dass jemand, der nicht mit sich selbst im Reinen ist, in einem Zwiespalt lebt. Wer sich mit seinen Eigenschaften und seinen Fähigkeiten nicht so annimmt und identifiziert wie er ist, sondern Teile von sich ablehnt, ist unglücklich. Je mehr Sie sich dagegen mit sich selbst identifizieren, desto weniger Energie brauchen Sie darauf zu verwenden, Teile von sich zu verbergen oder Verhaltensweisen vorzutäuschen, die nicht wirklich Ihre sind. Wenn Sie mit sich und in sich eins sind, sind Sie innerlich entspannt. Sie können dann vermutlich auch gut zuhören und sind offen für das, was andere Menschen brauchen und Situationen erfordern. Man würde sich mehr solcher Menschen in Führungspositionen wünschen.

Um sich einem ausgeglichenen Zustand innerer Harmonie anzunähern, gibt es einige existenzielle Fragen, die Sie mit sich klären sollten:

Dazu gehören die Fragen: Wer bin ich? Was will ich? Wofür stehe ich? Und: Worin liegen für mich Sinn und Aufgabe meines Lebens? Es geht in allen Fragen darum, wo und unter welchen Umständen Sie sich richtig in der Welt platziert fühlen und was Sie dort einzubringen haben. Je klarer Sie sich über Ihre Werte sind, desto überzeugender können Sie die vertreten. Je klarer Sie in Ihrem Leben einen Sinn finden oder ihm einen Sinn geben, desto unverrückbarer stehen Sie an Ihrem Platz, und umso weniger sind Sie zu manipulieren.

Vermutlich ist das ein leicht einzusehendes Kriterium: Eine Führungskraft sollte nicht manipulierbar sein, sondern in einem positiv überzeugenden Sinn selbst andere Menschen aktiv beeinflussen. Wenn Sie darin Ihre Aufgabe sehen wollen, müssen Sie in Ihren eigenen Überzeugungen – und dazu gehört auch die Grundüberzeugung, selbst o.k. zu sein – so stabil sein, dass Sie nicht durch anderer Leute „Geschwätz" darin schwankend werden können.

Auf folgende Weise können Sie daran arbeiten:

- Schreiben Sie ein Tagebuch-Essay zur Frage: Wer bin ich eigentlich wirklich und wer möchte ich sein? Der Philosoph Kierkegaard schrieb einmal einen Brief an sich selbst, der unter der Überschrift stand: „Von dem, der ich bin, an den, der ich sein möchte.“. Solch einen Brief könnten Sie sich auch einmal gönnen. Sie werden dabei Klarheiten über sich gewinnen.
- Formulieren Sie einmal den Sinn Ihres Lebens, Ihre Lebensaufgabe oder den Auftrag oder die Aufträge, den oder die zu erfüllen Sie auf der Welt sind. Vermutlich wird Ihnen nach einigem ersten Zögern das eine oder andere einfallen. Damit erarbeiten Sie sich klare Maßstäbe, nach denen Sie auch im Alltag deutlich und konkret unterscheiden können, was zu Ihrem Leben dazu gehören soll und was nicht. Vielleicht kann Ihnen auch die Fragestellung dabei helfen, was Sie am Ende Ihres Lebens rückblickend über Ihr Leben sagen können wollen. Wie sollte es dann gewesen sein, damit Sie zufrieden darauf zurückschauen? Wenn Sie sich dann noch bewusst machen, wie viel von ihrer statistisch zu erwartenden Lebenszeit schon abgelaufen ist, wissen Sie, wie ernst Ihre Aufgabe ist. Als Mann sollten Sie dafür Sterbealter Ihrer beiden Großväter und Ihres Vaters – hoffentlich lebt er noch – und als Frau das Sterbealter Ihrer Großmütter und Ihrer Mutter zusammenrechnen und dann durch 3 teilen. Dann haben Sie Ihre persönliche statistische Lebenserwartung.
  Wenn Sie lieber eine andere Fragestellung als Ausgangspunkt nehmen wollen, können Sie sich auch fragen: „Was werden meine Kinder in vierzig Jahren ihrem Therapeuten über ihre Kindheit erzählen?“ Oder: „Was werden meine Mitarbeiter oder Kunden drei Jahre nach meinem Weggang über mich sagen?“
  Sie werden merken, diese Fragestellungen tragen deutlich zu einer sinnorientierteren und ernsthafteren Lebenshaltung bei. Trotz der öffentlichen Vorherrschaft an Entertainern, die ihr Publikum nur zum Lachen bringen können, ist Ernsthaftigkeit eine qualifizierte und qualifizierende Führungseigenschaft, die die Glaubwürdigkeit einer Person hebt.
- Machen Sie sich eine Aufstellung Ihrer Werte. Neulich berichtete mir jemand, er habe bei einem Seminar eine Liste von über 300 Werten

gesehen, wovon jeder Teilnehmer zwischen 20 und 70 für sich auswählen sollte. Haben Sie den Ehrgeiz, mindestens 20 bis 30 Werte für sich zu entdecken und niederzuschreiben. Sie entwickeln damit Maßstäbe und Kriterien für Entscheidungen. Fürchten Sie nicht, dass Sie zu wenig haben. Manches, was Sie vielleicht nicht für einen Wert halten, kann doch einer sein: So könnten Sie etwa zur Einsicht gelangen, ein Suchender, ein Entdecker, ein Wanderer zu sein. Das würde Ihnen die Klarheit geben, sich vorläufig nicht auf Dauer an einer Stelle niederzulassen. Entsprechenden Angeboten könnten Sie umso leichter widerstehen.

- Um sich auch mit Ihren vermeintlichen Schwächen besser zu versöhnen, können Sie sich als letzte Aufgabe in diesem Zusammenhang noch die drei folgenden Fragen beantworten:

  - Wie werden Sie mit Ihren Unvollkommenheiten künftig in Frieden leben?
  - Auf welche Weise können Sie sich Ihre Mängel verzeihen?
  - Wie können Sie sich mit gemachten Fehlern versöhnen?

  Vielleicht kann eine mögliche Antwort darauf sein: „Ich schaue mir in meinem Leben so zu, wie Eltern ihrem Kind zuschauen und dabei wissen, dass nicht alles beim ersten Mal klappen kann, manches überhaupt nicht und manches erst nach einiger Übung geht, und doch sind alle Versuche notwendig, um seine Erfahrungen zu sammeln." Stellen Sie auch keine unerfüllbaren Forderungen und Erwartungen an sich selbst, und achten Sie darauf, dass die Bezugsmaßstäbe und Vergleichsgrößen stimmen. Das Drama um Schneewittchen hätte sich erübrigt, wenn die Stiefmutter den Spiegel gefragt hätte: „Wer ist die schönste 40-Jährige im ganzen Land?" Darauf hätte sie das gewünschte Kompliment vermutlich erhalten.

2. Entwickeln Sie Selbstsicherheit!

Die oben gestellten Aufgaben haben das Ziel, zu einem klareren Selbstbewusstsein beizutragen. Wenn man davon spricht, dass jemand sehr selbstbewusst aufgetreten ist, dann spiegelt sich in dieser Redensart eine

Menge Wahrheit. Wer weiß, was er will, kann es auch klar sagen und zaudert nicht. Klarheit über sich selbst ist also Selbstbewusstsein und bewirkt automatisch Selbstsicherheit. Jammern Sie also nicht herum, Sie könnten nicht so selbstsicher auftreten wie jemand anderes, sondern beginnen Sie, über sich nachzudenken und sich Klarheiten zu verschaffen, die stabil sind und mit denen Sie dann stabil und Ihrer selbst sicher auftreten können. Über dem vermutlich nicht nur von Dummen für weise gehaltenen Orakel in Delphi soll der Satz gestanden haben: „Erkenne dich selbst!". Dies gilt seit über 2000 Jahren als der erste Schritt zur Weisheit.

Sollen Sie nun ein Weiser werden? Wäre das nicht ein bisschen pathetisch? Nun, jeder Wegweiser ist ein Weiser, und nichts anderes erwartet man schließlich von einer Führungskraft: dass Sie Richtungen und Wege weist. Entsprechend gibt es den Titel: „Direktor", er soll die Direktion – die Richtung – weisen. Einen Chef, der auf nichts hinzuweisen hat und keine Weisung geben kann, ist sicher ein schlechter Chef. Entsprechend können Sie auch einmal beobachten, dass manche ehemalige „Firmendirektion" heute „Hauptverwaltung" oder „Zentrale" heißt. Vielleicht weil sie nur noch verwaltet und keine klare Richtungsweisung mehr gibt. Prüfen Sie also, wofür Sie stehen und worauf Sie hinweisen wollen. Zum Beispiel:

- auf den Sinn einer Sache,
- auf Werte, die damit verbunden sind,
- auf Prioritäten und / oder
- auf Ziele.

3. Entwickeln Sie ein positives Selbstwertgefühl!

Die dritte Einstellung, die Sie in sich stabil aufstellen sollten, ist das eigene Selbstwertgefühl. Es geht dabei nicht nur um den Selbstwert, sondern vor allem darum, ihn fühlen zu können: Darin liegt ein Hauptproblem vieler Menschen. Wer einen Ausbildungsabschluss hat, sollte ja wissen, dass er offenkundig etwas kann, was andere nicht können. Selbst mit gelegentlichem Mogeln wird nach mehrjähriger Schulung etwas hängen geblieben sein. Aber selbst Leuten mit Doktortitel fällt es oft schwer, Stolz darüber zu empfinden und sich die erbrachte Leistung persönlich anzurechnen. Manche schämen sich sogar eher für ihre Titel.

Der Weg zum Fühlen führt über das Bewusstmachen des eigenen Wertes. Dazu können Sie durchaus auch einmal Ihre Zeugnisse, guten Noten, Abschlüsse, Positionen und Pöstchen, die Anerkennungen, Fanpost und die Hochzeitszeitung, die Sie vielleicht einmal erhalten haben, zusammentragen und in Summe anschauen und dabei zulassen, Stolz, Lust und Freude zu empfinden. Das mag zwar noch nicht wirklich reichen, um zu einem grandiosen Selbstwertgefühl zu kommen, vielleicht kann es Sie aber schon in eine aufbauende Stimmung versetzen. Ihren wahren Wert sollten Sie natürlich tiefer suchen als bei diesen Äußerlichkeiten. Besser als hier fremde Vorschläge dazu zu lesen, wäre es, wenn Sie selbst darüber nachdenken und meditieren und sich Ihre persönlichen Einsichten aufschreiben.

Vor allem sollten Sie Ihr Selbstwertgefühl nicht aus dem Erfüllen von Verantwortlichkeiten und Pflichten ableiten. Sie sind nicht deshalb, weil Sie Ihre Familie ernähren und die Umsatzverantwortung für 300 Millionen Euro tragen, besonders wertvoll, sondern eher, wenn Sie dabei die Lust verspüren, Menschen anzulächeln und ihnen eine Freundlichkeit zu erweisen, oder weil Sie sich in allem Stress eine gewisse Souveränität und Leichtigkeit bewahrt haben.

Schauen Sie, was Sie bei sich ausgraben und in sich hüten können. Achten Sie vor allem darauf, dass Sie etwas fühlen können. Trauen Sie sich, stolz zu sein, sich etwas „einzubilden", mit sich und der Welt zufrieden zu sein, sich im Spiegel oder auf Fotos auch gefallen zu können, und erlauben Sie sich, sich gern reden zu hören und sich an klugen eigenen Gedanken auch selbst erfreuen zu können.

4. Entwickeln Sie ein Reichtumsbewusstsein – und lernen Sie Ihren und den Charakter Ihrer Mitmenschen verstehen!

Der Mangelmensch, der Kompensationstyp und der Überflussmensch

Ein positives Selbstwertgefühl zu erarbeiten fällt vielen Menschen schwer, weil in den ersten Lebensjahren eine Grundprägung hinsichtlich Mangel oder Überfluss stattfindet, die oft lebenslang die Grundlage für alles spätere Tun ist. Wer früh einen existenziellen Mangel erlitten hat, wird später nicht so leicht entspannt, optimistisch und zufrieden sein. Die Angst wieder Mangel zu erleben und der Versuch ihn zu vermeiden, führen oft zu gegenteiligen Bestrebungen. Viele Menschen erwerben als Gegenmittel gegen Mangel Reichtum.

Sie brauchen sich vor Ihrem geistigen Auge nur einmal ein paar Bekannte anzuschauen und können mit einem Daumenzeichen nach oben oder nach unten leicht einschätzen, ob jemand ein Überfluss- oder ein Mangelmensch ist. Sie werden dann verstehen, warum Ihnen manche Menschen angenehm und andere unangenehm sind: Mangelmenschen wollen etwas von Ihnen und Überflussmenschen haben Ihnen etwas mitzugeben.

Vielleicht wird Ihnen aber auch auffallen, dass es Menschen gibt, von denen Sie ständig mit Geschenken überhäuft werden und die Ihnen trotzdem unangenehm sind. Sie scheinen nur Überflussmenschen zu sein und sind in Wirklichkeit Mangelmenschen. Durch ihre Geschenke versuchen sie lediglich Ihre Aufmerksamkeit und Sympathie zu erkaufen.

Ich will nicht ausschließen, dass es Situationen oder Positionen gibt, wo man durchaus einen Mangelmenschen als Führungskraft brauchen kann, etwa wenn dramatisch gespart werden muss. Ein Überflussmensch aber wird positiver denken und mit dieser Haltung vermutlich auch leichter Situationen des Überflusses in einer Firma schaffen. Seine Wirkung als Führungskraft auf die Mitarbeiter wird motivierender sein als die eines Mangelmenschen. Es könnte schließlich sein, dass dieser Mangelmensch seinen Mitarbeitern Anerkennung, Ehre, Geld, Sicherheit oder Arbeitsplatz wegnimmt.

Von der psychologischen Kategorisierung kann man in dieser Hinsicht drei Typen unterscheiden:

- den Mangelmenschen, der Mangel verkörpert und im Elend bleibt,
- den Kompensationstyp, der sein Grundgefühl des Mangels aktiv durch Gegenmaßnahmen wie Fleiß, Ehrgeiz oder herausragende Leistungen zu beschwichtigen sucht,
- den Überflussmenschen, der optimistisch an das Gute glaubt, sich dafür einsetzt und immer etwas mitzugeben hat.

Sie können sich einmal selbst in dieser Hinsicht betrachten, aber Ihnen kann diese Unterscheidung auch für den Umgang mit anderen Menschen nützlich sein: bei der Auswahl und Einstellung neuer Mitarbeiter, bei der Personalführung, beim Umgang mit eigenen Chefs oder Kollegen, beim Umgang mit Kunden oder Familienangehörigen. Grundsätzlich gilt: Der Mangelmensch braucht mehr von Ihnen als er Ihnen gibt.

Interessanterweise lässt sich zeigen, dass viele prominente Personen Kompensationstypen sind. Sie haben zumeist in ihrer Kindheit einen erheblichen Anerkennungsmangel erlitten und gleichen den aus, indem sie durch besonders herausragende Leistungen extrem viel Aufmerksamkeit auf sich ziehen.

Zum Verständnis dieser Beispiele können Sie sich folgende Rechnung aufmachen: Wer ein Elternteil früh verliert, dem fehlen 50 % der Grundaufmerksamkeit. Wenn der andere Elternteil dann arbeiten geht, fehlen weitere 25 %. Kindergärtner, Tagesmütter oder Lehrer können allenfalls einen geringen Teil davon ersetzten. Wie soll nun ein Mensch, dem zwei Drittel der ihm von Natur zugedachten Aufmerksamkeit fehlen, mit diesem Mangel umgehen? Er hat die Alternative depressiv zu werden und im Mangel zu bleiben, oder das, woran es ihm mangelt, zu ersetzen. Man spricht dann vom Kompensationstyp. Das wäre an sich unproblematisch oder scheint sogar gesund. Es gibt aber Fälle, wo der Mangel bodenlos ist und die entgegengesetzte Kompensation ins Unendliche strebt und unersättlich ist. Solche Menschen setzen oft extrem viel Energie frei, um sich aus ihrem normalen Umfeld heraus zu heben, und erreichen damit manchmal eine gewisse Prominenz.

Im Folgenden sehen Sie eine Liste von prominenten Personen, die ein solches Mangelsymptom – meist den Verlust eines Elternteils während ihrer Kindheit – aufweisen. Es ist verblüffend und psychologisch doch fast zwingend, dass all diesen so unterschiedlichen Menschen dieser Mangel gemeinsam ist.

Personen mit erheblichem Mangelerleben in ihrer Kindheit und Kompensationsmuster:

Lance Armstrong	Siebenfacher Tour-de-France-Sieger: hat seinen Vater nicht gekannt
Willy Brandt	Deutscher Bundeskanzler: unehelich, hat seinen Vater nicht gekannt
Bill Clinton	Amerikanischer Präsident: hat seinen Vater nicht gekannt
Tom Cruise	Schauspieler: ohne Vater aufgewachsen
Jan Flemming	James-Bond-Autor: hat früh seinen Vater verloren
Adolf Hitler	Diktator: verlor während seiner Kindheit vier Geschwister und mit 13 Jahren seinen Vater, der selbst seinen Vater nicht gekannt hatte. Mit 17 verlor er außerdem seine Mutter
Saddam Hussein	Diktator im Irak: wurde als uneheliches Kind geboren, sein Vater nahm sich kurz darauf das Leben, seine Mutter gab ihn wegen neuer Eheschließung mit neun Jahren zu einem Onkel weg, der Offizier war
Michelangelo	Künstler: verlor mit sechs Jahren seine Mutter und wurde vom Vater schlecht behandelt
Slobodan Milošević	Diktator in Serbien: wuchs getrennt von seinen Eltern auf, die sich beide später das Leben nahmen

Barack Obama	Amerikanischer Präsidentschaftskandidat 2008, verlor mit zwei Jahren seinen Vater
Elvis Presley	Sänger: verlor bei der Geburt einen Zwillingsbruder
Nicolas Sarkozy	Französischer Staatspräsident: als Einwandererkind ohne Vater in Frankreich aufgewachsen
Gerhard Schröder	Deutscher Bundeskanzler: sein Vater starb, bevor er geboren wurde, aus ärmsten Verhältnissen
Alice Schwarzer	Feministin: wuchs ohne Vater mit berufstätiger Mutter bei ihren Großeltern auf
Richard Wagner	Komponist: hat nie herausgefunden, wer sein Vater war

In diesem Zusammenhang kann man den pessimistischen Satz von Jacob Burckhardt, einem bedeutenden Geschichtsforscher des 19. Jahrhunderts, vielleicht verstehen, der auch eine in der Allgemeinheit verbreitete Auffassung widerspiegelt: Macht an sich sei böse: „Und nun ist die Macht an sich böse, gleichviel, wer sie ausübe. Sie ist kein Beharren, sondern eine Gier und eo ipso unerfüllbar, daher in sich unglücklich und muss also andere unglücklich machen.“ Er sieht hinter dem Streben nach Macht also eine Gier als Ausdruck eines Mangels. Egoismus oder Egomanie sind dann eine Folge davon. Beide Haltungen streben danach, etwas für sich haben zu wollen, was vielfach erst anderen Menschen weggenommen werden muss. Entsprechend entstehen dann auch Streitigkeiten und Kriege aus einem solchen Mangelgefühl. Die obigen Beispiele zeigen allerdings auch, dass aus Mangel nicht zwingend Gewalt entstehen muss, sondern dass daraus auch herausragende positive Leistungen resultieren können.

Aber es kann, wie der nächste Abschnitt zeigt, auch andere Motive hinter dem Streben nach Macht und ihrer Ausübung geben:

Wie Sie zum Überflussmenschen mit Reichtumsbewusstsein werden

Überfluss kann ebenfalls ein Motiv zum Versorgen, Organisieren und Führen einer Gruppe sein. Auch Überflussmenschen können führen. Wenn Sie sich nicht als solcher fühlen, brauchen Sie nun nicht gleich eine andere Biographie, um Überflussmensch werden zu können, Ihnen könnte allerdings eine andere Bewertung Ihrer Biographie helfen. Ereignisse oder Eigenschaften, die Sie bislang für negativ gehalten haben, können sich im Rückblick oder bei einer Nachreflexion doch als positiv und zum Lebensreichtum gehörig erweisen.

Beginnen Sie mit einer einfachen Übung: Versuchen Sie einmal eine Liste der Reisen zu machen, die Ihre vier Großeltern während ihres gesamten Lebens gemacht haben, und vergleichen Sie die mit den (Dienst- und Urlaubs-)Reisen, die Sie bereits gemacht haben. Viele, denen ich diese Übung aufgetragen habe, konnten feststellen, dass sie mit 40 Jahren schon mehr von der Welt gesehen hatten als zwei Großelternpaare zusammen, deren größte Reisen zudem oft an die Fronten des Zweiten Weltkriegs geführt hatten. Vielleicht fangen Sie dann an, zu begreifen, dass Ihr Schicksal es gut mit Ihnen gemeint hat. Nehmen Sie als weitere Grundlage für sich hinzu, dass Sie vermutlich in einem friedlichen Land leben, dass Sie genug zu essen und eine Wohnung haben etc. Beziehen Sie also vermeintliche Selbstverständlichkeiten in den Pool Ihres Reichtumsbewusstseins ein. Erinnern Sie sich an all Ihre guten und kostbaren Erlebnisse oder Erfahrungen. Nehmen Sie Ihre Fotos oder Videofilme zur Hilfe, das ist vielleicht schon ein immenses Reichtumsarchiv. Nehmen Sie es noch einmal neu als Reichtum in Ihr Bewusstsein auf. Wenn Sie dann morgen sterben müssten, würden Sie nach einer solchen Reflexion vielleicht schon sagen können: „Es ist zwar schade, jetzt zu sterben, aber es war schon eine große Fülle!“

Aber das sind nur die großen Dinge. Wenn Sie die Blüte einer kleinen Blume in Ruhe betrachten, wenn Sie den Wind an Ihrer Haut spüren, wenn Sie mit geschlossenen Augen an einem schönen Tag in der Sonne sitzen oder im Winter an einem warmen Kamin, dann kann auch Reichtumsbewusstsein entstehen. Denken Sie auch an eine zärtliche Hand, die

Sie streichelt, das scheint alles nicht viel und ist doch vielleicht das Größte überhaupt. Reichtum ist tausendfach vorhanden. Reichtumsbewusstsein entsteht aus einer positiven Grundhaltung oder einem Bewusstwerdungsakt, in dem das Vorhandene teilweise umgewertet wird. Jeder kann sich reich fühlen.

Beispiel

> An dieser Stelle will ich ausdrücklich einer mittlerweile 82-jährigen alten Dame gedenken: Sie leidet seit ihrem 3. Lebensjahr wegen einer dauerhaften und sich schubweise verschlimmernden Behinderung zeitweise unsägliche Schmerzen und musste in ihrem Leben auf fast alles verzichten, was für die meisten anderen Menschen selbstverständlich ist. Trotzdem ist sie ein positiver Mensch und strahlt auf natürliche und echte Weise so viel Lachen, Wärme und Freundlichkeit aus, dass man sie immer wieder gerne besucht und sich von ihr bereichert fühlt. Sie beweist durch ihr Leben, dass die äußeren Umstände nur zweitrangig dafür verantwortlich sind, ob man ein Mangel- oder Überflussmensch ist.

Sie werden gegenteilige Beispiele von Leuten, die äußerlich alles haben und sich trotzdem ständig missmutig und leidend geben, selbst ausreichend kennen.

Sie können entsprechend auch einmal prüfen, welche Personen oder Familienmitglieder oder welche von deren Eigenschaften Sie auf Ihre nun schon ständig wachsende Reichtumsliste setzen können. Da wird es genug geben. Weitere Vorschläge und Ausführungen würden Sie nur noch länger davon abhalten, Ihre eigene Reichtumsbilanz zu erstellen. Fangen Sie also am besten sofort damit an.

5. Arbeiten Sie an einer aktiven Life-Balance!

Alle Theorie und innere Identitätsklärung sind zwar wichtige Voraussetzungen für eine ganzheitliche persönliche Reifung, reichen dafür aber allein nicht aus. Nur wenn Sie Ihr gesamtes Leben so managen, dass darin alle Lebensbereiche und Lebensdimensionen in einer grundsätzlichen Balance sind, können Sie als Person wirklich überzeugen.

Menschen empfinden intuitiv sehr genau, ob ein anderer in Balance ist oder nicht. Menschen in erheblichen Schräglagen werden allenfalls als interessant empfunden, wecken aber selten tieferes Vertrauen. Auch das Zutrauen, dass jemand ein ganzes Führungssystem im Griff halten kann, hat man eher zu Personen, die es schaffen, das komplexe und dynamische System ihres eigenen Lebens über längere Zeit erfolgreich über alle Abgründe und Klippen hinweg zu balancieren. Wer das schafft, wird von anderen meistens relativ leicht als Autorität auch für vieles andere akzeptiert.

Stellen Sie sich eine mobile und dynamische Balance wie bei einem Mobile vor. Nach jedem Windstoß findet das Gesamtsystem wieder in eine ausgeglichene Balance zurück. Dafür müssen aber alle Gewichte gut verteilt sein, denn ein aus der Balance gekommenes Mobile hängt dauerhaft schief.

Bei der Frage, um welche Lebensbereiche es sich handelt, die alle in Gleichgewicht zu halten sind, verweise ich Sie auf neun Bereiche, die zusammen das ganze Spektrum des Lebens erfassen:

Vergangenheit	Gegenwart	Zukunft
Beruf	ICH	Familie
Körper	Geist	Seele

Die Übersicht sollten Sie von der Mitte her lesen: Das ICH hat die Aufgabe, all diese Bereiche zu balancieren. An ihm hängt gewissermaßen das ganze Mobile. Im Folgenden stelle ich Ihnen die einzelnen Bereiche vor und zeige Ihnen, wie sie zu handhaben sind und worauf im Einzelnen und im Gesamten besonders zu achten ist.

Die Lebensfelder: Beruf / ICH / Familie

Sprechen wir zuerst über die Felder, in denen das Leben stattfindet: Da ist in der Mitte das ICH, das Beruf und Familie einerseits speisen muss und andererseits gleichzeitig ständig Gefahr läuft, von beiden zerrissen oder zerquetscht zu werden. Es muss also sowohl seine eigene Existenz sichern als auch in vermittelnder Position agieren. Wir betrachten die drei Bereiche einzeln:

Das ICH

Das ICH ist die bewusste Steuerungsinstanz der Person. Seine erste Aufgabe besteht darin, sich so stark und stabil zu machen, dass es nicht zerstört wird oder untergeht. Dazu hilft die Klärung der persönlichen Identität, der persönlichen Sinngebung, eine Definition der eigenen Lebensziele. All das zusammen bewirkt eine innere Stabilisierung und Aktivierung des Ichs.

Auf dieser Basis eines gesunden Selbstbewusstseins kann das ICH dann seine Funktion übernehmen, den Überblick über das Ganze zu wahren und dieses zu steuern. Es muss dabei die zur Verfügung stehenden Ressourcen sinnvoll verteilen und dafür sorgen, dass das Gesamtsystem zielgerichtet arbeitet und die Gesamtkoordination aller Aktivitäten gut und sinnvoll gelingt. Gelingt das so, dass jeder Lebensbereich zu seinem Recht kommt und in jedem Bereich positive Kräfte aktiviert werden, dann ist das, wenn nicht schon das Glück selbst, so doch eine solide Grundlage dafür.

Beruf

Dem Beruf kommen eine Menge wichtiger Funktionen zu: Zunächst ist da meistens die wirtschaftliche Grundlage des eigenen Lebens durch eine Berufstätigkeit sicherzustellen. Darüber ist der Beruf auch auf jeden Fall ein Feld, in dem eine persönliche Selbstverwirklichung stattfinden könnte und idealerweise auch sollte. Man hat da Aufgabenfelder und Werkzeuge, durch die man herausgefordert wird, in denen man experimentieren und sich selbst erfahren kann. Zudem ist dieser Bereich ein Raum, in dem man durch erhaltene Anerkennung eine gewisse Verstärkung der eigenen Person gewinnen kann.

Die eigentliche Stärke der eigenen Person sollte allerdings im ICH gebildet werden. Nur wenn Sie das Fundament Ihrer Selbstsicherheit dort legen, sind Sie unabhängig von äußeren Faktoren, die Sie niemals vollständig selbst beeinflussen können, und die auch mal Ihren Wünschen und Plänen entgegenlaufen können.

Umgekehrt gilt aber auch: Je stärker Sie sich mit Ihrem ICH in einem Beruf verwirklichen können, desto mehr Energie steht Ihnen dort zur Verfügung, desto besser sind dort Ihre Erfolgsaussichten. Als grundsätzliche Erfolgsregel können Sie die folgende Gleichung betrachten:

Wo deine Neigung ist, da ist deine Kraft,
und wo deine Kraft ist, das ist deine Wirkung,
und wo deine Wirkung ist, dahin kommt Aufmerksamkeit,
und wo Aufmerksamkeit ist, da ist auch Geld.
Folge also deiner Neigung!

Da mit äußerer beruflicher Selbstverwirklichung auch innere Entwicklungen und Reifungsprozesse einhergehen, die später auch wieder nach außen wirken werden, sollten Sie prinzipiell offen für berufliche Veränderungen, für Weiterentwicklung und Karriere sein. Auch darin liegen Chancen für persönliches Lebensglück.

Familie / Beziehung / Freunde

Kommen wir nun zum privaten Bereich. Er scheint oft mit dem Beruf in einem spannungsreichen Konkurrenzverhältnis zu stehen. Aber auch dieser Bereich kann eine wichtige und dauerhafte Quelle des Glücks und der Lebensfreude sein. Entsprechend sollten Sie ihn pflegen und entwickeln. Da ist zuerst einmal der Bereich von *Liebe und Partnerschaft*. Nach meiner Beobachtung sind viele Singles in Führungspositionen nur die ersten drei Jahre mit einer solchen Situation einigermaßen zufrieden. Sie haben dann viel Zeit für den Beruf, kommen dazu, Dinge umfassend zu erledigen und haben einen gewissen Vorsprung vor Kollegen, die wegen ihrer Partner und / oder Kinder Feierabend machen müssen. Aber nach einer gewissen Zeit breitet sich bei vielen doch eine gewisse Öde im Leben aus. Das verschärft sich oft noch, wenn man in seiner Firma von beruflichen Umstrukturierungen betroffen ist und nicht so vorwärtskommt, wie man es sich vorgestellt hat. Dann stellt man sich manchmal die Frage: „Wofür das Ganze eigentlich?“ Der Sinn des ganzen beruflichen Engagements steht dann in Frage, und es entsteht dann die Sorge, was davon auf Dauer bleibt.

Dann taucht der Wunsch wieder oder manchmal auch erstmals auf, eine feste Partnerschaft und vielleicht auch Kinder haben zu wollen. Dann rotiert der Teufelskreis allerdings oft schon so sehr, dass es nur schwer möglich ist, aus den beruflichen Prozessen auszuscheren. Auf wen nur ein leeres Single Loft wartet, der findet den Ausstieg aus dem beruflichen Hamsterrad oft nur schwer.

Achten Sie deshalb darauf, sich niemals so in eine Firma hineinsaugen zu lassen, dass keine freie Zeit mehr außerhalb bleibt. Gleichgültig, ob Sie eine Beziehung haben oder nicht, es muss genügend Raum für eine Beziehung bleiben. Bei aller ganzheitlichen Persönlichkeitsentwicklung, für die ich selbst stehe, und bei allen guten Gründen für eine stabile eigene innere Identität und Autonomie, sollten Sie sich Ihren Raum für Liebe, Wärme und Nähe zu einer ganz persönlichen Bezugsperson bewahren und entspannt bleiben, wenn Sie im Moment keine haben. Wenn Sie sich unter Stress setzen, werden Sie unattraktiv.

Von einem natürlich kinderlosen Zyniker hörte ich einmal den Satz: „Kinder können einem die schönste Beziehung versauen.“ Da hatte er sich wohl noch nicht viele Gedanken über „Life-Balance“ gemacht. So wie Beruf und Privatleben in harmonischer Balance sein können, gibt es auch im Privatleben verschiedene Aspekte, die in Gleichklang zu bringen sind. Dazu gehören gegebenenfalls Partnerschaft und *Kinder*. Eine Partnerschaft kann eben auch der Ausgangspunkt und der Platz für eine Familie mit Kindern sein. In einem natürlichen Lebenskreislauf von Empfangen und Geben haben Kinder seit jeher einen gesunden Platz.

Die Balance zwischen Paar und Kindern muss dabei immer wieder neu gefunden und hergestellt werden. Das ist gewiss eine große Herausforderung und eine nicht immer leichte Aufgabe.

Bei vielen noch kinderlosen Führungskräften, seien sie weiblich oder männlich, beobachte ich, dass Sie angesichts des bevorstehenden 40. Lebensjahres ins Nachdenken geraten, ob sie nicht vielleicht doch Kinder haben wollen. Je näher sie diesem Alter kommen, desto drängender wird es, hier eine Entscheidung zu treffen.

Einerseits ist das ganze Leben dann schon so aufgestellt, dass da kaum noch Platz für Kinder zu sein scheint. Man hat schon eine Eigentumswohnung, man ist schon von verschiedenen Partnern enttäuscht worden, und man hat ja bislang auch gut gelebt ohne Kinder. Warum sollte man dann an diesem Status etwas ändern? Dazu kommt die Sorge, wie man eine entsprechende neue Situation mit Kindern bewältigen kann, und ob man selbst und auch der eigene Partner dieser Aufgabe und Verantwortung gewachsen ist.

Andererseits liegt vielleicht gerade in der Entscheidung für Kinder die Chance für eine entscheidende Wende im eigenen Leben. Durch sie hätte man endlich einen ernsthaften Grund, im Beruf klare Grenzen zu ziehen und könnte vieles noch einmal neu aufstellen. Dann hätte man eine Zukunftsperspektive, die viel langfristiger wäre, als manches neulich begonnene und jetzt schon wieder infrage gestellte Projekt in der Firma.

Wenn Sie dann eine Beziehung zur Familie mit eigenen Kindern ausgebaut haben, gilt es das Ganze zu managen. Rechnen Sie ruhig noch Ihre Eltern, Großeltern und Schwiegereltern mit hinzu. Das ist eine große Aufgabe über viele Jahre. Es geht dabei um ein gesamtes System, das selbst dann anstrengend genug sein kann, wenn es sich nur um Sie als Single und einen einzigen Elternteil handelt. Worauf müssen Sie achten, um diesen familiären Bereich in der Gesamtbalance gut auszutarieren?

Fragen Sie sich zuerst einmal, ob Sie in Ihrem Beruf die Dinge in gleichem Maß selbst machen, improvisieren und zurechtwurschteln würden, wie es viele Leute zu Hause und in ihren Familienangelegenheiten tun. Wenn Sie den Vergleich ziehen, werden Sie vielleicht auch über Ihre eigene Unprofessionalität erschrecken. Insbesondere ein Kleinunternehmen Familie mit zwei berufstätigen Eltern sollte allerdings mit professionellem Anspruch gemanagt werden. Dazu gehören sowohl stundenweise Hilfskräfte wie das konsequente Outsourcing von Dienstleistungen. Der Anspruch, im privaten Bereich alles selbst erledigen zu wollen, ist unprofessionell und führt zu vielfacher Überforderung mit Zusammenbrüchen, Ausbrüchen und Familiendramen in der Folge.

Bei doppelt verdienenden Paaren ist ein eventueller Rollen- und Rangunterschied oft geringer als im klassischen Familienmodell mit alleinverdienendem Vater und einer die Kinder betreuenden Mutter. Dort klafft der Unterschied oft so weit auseinander, dass es weh tut. Keiner der Partner fühlt sich irgendwann noch vom anderen verstanden und in seinem Beitrag angemessen gewürdigt. Ich halte es für besonders wichtig, darauf zu achten, dass die dann „Hausfrau" genannte Partnerin nicht rangmäßig zur niedrigsten Dienstmagd herabgestuft wird, daran verzweifelt und dabei verkommt, sondern dass sie als echte Hausherrin einen gleichrangigen Platz in der Partnerschaft hat. Dazu gehört auch externe Hilfe in Haus, Garten und bei der Kinderbetreuung. Viele Beziehungen scheitern daran, dass sich ursprünglich gleichrangige Partner hinsichtlich ihrer Rangpositionen im Innenverhältnis der Beziehung soweit voneinander entfernen, dass die Beziehung dann durch das Spannungsverhältnis zwischen oben und unten zerreißt.

Jeder psychisch gesunde Mensch braucht persönlichen Austausch. Das mag zum großen Teil innerhalb einer Beziehung stattfinden, aber die Bedeutung von zusätzlichen guten *Freunden* und *Verwandten* ist höher als „nice to have". Sie können andere Bedürfnisse und Interessen abdecken und, falls eine Beziehung einmal endet, eine soziale Kontinuität in solchen Übergangszeiten bedeuten.

Mit *Verwandten* hat man darüber hinaus meistens die Möglichkeit, gemeinsame Erinnerungen an die eigene Kindheit und an gemeinsame, teils schon verstorbene Verwandte auszutauschen, was mit dem derzeitigen Partner meistens so nicht möglich ist, weil der erst später ins eigene Leben gekommen ist. Durch den Kontakt zu Verwandten bewahrt man insofern auch einen Teil der eigenen Herkunftsidentität.

Mit *Freunden* kann man dagegen nicht nur bestimmte Interessengebiete abdecken, die der Beziehungspartner vielleicht nicht teilt, man kann mit ihnen hoffentlich auch über eventuelle Probleme mit dem Partner sprechen und mal etwas abseufzen. Freundschaft kann Geborgenheit bedeuten, entspannte Vertrautheit, Inspiration und vieles mehr. Deshalb hier die Erinnerung, trotz Beruf und Familie unbedingt auch alte Freundschaften zu pflegen. Je älter man wird, desto schwieriger scheint es zu sein, neue Freundschaften zu schließen. Das liegt teils daran, dass man nie mehr so viel Zeit wie in der Jugend unbefangen miteinander verbringen kann. Entsprechend kann Vertrautheit wie mit Jugendfreunden kaum noch entstehen.

Neben allen gemeinsamen Familienaktivitäten zwischen befreundeten Familien halte ich die freundschaftliche Begegnung unter vier Augen für sehr wichtig und nährend. Wie schwierig es sein kann, wenn sich zwei angeblich befreundete Paare treffen, wie viele Rücksichten dabei allseits zu nehmen sind, und wie viel Streit dann im Folgenden unter vier Augen nachträglich ausgetragen wird, kennen Sie entweder aus eigener Erfahrung oder können es sich in beliebigen Variationen in vielen Filmen anschauen.

Gerade als Führungskraft geraten Sie oft in eine isolierte Position. Ihre Kollegen sind Konkurrenten, von Ihrem Chef sind sie abhängig und Ihren Mitarbeitern und Kunden offenbaren Sie besser auch nicht zu viel Persönliches von sich. Von wem wollen Sie also noch ein ehrliches Feedback erhalten? Mit wem außer Ihrem Beziehungspartner, der selbst von all Ihren Entscheidungen immer mit betroffen ist, und der deshalb nicht immer wirklich in Ihrem Sinn mitdenken und mitfühlen kann, sollten Sie sprechen, außer mit guten Freunden?

Den Freunden möchte ich als Steigerung noch einen *Coach* für Ihre Lifebalance hinzufügen. Der ist zwar vermutlich etwas nüchterner als ein Freund, wird aber auch dafür bezahlt, dass er Ihnen nicht seine eigenen Probleme erzählt, sondern sich ausdrücklich mit Ihnen um Ihre Themen kümmert. Vielleicht prüfen Sie einmal ernsthaft, ob Ihnen als Führungskraft nicht gelegentlich ein gutes Coaching-Gespräch wohltun würde. Mein bester Tipp zur Auswahl eines Coachs ist: Er sollte klar auf Ihrer Seite stehen, alle Qualitäten eines guten Freundes haben, über professionelle Qualitäten als effektiver Problemlöser verfügen und mit Ihnen den Überblick über Ihr Leben als Ganzes behalten. Meistens lohnt es sich, zweimal im Jahr mit einem Coach einen Rundblick über alle Herausforderungen des Lebens zu halten und zu prüfen, ob noch alle Weichen richtig gestellt sind.

Die Zeitdimensionen: Vergangenheit, Gegenwart, Zukunft

Kommen wir nun zu den Zeitdimensionen der Vergangenheit, Gegenwart und Zukunft. Auf dieser Zeitachse findet das eigene Leben statt.

Sie sind der Schöpfer Ihrer Vergangenheit, Gegenwart und Zukunft. Wenn Sie sich Ihr Leben als Linie aufmalen und überlegen, wie lang Ihre Vergangenheit schon ist, wie lang Ihre Zukunft noch sein mag, dann werden Sie über die statistische Kürze Ihrer Zukunft vielleicht erschrecken. Wenn Sie aber einen Blick auf die Gegenwart richten, dann ist das noch viel schlimmer. Die Gegenwart ist nur ein Punkt. Und Sie werden vielleicht niemals mehr Gelegenheit dazu bekommen, das zu tun, was Sie nur heute hätten tun können. Das Getane und Ungetane von heute wird zu Ihrer unabänderlichen Vergangenheit. Und die Weichen, die Sie heute stellen oder nicht stellen, öffnen oder versperren Ihnen die Bahnen Ihrer Zukunft. So ist die Gegenwart also absolut wichtig – und die Entscheidungen fallen nur in ihr. Die Vergangenheit kann verdammt belastend sein – und die Aufgaben der Zukunft dramatisch. Heute aber haben Sie es mit Ihrem ICH in der Hand, Ihr Leben so zu gestalten, wie Sie wünschen, dass es sein soll.

Merken Sie, wie wichtig es ist, dass das ICH eine einigermaßen klare Vorstellung von seinem Wollen hat? Von seinem Lebenskonzept, von seinem Lebenssinn? Wenn Sie darauf erst mit 60 oder 70 Jahren kommen, haben Sie schon Jahrzehnte verpasst, sich Ihre eigene Vergangenheit oder Zukunft so zu schaffen, wie Sie sie sich dann wünschen würden, dass sie gewesen sein soll. Aber es ist auch klar, dass die Gegenwart nicht nur und ausschließlich zur Betrachtung und Gestaltung der beiden anderen Zeiten verschlissen werden sollte, sondern dass alle Gefühle von Sehnsucht und Trauer bis zu Freude und Lust nur in ihr erlebt werden können. Ein heikler Balanceakt zwischen den Zeiten also.

Welcher Zeittyp sind Sie? Die meisten Menschen haben einen Schwerpunkt in einer der drei Zeiten. Das kann bedeuten, dass die Zeiten im Ungleichgewicht sind.

Vielleicht machen Sie einmal einen Grundcheck über sich und ein paar andere Personen, die Sie kennen: Sind Sie beziehungsweise diese anderen Personen eher vergangenheits-, gegenwarts- oder zukunftsorientiert?

- Alte Sachen zu sammeln, ist eher vergangenheitsorientiert.
- Ständig Pläne zu machen, ist eher zukunftsorientiert.
- Gegenwartsorientiert wäre es, eine Vorliebe für Geselligkeit, Spaß und Genuss zu haben.

Häufig kommen bei einer Person mehrere Indizien für eine bestimmte Ausrichtung zusammen: Ein Lateinlehrer, der ständig Bildungsreisen zu historischen Stätten unternimmt, ein altes Auto fährt und sich nachlässig und unmodisch kleidet, ist da ein recht eindeutiger Vergangenheitstyp. Ein Ingenieur, der neue Technologien entwickelt, stolz auf die technische Ausstattung seines ansonsten unspektakulären Autos ist, und der am Wochenende als Segelflieger unterwegs ist, könnte ein Zukunftstyp sein. Ein Designer ebenso wie auch jemand, der von Job zu Job hüpft und an seiner Karriere bastelt. Wer dagegen sein monatliches Einkommen regelmäßig für Lustreisen und gutes Essen ausgibt, keine Versicherungen abschließt und ständig wechselnde Beziehungen hat, wird ein Gegenwartstyp sein.

Natürlich gibt es Mischtypen. Beruflich kann jemand ein Zukunftstyp sein, privat dagegen ein Vergangenheitstyp und so weiter. Aber es lohnt sich, einmal zu prüfen, was Sie selbst für ein Typ sind, und ob Sie alle Zeitfenster in Ihr Leben integrieren und nutzen. Sprechen wir über die Zeitdimensionen im Einzelnen:

Vergangenheit

Wer dauerhaft einen vollen Tankwagen fährt, ohne ihn jemals zu entladen, muss damit rechnen, dass er überflüssigerweise einen extremen Energieverbrauch hat. Wer außerdem immer weitere günstig erworbene volle Anhänger daran hängt, wird schließlich immer langsamer und kommt irgendwann nicht mehr um die Kurven. Er bleibt irgendwo stecken.

Genauso geht es Menschen, die viel Ballast aus ihrer Vergangenheit mit sich herumtragen und keinen inneren Mechanismus haben, ihn wieder loszuwerden. Das kann physischer Ballast sein, für den man bei jedem Umzug zusätzliche Transportkosten produziert und einen zusätzlichen Raum in der neuen Wohnung mieten muss. Es kann aber auch psychischer Ballast sein, den man teils bewusst, teils unbewusst mit sich herumträgt oder weiter anhäuft. Es handelt sich dabei vor allem um Erlebnisse, mit denen man nicht fertig geworden ist. Grammatikalisch unterscheidet man zwei Vergangenheitsformen: Imperfekt und Perfekt – abgeschlossen und nicht abgeschlossen. Die gleiche Unterscheidung macht die Seele: Dinge, die erledigt und Asche sind, und solche, die zwar in der Vergangenheit begonnen haben, aber noch wirken. Schuldgefühle, untröstliche Trauer, Existenzängste können solche Relikte sein, die jeden Tag der Gegenwart durchseuchen, ihm die Freude nehmen und auch die Hoffnung auf eine glückliche Zukunft verhindern.

Gesund ist ein guter Durchsatz wie beim Essen: Neues aufnehmen und Altes loslassen. Wer zu viel festhält, wird übergewichtig, wer zu wenig hält, untergewichtig. Die Kunst ist wieder einmal, die Balance zu halten zwischen Aufnehmen und Loslassen, ohne Verstopfung oder Durchfall zu bekommen.

Genauso kann das Geschäft des Tankwagenfahrers nur gedeihen, wenn er auflädt, transportiert und wieder ablädt. Nur dafür wird er bezahlt werden.

Wenn er aus Angst, keine neue Ladung mehr zu finden, die alte Ladung nicht abgeben würde, wäre er immer mit vollem Wagen unterwegs und würde sich ruinieren. Er hätte dann nicht einmal Platz, um sich unverhofft bietende günstige neue Ladung aufzunehmen, sondern müsste daran vorbeifahren. Seine Gegenwartsfreude über günstige Gelegenheiten würde auf der Strecke bleiben und seine Stimmung würde sinken. Wenn Sie sich zusätzlich vorstellen, der Tankwagen hätte Milch getankt, würde die zudem noch schlecht, und es wäre also wirklich in keiner Hinsicht ein Gewinn, sie ständig mitzuschleppen.

Fragen Sie sich nun einmal, welchen Ballast Sie noch aus Ihrer Vergangenheit mit sich schleppen und noch nicht aufgelöst oder abgeladen haben. Vielleicht packen Sie die Dinge jetzt einmal an und bereinigen Ihr äußeres und inneres Dasein vom Müll und den unvollendeten Dingen der Vergangenheit. Ich habe beispielsweise einmal ein mir durchaus kostbar erscheinendes halbfertiges Manuskript zu einem Buch weggeworfen und vom PC gelöscht, weil ich es innerhalb der ins Auge gefassten zwei Jahre höchstens zur Hälfte fertiggestellt hatte und meine Freizeit langsam unter dem Joch des „Ich müsste ja eigentlich noch ..." nicht mehr zu genießen war. Unfertige Projekte ohne Aussicht auf Fertigstellung können einem den Spaß an der Gegenwart und der Zukunft verderben. Wenn Sie das bei sich feststellen, sollten Sie die Konsequenz ziehen und Ihr Leben davon entlasten. Sie können – so schön und verlockend es wäre – nicht alles tun, was Sie sich vorstellen und vornehmen können.

Gegenwart

Nun zur Gegenwart. Vermutlich werden Sie es als schöner empfinden, vom geliebten Menschen geküsst zu werden, als sich daran zu erinnern, geküsst worden zu sein, oder darauf zu hoffen, vielleicht bald geküsst zu werden. Aber das ist nicht selbstverständlich. In meiner Beratungspraxis habe ich Menschen kennen gelernt, in deren Persönlichkeitsmuster die Sehnsucht, geküsst zu werden, stärker verankert war als der Kuss selbst. Sie suchten das Gefühl des Schmachtens. Eine solche Einstellung kann daher rühren, dass jeder insbesondere die aus seiner frühen Kindheit vertrauten Gefühlszustände sucht. Und wenn das eben Sehnsucht war, dann sucht der Betreffende auch im späteren Leben eher die Sehnsucht als deren Erfüllung. Man könnte das einen „verrückten" Zustand nennen, denn die Person wäre aus dem Normalen, nämlich in der Gegenwart des Kusses die größte Lust zu empfinden, weggerückt.

Sie können dieses Beispiel wieder als Maßstab nehmen, um einzuschätzen, wie Ihr inneres System arbeitet und wie Sie zeitlich eingestellt sind. Darüber hinaus können Sie prüfen, ob Sie während eines Kusses gedanklich und gefühlsmäßig im Kuss anwesend bleiben können, oder ob es für Sie typisch wäre, dass Ihnen während des Kusses schon wieder andere Dinge durch den Kopf gehen. Das würde bedeuten, dass Ihr Abgrenzungsmechanismus gegen Vergangenheits-, Gleichzeitigkeits- oder Zukunftsimpulse zu schwach ist und Sie sich im Genießen Ihrer Gegenwart nicht zureichend schützen können. Das ist so, als könnten Sie Ihr Handy während des Küssens nicht abschalten und würden laufend dabei gestört. Das gibt keine romantisch-schöne Lovestory. Insofern ist es ein oberstes Ziel meditativer Praxis, Achtsamkeit für das Sein in der Gegenwart zu üben. Man beginnt dafür meist mit der Aufmerksamkeit auf die eigene Atmung. Dadurch ist man dann in der Gegenwart verankert. Gegenwartstraining ist eine hervorragende Übung zum Glücklichsein. Von Laotse wird als Weisheitsschlüssel zum höchsten Lebensglück der Satz überliefert: „Wenn ich pinkle, dann pinkle ich, und wenn ich rauche, dann rauche ich.“ Das wäre dann schon alles. Üben Sie also Gegenwartsbewusstsein.

Zukunft

Ich kannte vor Jahren einen Menschen, der mich durch seine sprühenden Zukunftsphantasien und -visionen so faszinierte, dass ich mich intensiv um seine Freundschaft bemühte. Seine Augen leuchteten vor Begeisterung, er war voller Unternehmensgeist und schaffte es, bei vielen Menschen Inspiration zu verbreiten. Seine Faszination auf mich verblasste indessen im Lauf der Jahre, je deutlicher mir wurde, dass er nichts von seinen Ideen umsetzte. Nachdem ich ihn seit fast 25 Jahren aus der Ferne beobachte, muss ich sagen, er hat wirklich nichts von all seinen früheren Träumen umgesetzt. Er fristet sein Leben nach wie vor noch in derselben Mietwohnung, die ihm damals schon als Provisorium galt, und hat seine Berufung noch nicht gefunden beziehungsweise noch nicht ansatzweise verwirklicht. Ich würde ihn heute als Träumer bezeichnen. Er ist ein Mensch, der immer nur in der Zukunft gelebt hat und seine Erfahrungen nicht zu einer praktischen Gegenwartskraft verdichtet hat, aus der heraus er tatsächlich etwas gestaltet.

Genauso gibt es Führungskräfte, die Visionen verbreiten, ohne deren Realisierung zu betreiben. Vielfach wird solchen Leuten in einer ersten Phase Charisma konstatiert, das sich dann aber schließlich als wertlos erweist.

Doch das Leben geht vorwärts. Insofern gehört eine Menge Aufmerksamkeit in die Zukunft gerichtet. Ein nur in der Gegenwart feiernder Chef bringt seine Abteilung nicht voran, einer der nur mit den Erfolgen der Vergangenheit prahlt oder frühere Versäumnisse beklagt, ebenfalls nicht. Insofern besteht die Aufgabe für die Zukunft stets darin, Ideen zu verwirklichen und die Realität so zu gestalten, wie man sie gern hätte. Das ist das Pippi-Langstrumpf-Prinzip: „Wir machen uns die Welt wie sie uns gefällt!"

Dass es dabei nicht nur um Mühe, Qual und Selbstaufopferung in der Gegenwart für die Erreichung eines fernen himmlischen Wolkenkuckucksheims oder eines irdischen Paradieses in der Gegenwart gehen sollte, wird die Zustimmung der meisten Leser finden. Sie wissen aber auch, dass es Kulturen und Ideologien gab und gibt, die das anders sahen oder sehen und diese Selbstaufopferung fordern und verherrlichen.

Trotz allem realen Lebenswert der Gegenwart sollte doch auch immer ein Richtungsvektor in die Zukunft weisen.

Es wäre also im Sinn einer ausgeglichenen Balance der eigenen Persönlichkeit wichtig, sich die Erfahrungen und die Kraft der Vergangenheit in der Gegenwart zunutze zu machen, um eine visionär entworfene Zukunft auf den Weg zu bringen und sich dabei gleichzeitig genug Raum für eine glückliche Gegenwart zu lassen. Ein Mensch, der sich hinsichtlich seiner Vergangenheit zufrieden fühlt, hinsichtlich seiner Gegenwart fröhlich, glücklich und selbstbewusst und hinsichtlich seiner Zukunft zuversichtlich, mutig und tatkräftig, wird die beste Ausstrahlung und das beste und dauerhafteste Charisma haben.

Die Dimensionen der Persönlichkeit: Körper, Seele, Geist

Wenden wir uns nun der nächsten Dreiheit zu. „Ein gesunder Geist wohnt in einem gesunden Körper", so lautet ein alter lateinischer Spruch. Diskutieren wir hier nicht die Ausnahmen, sondern die Idee. Wen ein kleiner Schmerz plagt, der hat oft keinen klaren Geist mehr. Wer um sein körperliches Gleichgewicht kämpft, dessen geistige Aufmerksamkeit ist von allem anderen abgebunden. Wem etwas auf der Seele liegt, der kann sich geistig nicht konzentrieren, und wenn es ihm lange auf der Seele liegt, dann kann es ihm auf den Körper schlagen und krank machen.

Umgekehrt werden Sie schon erlebt haben, dass Ihr Geist so gefesselt war, dass Sie darüber ein körperliches oder seelisches Ungleichgewicht vergessen haben.

Eigentlich ist der Zusammenhang von Körper, Geist und Seele Allgemeingut. Aber das heißt nicht, dass die Mehrheit der Menschen die richtige Konsequenz daraus zieht und sich um eine sinnvolle Balance bemüht, eher im Gegenteil.

Den Zusammenhang von Geist, Seele und Körper können Sie analog zu den chemischen Aggregatzuständen verstehen: Geist entspricht dem gasförmigen Zustand, Gefühl dem flüssigen und Körper dem festen Zustand. Wenn der geistigen Erinnerung an ein tragisches Erlebnis Aufmerksamkeit, und das bedeutet Energie, entzogen wird, dann kann das zuvor Bewusste zu einem unterschwelligen, analogen depressiven Gefühl werden. Wenn diesem Gefühl dann weiter Energie entzogen wird, wie es zum Beispiel durch übermäßiges Arbeiten geschehen kann, dann ändert sich erneut der Aggregatzustand – und aus dem Gefühl wird ein körperliches Symptom.

Der Geist

Wenden wir uns dem Geist zu. Er ist zuallererst von der Vernunft zu unterscheiden. Sie ist die Fähigkeit, die es einem Affen erlaubt zu erkennen, dass er drei Stöcke zusammenstecken muss, um damit an eine Banane zu gelangen. Man spricht sinnvollerweise bei der Vernunft von „Sachverstand". Wichtig zu haben, aber längst nicht alles. Reflexionen auf Sinn und Wahrheit finden auf einer anderen Ebene, einer Metaebene, statt. Diese nennt man Geist. Es handelt sich dabei um die Fähigkeit zu Reflexion und (Selbst-)Bewusstheit. Was ist über den Geist zu sagen? Womit befasst er sich?

- *Der Geist und die Frage nach der Wahrheit.* Mit Wahrheiten muss man sich unvermeidlich auseinandersetzen. Irgendwann kommen sie doch ans Tageslicht, irgendwann wird man mit ihnen konfrontiert. Nur wenn man den Dingen ins Gesicht sieht wie sie sind, kann man sie – wie unangenehm oder schwierig sie scheinen – zu einem guten Ende bringen. Ein Ende mit Schrecken ist oft besser als ein Schrecken ohne

Ende, eine Offenbarung ist oft heilsamer als ein im Verborgenen wühlender Schmerz, eine dauerhafte Angst vor Entdeckung, die schließlich zum Verfolgungswahn oder Maskenzwang ausufert. Auch wenn man die Stunde der Wahrheit oft hinauszögern kann, irgendwann kommt sie doch. Sich den Dingen zu stellen wie sie sind, gilt im privaten, geschäftlichen und politischen Bereich. Es ist oft schmerzlich, aber es ist nicht zu vermeiden. Es ist besser, die Dinge selbst zu lösen und das Gesetz des Handelns in den eigenen Händen zu behalten, als Opfer von Aufdeckungen durch andere zu werden.

- *Der Geist und die Freiheit.* Freiheit ist zumindest seine Chance. Geistig kann man über Dingen stehen. Geistig kann man unabhängig bleiben. Man kann natürlich auch die Gedanken seines Chefs, seiner Firma oder seines Führers denken. Es ist aber eine besondere Qualität des Geistes, fähig zu sein zur Reflexion und zum kritischen Hinterfragen. Das ist oft nicht einfach, weil man in alten und übernommenen Denkgewohnheiten befangen ist. Querdenken ist da eine wunderbare Übung für den Geist. Versuchen Sie einmal Dinge anders zu denken als bisher, alte Wertungen herauszunehmen und die Dinge umzuwerten. Versuchen Sie einmal, das vermeintlich Gute für schlecht und das vermeintlich Schlechte für gut zu halten. Sie werden sehen und entdecken, dass man das mit einiger Übung durchaus auch mit guten Gründen tun kann. Geistige Unabhängigkeit und Lebendigkeit haben außerdem etwas mit Witz und Weisheit zu tun, mit Souveränität und charismatischer Ausstrahlung. Geistige Unabhängigkeit bedeutet Autonomie und ist eine ausdrückliche Führungsqualität.

Die Seele

Man spricht von den Bewegungen des Geistes, der Dinge forschend zu durchdringen versucht. Genauso kann man von den Bewegungen der Seele sprechen. Wenn sich ein Mann und eine Frau schicksalhaft zueinander hingezogen fühlen und Liebe zueinander empfinden, dann ist das mehr als nur ein lustiger Abend und ein geiles Gefühl, es kann eine Begegnung von zwei Seelen sein und ein unendlich tiefes Gefühl. Gefühle sind Ausdruck der Seele, aber nicht die Seele selbst. Sie ist die Quelle der Gefühle, also eine tiefe innere Instanz der eigenen Person. Über ihre

Unsterblichkeit will ich mich hier – obwohl studierter Theologe – nicht auslassen, das ist hier nicht relevant. Ich will Sie auf die Bewegungen Ihrer Seele aufmerksam machen und deren Impulse. Sie sind Ihnen vielleicht schon als innere Stimme beschrieben worden. Aber auch in der inneren Hinwendung zu jemandem oder etwas, im Verspüren einer inneren Berufung kann eine seelische Bewegung zum Ausdruck kommen. Eingeräumt, solche Impulse können auch durch biographische Verrückungen oder Überlagerungen verfälscht sein, aber das alles einmal beiseitegelassen werden auch Sie vermutlich Momente oder Situationen kennen, in denen Sie sich auf gesunde und zweifelsfrei richtige Weise innerlich zu etwas hingezogen gefühlt haben.

Diesen Bewegungen der Seele stehen vor allem die sogenannten Sachzwänge, denen man ausgeliefert ist, entgegen. Sie bilden die Schienen und das Alibi für die eigene Trägheit und verschaffen einem ständig die Rechtfertigung dafür, dass alles so bleiben soll, wie es ist. Irgendwann wird daraus dann ein System von Lebenslügen, mit denen man das eigene Verhalten vor sich und anderen rechtfertigt und für notwendig erklärt. Da der Alltag ohnehin voll gepackt ist, gibt es dann auch keinen Raum mehr für die Aufmerksamkeit auf die Bewegungen der Seele. Sie muss sich dann, wenn sie schon nicht vom Geist erfasst wird, oft über den Körper Ausdruck verschaffen und Aufmerksamkeit erzwingen. Verdrängen ist aber immer nur eine kurz- bis mittelfristig funktionierende Maßnahme. Sie kann sinnvoll sein, um etwas später aufzuarbeiten, das im Moment wirklich keinen Raum hat, aber irgendwann verliert die Seele auch ihre Geduld, und dann bricht das Verdrängte oft mit umso größerer Urgewalt zum unpassenden Zeitpunkt aus. Nehmen Sie sich also die Zeit, immer wieder ins Zwiegespräch mit Ihrer Seele zu gehen und sie zu befragen, welche von deren Impulsen Sie in Ihr Leben und Handeln integrieren sollten. Es ist gesund, wenn Geist und Seele Hand in Hand zusammenarbeiten. Es ist auch gesund, wenn bei Ihnen als Führungskraft spürbar wird, dass Ihr Verhalten nicht allein kalt kalkulierender Vernunft entspringt, sondern in Einklang mit Ihrer Seele – und dann vermutlich auch mit vielen anderen Seelen.

Der Körper

Bleibt noch der Körper zu betrachten. Die Theorie, dass ein körperlich träger Mensch auch geistig träge ist, ist Ihnen bekannt. Ebenso die, dass ein seelisch kaum motivierter Mensch auch körperlich wenig mobil ist. Geistige Beweglichkeit scheint – zumindest vielfach – mit körperlicher Beweglichkeit einherzugehen, so wie körperliche Beweglichkeit mit geistiger Beweglichkeit. Es gibt da jedenfalls viele Analogien. Dass ein fauler Mensch auch körperlich faul ist und im Lauf der Jahre gewissermaßen verfault, liegt dabei auch nicht so fern.

Wenn Sie diese Analogien weiter verfolgen, wird deutlich: Wer ein geringes Selbstwertgefühl hat, vernachlässigt oft seinen Körper oder übertreibt es in die Gegenrichtung, indem er besonders viel dafür tut. Wer motiviert ist, Marathon zu laufen, drückt damit nicht nur etwas über körperliche Fitness aus, sondern auch über seine geistig-seelische Durchhaltefähigkeit und Konsequenz. Wer sich nur Junkfood zuführt, wird vermutlich auch in anderer Hinsicht wenig Aufmerksamkeit auf das richten, was ihm wirklich guttut, und das Gefühl dafür vielleicht schon verloren haben.

Ich will hier nun nicht ein Plädoyer für gesunde Ernährung und viel Bewegung und Sport abgeben, sondern Sie anregen zu prüfen, wie Sie insgesamt zu sich stehen. Ob Sie sich in allen Lebensbereichen, also auch hinsichtlich Ihres Körpers, liebevoll und aufmerksam um sich bemühen, und wie es um die Grundmotivationen in Ihrem Leben steht. Ich wage Ihnen zu versprechen, dass Sie sich mit gestärktem Selbstbewusstsein, mit klarerer Lebensaufgabe und vertieftem Lebenssinn dynamischer bewegen und gesünder ernähren werden. Betrachten Sie Ihren Körper mit seiner Gestalt und Dynamik als Bild und Ausdruck Ihrer Gesamtpersönlichkeit. Dann sehen und fühlen Sie, wie es um Sie bestellt ist. Es mag Sie schockieren oder freuen: Andere sehen Sie auch. Machen Sie sich bewusst: Es gibt attraktive und unattraktive Menschen jeden Alters. Nach allgemeinen Maßstäben schöne Menschen können dennoch unattraktiv wirken, und andere, eigentlich wenig schöne Menschen können dennoch attraktiv wirken. Dieser Effekt geht von der Ausstrahlung und dem Charisma aus, und das wird gespeist von der inneren Person, der Seele.

Zusammenfassung der neun Lebensbereiche

Wenn Sie nun alle neun Lebensbereiche überblicken und reflektieren, dann sehen Sie, wie viele Einflussmöglichkeiten Sie auf Ihr Wohlbefinden und die Wirkung Ihrer Persönlichkeit auf andere haben. Es mag nicht immer leicht sein, die entsprechenden Aufgaben zu bewältigen und kurzfristig umzusetzen. Wenn Sie aber als Führungs- oder Vorbildperson wirken und andere Menschen inspirieren und motivieren wollen, wird Ihnen nicht viel anderes übrig bleiben, als sich um die Balance aller Bereiche zu bemühen. Hier haben Sie Anregungen und Anstöße dazu bekommen. Und wenn Sie schon bis hierher gelesen haben, werden Sie auch manches erkannt oder sich wieder daran erinnert haben, was sogar ohne Sondermaßnahmen bei Ihnen wirken wird. Aber ganz von alleine bewegen sich die Dinge eben auch nicht, und Sie sehen hier, wie Sie Ihre inneren Prozesse durchaus systematisch anregen und unterstützen können. Die Lösung liegt vor allem nicht in Einzelmaßnahmen, sondern in der Harmonie des Ganzen. Deshalb spricht man sinnvollerweise von Lifebalance als einer Voraussetzung zur überzeugenden und charismatischen (Führungs-)Persönlichkeit.

6. Erweitern Sie Ihre Selbstführungskompetenz!

Nur der kann andere glaubwürdig und wirkungsvoll führen, der sich selbst führen kann. Das ist mit den Gedanken zur Lifebalance eng verbunden. Das ICH ist die Instanz, die alle Dimensionen der Person integrieren und balancieren muss. Es muss auch die Führung der gesamten Person im Sinn einer Steuerung leisten. In erster Linie bedeutet das: Keiner der acht anderen Bereiche sollte in der Gesamtperson dominant sein. In Wirklichkeit ist das aber oft der Fall. Wenn Sie sich einmal kritisch fragen, wie hoch der Anteil Ihres Lebens ist, den andere bestimmen, wie stark Sie eigentlich von anderen dominiert werden, dann wird Sie das erschrecken. Denken Sie an Ihren Partner, Ihre Kinder, Eltern, Freunde und fügen dann Ihre Chefs, Kollegen und Kunden hinzu. Vielleicht gewinnen Sie dann den Eindruck, dass jemand anderes als Sie Ihr

Leben führt. Sie können ja einmal auflisten, wie viele Dinge Sie aus Rücksichten auf die Wünsche anderer tun, aus Pflicht und Verpflichtungsgefühlen, und wie viel wirklich aus eigenem Antrieb und eigener Motivation.

Die Frage nach der Selbstführung erhält eine besondere Dimension, wenn Sie bedenken, dass man zwei Worte benutzt, um die eigene Person zu beschreiben. Man sagt: „Ich selbst". Man trifft sogar im Alltag eine recht deutliche Unterscheidung zwischen dem, was man gemacht hat, und dem, was man selbst gemacht hat, zwischen dem, was man tut, und dem, was man eigentlich gern oder lieber tun würde.

Ich schlage Ihnen vor, das Wort „eigentlich" einmal mit englischem „I" zu schreiben und zu verstehen: „I-gentlich" bedeutet dann: Von meinem inneren Ich her möchte ich das und das tun. In meiner Tätigkeit als Coach erlebe ich ständig diese Unterscheidung: Menschen erzählen mir, dass sie „I-gentlich" dies und jenes tun möchten, dass das aber aus den und den Gründen nicht geht. Meine Aufgabe besteht dann vor allem darin herauszuarbeiten, wie die betreffende Person doch möglichst viel von dem verwirklichen kann, was sie „I-gentlich" tun möchte, aber nicht glaubt, wirklich tun zu können. Diesem „I" als unbewusstem innerem Persönlichkeitsteil entspricht das „Selbst". Selbstführung bedeutet insofern nicht äußeres „Selbstmanagement" mit Zeitplan- und Kalendertechnik, mit Steigerung der Effektivität durch Schnell-Lese-Technik, sondern Aufmerksamkeit auf das eigene wirkliche Wollen und einen möglichst hohen Umsetzungsgrad davon in das eigene Handeln und die äußere Realität. Dann entfaltet auch der Wortteil „gen" in „I-gen-tlich" einen tieferen Sinn: Es geht um das aus sich selbst „generierte" = „erzeugte" Handeln. Das ist nun wirklich sowohl bezüglich der eigenen Person als auch hinsichtlich anderer Menschen eine kennzeichnende Voraussetzung authentischen Führens.

7. Entwickeln Sie Authentizität und werden Sie Urheber!

Authentizität ist in den letzten Jahren ein Modewort geworden. Jeder will oder soll authentisch sein. Viele meinen, sie seien es schon, wenn sie nur so reden wie ihnen der Schnabel gewachsen sei: unreflektiert, undiszipliniert, naiv, vulgär – und wenn sie ohne eine eigene Idee zu haben, irgendetwas anderes „Scheiße" finden. Das ist eine arg primitive Vorstellung von Authentizität. In Wirklichkeit handelt es sich dabei um so etwas Anspruchsvolles wie die Frage danach, wovon man eigentlich selbst Urheber ist oder sein will. Das griechische Wort „autós" bedeutet auf deutsch „Selbst". Im Wort „Autor" ist dieser Wortstamm enthalten, und darin klingt seine ursprüngliche Bedeutung bis in den deutschen Alltagsverstand durch:

Urheber oder Schöpfer von etwas sein.

Man kann natürlich anspruchslos sein und sagen: „Ich bin Urheber von nichts und damit zufrieden, andere Urheber und deren Produkte „Scheiße" oder „echt Klasse" zu finden", aber man könnte auch für sich selbst klären, wovon man vielleicht doch Urheber sein möchte. Das ist eine Grundfrage der eigenen Lebensführung, der Unternehmensführung und der Menschenführung.

Um sich darin mehr persönliche Klarheit zu verschaffen, können Sie in einem ersten Schritt einmal anschauen, wovon andere Menschen Urheber sind oder gewesen sind. Adolf Hitler war ein Urheber von Hass, Mord, Tod und Zerstörung. Anders Jesus, der alle Menschen aufforderte, Urheber von Liebe zu sein. Auch wenn das kaum jemand von morgens bis abends an jedem Tag seines Lebens schaffen mag, wäre es immerhin eine grandiose Vision.

In einem zweiten Schritt können Sie einmal eine Summe ziehen, wovon Sie bislang in Ihrem Leben Urheber waren. Dabei zählen dann nicht die guten Absichten, sondern die Teilergebnisse und das Gesamtergebnis.

Im dritten Schritt können Sie sich dann überlegen, wovon Sie künftig Urheber sein wollen. Mit solcher Klarheit ausgerüstet können Sie dann aufbrechen und die Dinge mit wachem Sachverstand so bewegen, dass tatsächlich das Beabsichtigte herauskommt. Dann können Sie ein zufriedener Urheber sein und Ihr Tun im besten Sinn für authentisch halten. Authentizität in diesem Sinn ist dann nicht mehr naiv ehrlich gemeintes Geschwätz, sondern reflektiertes Denken, mit dem Ziel kraftvoll und erfolgreich zu handeln und dabei anderen Menschen Orientierung und Führung zu geben.

8. Entdecken Sie Ihre innere Stimme!

Nun mögen Sie fragen: Wie schaffe ich es denn, möglichst viel Klarheit in meinem Leben herzustellen, von vielem Urheber werden zu können, und mit einem starken positiven Selbstbewusstsein mein Leben aktiv selbst zu führen?

Neben den bisher schon gegebenen Antworten möchte ich Sie hier auf einen weiteren Aspekt aufmerksam machen: All das finden und gewinnen Sie nicht, wenn Sie außerhalb von sich danach suchen und zum Beispiel Bücher lesen oder andere Leute fragen. Sie können Ihre eigene Klarheit allenfalls gewinnen, wenn Sie bei sich bleiben und Ihre Aufmerksamkeit nach innen richten. Den Begriff „innere Stimme“ halte ich für richtig, aber viele Leute hören nichts, wenn Sie versuchen, eine innere Stimme in sich zu entdecken. Ich möchte Sie hier deshalb darüber aufklären, auf welche Weise Ihre Innere Stimme zu Ihnen sprechen kann, und wie Sie sie wahrnehmen können.

Zunächst einmal: Die „innere Stimme“ ist nichts Religiöses, auch wenn religiöse Traditionen oft darauf hinweisen und sie manchmal als „Stimme Gottes“ bezeichnen. Ich halte es für sinnvoller, von einer intuitiven inneren Steuerung zu sprechen, die einer tiefenpsychologischen Ebene mit Verbindung zu einer instinkthaften entspringt. Die unterste Lage dieser Ebenen würde ich durchaus als Seele bezeichnen. Sie entspricht der Lebensenergie im Menschen und ist insofern Teil und Bestandteil des Menschen. Erst als kosmisch universelle Lebensenergie hat sie dann auch eine spirituelle Dimension.

Wenn es zusätzlich noch eine göttliche Ebene gibt, die aus einer jenseitigen Welt sendet, dann würde sie sich vermutlich der Seele als Empfänger bedienen. Aber diese Frage soll hier nicht weiter diskutiert werden.

Hier geht es vor allem um die beiden Pole der Persönlichkeit: das Bewusstsein und das Unterbewusstsein. Sigmund Freud gilt als der große neuzeitliche Entdecker des Unterbewusstseins als eigenständiger psychischer Region mit eigenen Gesetzmäßigkeiten und einer eigenständigen vom Bewusstsein unabhängigen Bewegung und Steuerung. Besonders der Schweizer Tiefenpsychologe Carl Gustav Jung hat in diesem Sinn weiter gearbeitet und ausführliche Landkarten der Innenwelt erstellt. Jede für einen selbst verblüffende eigene Idee, jeder intuitive Impuls, jede lästige fixe Idee, die man hat, jede Stimmungsschwankung, der man unterliegt, ohne sie steuern zu können, jede übertriebene Angst, von der man selbst weiß, dass sie übertrieben ist, das alles sind Impulse aus dem Unterbewusstsein.

Deshalb spricht man auch zu Recht von den oft gegeneinander kämpfenden und sich im Zwiespalt befindenden „zwei Seelen“ in der eigenen Brust. In Wirklichkeit sind es viel mehr Seelenanteile, die in der eigenen Person miteinander ringen. Es gehört wohl zu den Grunderfahrungen jedes Menschen, mit sich selbst oft nicht ihm Reinen zu sein. Welche Bedeutung hat da nun die Innere Stimme?

Stellen Sie sich vor, Sie können sich nicht zwischen zwei verschiedenen teuren Automodellen entscheiden und befinden sich im Zwiespalt auf der Sachebene. Irgendwie kommen Sie doch zu einer Entscheidung und stellen dann fest, dass Sie trotzdem nicht die Energie aufbringen, der Entscheidung Taten folgen zu lassen und das Auto zu kaufen. Sie befinden sich dann in einem Zwiespalt zwischen Denken und Handeln. Vielleicht haben Sie dazu noch ein nebulöses Gefühl, dass irgendetwas an der Entscheidung doch nicht stimmt, sie wissen aber nicht was. Dann können Sie dieses Missgefühl als innere Stimme betrachten. Wenn Sie dann einige Wochen später eine teure Reparatur an Ihrer Heizung zu bezahlen haben, sind Sie vielleicht froh, für das Auto nicht so viel Geld ausgegeben zu haben. Mit dieser Reparatur war zwar einerseits nicht zu rechnen, andererseits wissen Sie aber auch, dass Ihr Haus zwanzig Jahre alt ist und da teurere Reparaturen anfallen können. Ihr Oberbewusstsein hatte zwar keinen Anlass, daran zu denken, aber Ihr Unterbewusstsein kann solche Dinge in seiner Gesamtwahrnehmung durchaus beinhalten. Durch Verzögerungstaktik hat es dann den Freiraum für erforderliche Reparaturen aufrechterhalten. Vom Ergebnis her ließe sich sagen: Insgesamt waren Sie klüger, als Sie gedacht hätten.

So gibt es also innere intuitive Steuerungsmechanismen. Wenn sie funktionieren, arbeiten sie zu Ihrem Nutzen. Man versteht sie oft aber nicht, und wenn die Dinge nicht so laufen, wie der Kopf sie gedacht und gewünscht hat, hält man sich manchmal für einen Versager. Erst in größerem Abstand ist dann doch oft zu erkennen, dass manches besser gekommen ist, als man es geplant und gemacht hätte:

Beispiel

Eine etwa 40-jährige Frau klagte sich in einem Gespräch beispielsweise einmal dafür an, dass sie damals das Abitur nicht geschafft hätte. Sie machte den Eindruck, dass das eine Leichtigkeit für sie hätte sein können. Ich fragte sie, warum ihr Unterbewusstsein das damals vielleicht verhindert haben könnte. Sie schaute verwundert, und ich fragte weiter: „Was wäre passiert, was hätten Sie gemacht, wenn Sie das Abitur bestanden hätten?“ Sie antwortete: „Ja, dann hätte ich Medizin studiert.“ – „Und was hätte das für Ihr Leben bedeutet?“, fragte ich weiter. Sie antwortete: „Dann wäre ich wohl in die Praxis meines Vaters mit eingetreten und würde jetzt noch mit ihm zusammenarbeiten. Das war eigentlich schon damals mein Alptraum. Ich wäre dabei nicht glücklich geworden.“ Es wurde deutlich, dass sie den Wunsch und die guten Argumente ihres Vaters, Medizin zu studieren, als so stark empfand, dass sie sich dem damals nicht hätte verweigern können. Da sie keinen Ausweg wusste, sorgte ihr Unterbewusstsein dafür, bei den Abiturprüfungen durchzufallen, und dies ersparte ihr dadurch ein Medizinstudium und die Zusammenarbeit mit ihrem Vater. Sie hatte das natürlich damals nicht so verstanden, ärgerte sich noch 20 Jahre später darüber und hielt sich für minderbegabt. Nach unserem Gespräch leuchtete ihr der Mechanismus allerdings als evident ein.

Wie gesagt, wenn die inneren Mechanismen intakt sind, können Sie davon ausgehen, von ihnen unterstützt zu werden. Bei Pechvögeln oder Menschen, die zwar vielleicht beruflich sehr erfolgreich sind, aber in privaten Beziehungen immer wieder scheitern, sind sie falsch eingestellt. Da arbeiten die inneren Steuerungsmechanismen mindestens in manchen Lebensbereichen gegen die betreffende Person. Wenn Sie eine solche Fehleinstellung bei sich oder anderen Ihnen nahe stehenden Personen vermuten, könnte das ein Grund sein, sie neu einzustellen. Dabei kann ein Persönlichkeits-Coaching, in schwerwiegenderen Fällen eine Psychotherapie, dann hilfreich sein.

Die innere Stimme ergibt sich also naturgegeben aus der Unterscheidung zwischen bewussten und unbewussten Persönlichkeitsanteilen und äußert sich in allen Impulsen des Unterbewusstseins. Tagträume, Nachtträume, Phantasien, all das kann man ihr zuordnen. Sie sollten insofern ausdrücklich auf sie achten. Das Unterbewusstsein ist mit seinen Mechanismen auf Dauer stärker als alles bewusste Wollen. Mit einem Rückblick auf die eigene Lebensgeschichte können Sie prüfen, wie gut Ihre innere Stimme Sie geführt hat. Gegenwarts- und zukunftsorientiert bedeutet das: Sich zuzuhören und darauf zu achten, welche Impulse Sie von innen heraus locken, treiben, führen oder verführen.

Der Maßstab für eine gesunde Einstellung der inneren Stimme ist, ob die von innen kommenden Stimmungen und Impulse zu Wachstum, Reifung, Gesundheit, Glück und Selbstverwirklichung führen. Seine gesunde Innere Stimme zu ignorieren und sich ihren Impulsen zu verweigern wirkt auf mittlere Sicht ungesund, krankmachend und zerstörerisch. Wenn sich jemand in seinem Job unglücklich fühlt und aus Sicherheitsüberlegungen doch darin bleibt, ist zu befürchten, dass er irgendwann krank wird. Das kann auch ein schleichender Prozess sein. Die Innere Stimme zeigt sich im Unglücklichsein. Sie versucht einen dadurch aus diesem Job herauszulocken. Wenn man dann nicht „freiwillig“ etwas daran ändert, besteht eine gute Chance, dass das Unterbewusstsein einen aus diesem Job herausholt. Die ersten Angebote dafür sind meistens sehr positiv: Es bietet Ideen und alternative Phantasien an. Wenn man sich dem verweigert, kann es aber auch rabiat werden und einen notfalls auch durch eine Krankheit zwingen, mit diesem Job aufzuhören.

Als Führungskraft werden Sie das alles nicht nur bei sich selbst beobachten können, sondern auch bei Mitarbeitern. Sie können Menschen, deren Inneres sich – aus welchen Gründen auch immer – sträubt, einen bestimmten Job zu machen, nicht ohne Schaden doch dazu zwingen. Auch bei einem scheinbar willigen Mitarbeiter kann dessen Unterbewusstsein dann Verweigerungsmaßnahmen initiieren. Das können unbewusste Fehler oder Krankheiten sein. Mit dem hier angeregten Bewusstsein können Sie als Führungskraft an dem, was jemand tut und was ihm passiert, erkennen, was sein Inneres eigentlich wirklich will. Für sich selbst können Sie als Arbeitshypothese den Satz verwenden: „An dem, was mir nicht gelingt, erkenne ich, was mein Unterbewusstsein nicht will."

Begleiten Sie Ihr Unterbewusstsein deshalb mit ständiger Aufmerksamkeit und kommunizieren Sie mit ihm so oft wie möglich. Dafür ziehen Sie sich am besten allein zurück und träumen oder meditieren eine Zeit lang ziellos vor sich hin. Wenn Sie danach dann die Dinge, die Ihnen durch den Kopf gegangen sind, reflektieren und die Impulse, die Sie dabei verspürt haben, betrachten, können Sie eine Menge Eindrücke darüber gewinnen, was Ihr Unterbewusstsein alias Innere Stimme Ihnen sagen will.

Wenn Sie Ihrem Unterbewusstsein dagegen etwas senden wollen, dann stellen Sie sich das, was Sie sich wünschen, als Bild vor. Je plastischer und anschaulicher, desto wirkungsvoller. Sie können davon ausgehen, dass Ihr Unterbewusstsein mehrfach visualisierte Vorstellungen empfängt und an deren Realisierung aktiv mitzuarbeiten beginnt. Das geschieht oft anders, als Sie es sich denken, dauert manchmal auch etwas länger, aber eines Tages werden Sie die Wirkung erleben. Grundsätzlich ist das eigene Unterbewusstsein – die eigene Seele – ein sinnvoll wirkender und vertrauenswürdiger Partner.

9. Entwerfen Sie für sich einen Lebensplan!

Beim Führen geht es nicht um Zustände, sondern um Entwürfe für die Zukunft. Genauso wenig kann „Führungspersönlichkeit sein" ein Zustand sein. Das Leben verlangt, weiter zu gehen, und jeder neue Schritt bedeutet Veränderung. Was in einem Lebensalter richtig und ideal sein kann, ist im anderen oft lächerlich. So sollten Sie sich überlegen, was Sie für sich in verschiedenen Lebensaltern – etwa in verschiedenen Lebensjahrzehnten – für angemessen und wünschenswert halten.

Ich will Ihnen als Anregung einmal eine Aufstellung dazu liefern. Nicht, dass ich behaupte, das müsse so sein, Ihre persönliche Einsicht können Sie sowohl aus Zustimmung als auch aus Widerspruch gewinnen. Vielleicht prüfen Sie, was Ihnen angemessen erscheint, und schreiben es sich einmal auf. Hier also eine Vorlage:

Vorschläge für einen Lebensplan

Bis *20* sollte man sich einen gewissen Überblick über die Welt verschafft haben und die wichtigsten Grundfertigkeiten wie Sprechen, Reden, Lesen, Schreiben, Rechnen und Fremdsprachenkenntnisse erworben haben sowie eine gute soziale Kompetenz.

Bis *30* sollte man in beruflicher Hinsicht eine gut spezialisierte Ausbildung absolviert haben und erste Praxiserfahrungen damit gesammelt haben. Erste Beziehungserfahrungen sollten auch gesammelt sein.

Bis *40* sollte man sich beruflich positioniert haben und neben gesammelten Erfahrungen auch Kompetenz erworben haben und in der Lage sein, andere Menschen zu führen. Privat ist die Konsolidierung einer festen Beziehung gegebenenfalls mit Kindern zu wünschen.

Bis *50* sollte man Überblick über seinen Fach- und Lebensbereich gewonnen haben und über das, was dazugehört. Man sollte urteilsfähig geworden sein. Im privaten Bereich strebt man nach Stabilität, aber muss oder kann manchmal die Dinge auch noch einmal neu justieren oder aufstellen.

Bis *60* sollte man in einer Position angelangt sein, in der man Weichen für Abläufe stellen kann, die dann von anderen vollzogen werden können. Die Kinder gehen dann oft aus dem Haus, man kann schon einen Blick über die aufgegangene Saat werfen.

Bis *70* sollte man es zu einem höheren Freiheitsgrad gebracht haben und eine Bilanz seiner Lebensernte ziehen. Es ist noch die Zeit, Dinge nachzuholen, zu korrigieren oder zu vollenden. Man sollte gelernt haben, großzügig zu sein sowie Dinge aus einer höheren Perspektive zu betrachten und sie auf ihren tieferen Sinn zu reflektieren.

Bis *80* sollte man sich der Vergänglichkeit allen Erfolgs und irdischen Glanzes bewusst geworden sein und sich auf Werte und Sinn des Lebens besonnen haben sowie auf seine spirituelle Dimension und bereit sein für den Abschied.

Bis *90* sollte der Genuss des Erworbenen im Vordergrund stehen und Dankbarkeit für den Reichtum des gehabten Lebens das Herz ausfüllen.

Mit *100* sollte man vom Überfluss des Sonnenlichts und des Lebens erfüllt sein und vielleicht in der Lage sein, nur noch freundlich zu lächeln.

In diesem Sinn können Sie Ihr Leben als eine permanente Aufwärtsbewegung und Weiterentwicklung verstehen. Oft sehe ich, dass bereits 40-Jährige, wenn ich sie nach ihren Träumen frage, der Art nach antworten, sie wollten noch ein paar schöne Reisen machen. In dem Wort „noch" kommt dann vielfach zum Ausdruck, dass sie eigentlich schon mit ihrem Leben abgeschlossen haben und sich nicht mehr in einer Aufwärtsbewegung befinden, sondern vielleicht schon im Sinkflug. Das ist nicht die Energierichtung, die es zum Führen braucht. Da sollte der Richtungsvektor der Energie aufwärts weisen.

10. Entwerfen Sie ein positives (Selbst-)Bild von sich!

Wie soll eine Führungspersönlichkeit positiv wirken und Erfolg produzieren können, wenn sie sich selbst nicht positiv sieht? Bei dieser nächsten Grundhaltung geht es wieder um eine positive Disziplinierung zu sich selbst.

Beispiel

Ein mir bereits bekannter 54-jähriger Mann, bislang Vorstand einer Versicherung, kam zum Coaching. Er wirkte kraftlos und deutlich gealtert. Er berichtete, er sei aus seiner Firma "in gegenseitigem Einverständnis" herauskomplimtentiert worden und hatte das Gefühl, gescheitert zu sein. Seit einem Dreivierteljahr war er arbeitslos gemeldet und wurde in seinen Neubewerbungen immer bescheidener. Er wäre jetzt schon mit einer Stelle als Abteilungsleiter zufrieden gewesen und hätte dafür bis zu 70 Kilometer Anfahrt in Kauf genommen. Er wollte Unterstützung für seine künftigen Bewerbungen.

Ich fragte ihn erst einmal nach seiner finanziellen Situation und er räumte ein, dass er nicht mehr zwingend Geld verdienen müsse. Seine Frau habe ein Einkommen, sein Einfamilienhaus sei bezahlt und er besitze noch ein paar lastenfrei vermietete Eigentumswohnungen. Er war also finanziell unabhängig. Dann sprachen wir über sein Selbstbild. Im Moment sah er sich als "armer Arbeitsloser". Ich machte ihn darauf aufmerksam, dass er sich auch als beneidenswert freier Mann fühlen könne. Wenn er das zur Grundlage seines Selbstwertgefühls und seines Handelns mache, könne er sich als Arbeitslosengeldempfänger abmelden und sich stattdessen bei für ihn interessanten Firmen als freier Mann vorstellen, der gegebenenfalls bereit sei, sich und seine Kompetenz dort einzubringen.

Während wir diese Gedanken im Gespräch entwickelten, begann er zu strahlen und setzte sich aufrechter hin als zuvor. Ich machte ihn darauf aufmerksam und er bestätigte, dass er sich mit einem solchen Selbstbild deutlich besser fühle. Die Vorstellung, auf das Arbeitslosengeld zu verzichten, erfüllte ihn mit Stolz. Tatsächlich meldete er sich vier Tage später beim Arbeitsamt ab und stellte sich einigen Firmen als potenzieller Vorstand vor. Es dauerte keine drei Monate und er hatte – sogar in einer größeren Firma - wieder eine Stellung als Vorstand.

Eine alte Empfehlung lautet: Willst du ein guter Soldat werden, strebe danach General zu werden, willst du ein guter Priester werden, strebe danach Papst zu werden, willst du ein guter Mensch werden, strebe danach, heilig zu werden.

Entsprechend wird ein selbstbewusster Mensch nicht nach einem Job als Hilfskraft streben, sondern er wird eher eine Firma gründen, die Hilfskräfte vermittelt. Es kommt immer darauf an, auf welcher Stufe man sich selbst ansiedelt. Ganz unten oder in der Mitte oder ganz oben.

Wer in seinem Selbstbild immer nur bescheiden ist oder vor lauter Ängsten, Skrupeln und Selbstzweifeln immer nur tiefstapelt, kann keine positive Ausstrahlung auf andere haben.

Ein anderes Beispiel für ein negatives Selbstbild ist das folgende:

Beispiel

> Jemand sagte in einem Gespräch nebenbei, er sei technisch völlig unbegabt. Ich machte ihn darauf aufmerksam, dass diese Aussage zu seinen Ungunsten gepolt sei und ein negatives Selbstbild ausdrücke: Er habe sicherlich noch keine Genanalyse machen lassen, die ihm einen angeborenen Technik-Gen-Mangel bescheinigt habe. Vermutlich sei er nur technisch ungebildet, aber selbst das sei noch eine Negativaussage. Genauso gut könne er sagen, er habe so viele andere Interessen, dass er sich bislang um solche technischen Details noch nie gekümmert habe.

Gewiss, jeder Mensch hat ein Selbstbild aus seiner Herkunft und Erziehung mitbekommen, das so lange wirkt, bis es geändert wird. Wenn es traumatisch verursacht ist und mit einer innerlich negativen Grundeinstellung verbunden ist, nutzen die hier gemachten Anregungen nur begrenzt. Sie bleiben dann an der Oberfläche. Wie Sie aber im Beispiel des Vorstandes gesehen haben, war es für ihn relativ leicht, seine vermeintlich negative Lage aus einem anderen Blickwinkel plötzlich positiv zu sehen. Zwar war er gekränkt, aus seinem alten Job herauskomplimentiert worden zu sein, er hatte aber weder dadurch noch aus seiner Kindheit eine Persönlichkeitsstörung, die es ihm unmöglich gemacht hätte, seine Situation aus einem anderen Blickwinkel positiv zu sehen. So konnte er kurzfristig umswitchen.

Genauso haben Sie die Freiheit, Ihr Selbstbild zu ändern. Zum Teil gibt es dafür große Hebel: Wenn Sie beispielsweise von dem Satz Ihrer Mutter, den Sie vielleicht bislang geglaubt haben: „Du bist ein Pechvogel", nach einem freundlichen Rückblick auf die letzten 15 Jahre, in denen Ihnen doch die großen Dinge im Leben gelungen sind, auf den Satz: „Ich bin ein Glückspilz!" umschalten könnten, dann werden Sie schon morgen mit einem anderen Selbstbild und Selbstbewusstsein in die nächste Sitzung oder ins nächste Vorstellungsgespräch gehen und dort mehr erreichen als zuvor.

Manchmal ist ein neues Selbstbild aber auch nur durch das Umpolen einer ganzen Reihe von Puzzle-Teilen zu bewerkstelligen. Es wäre sicher hilfreich und angemessen, außer dem Satz „Ich bin ein Pechvogel" auch noch die Vorstellung „Ich bin technisch unbegabt" umzudrehen. Glückskinder könnten nämlich durchaus technisch unbegabt sein, das heißt, durch das Umdrehen des einen Satzes dreht sich der andere Aspekt nicht von selbst um.

So können Sie also Ihre Persönlichkeit erheblich weiterentwickeln und verstärken. Das setzt voraus, dass Sie sich aufmerksam beobachten und nach und nach möglichst viele negative Fehleinstellungen bei sich ändern.

Einen netten Satz, der mir neulich begegnete, möchte ich Ihnen zum Schluss dieses Kapitels nicht vorenthalten. Er ist genial, weil er gleich mehrere Einstellungen auf einmal zu ändern vermag: „Ein Golfspieler sagte: ‚Komisch, je mehr ich übe, desto mehr Glück habe ich.'"

11. Programmieren Sie Ihr Unterbewusstsein durch mentales Training!

Im Zusammenhang mit dem vorigen Kapitel möchte ich Sie auf eine Methode aufmerksam machen, wie Sie Ihr Selbstbild und Ihre vorhandenen inneren Einstellungen ändern und positiv beeinflussen können.

Man sagt manchmal über jemanden „Na, der bildet sich aber wohl etwas zu viel ein" und meint dann, dass derjenige mehr von sich hält, als er ist. Das ist abfällig gemeint. Es gibt aber auch eine positive Art, sich etwas einzubilden. Viele Spitzensportler bereiten sich auf ihre Wettkämpfe durch mentales Training vor, indem sie mit positiven Suggestionen arbeiten. Damit sind in erster Linie nicht mehr – wie noch vor ein paar Jahren häufig praktiziert, und wie viele Leute noch heute zu meinen scheinen – nette positive Sätze wie: „Ich werde gewinnen" gemeint. Als wirkungsvoller zur Programmierung des eigenen Unterbewusstseins haben sich innere Visualisierungen erwiesen. Dabei handelt es sich um bildhafte innere Vorstellungen, die man wiederholt in entspanntem Zustand vor seinem geistigen Auge entwickelt. Es gibt wissenschaftliche Studien, die belegen, dass auf diese Weise mental vorbereitete Sportler in Wettkämpfen deutlich besser abschneiden als andere, bei denen nur die Muskeln trainiert sind.

Die Kraft der Bilder ist deshalb so groß, weil das Unterbewusstsein darüber am besten anzusprechen ist. Die Sprache des Unterbewusstseins – Träume zeigen das – ist vorwiegend eine Bildersprache. Es arbeitet nur in geringerem Maß mit Worten und wenn, dann mit einzelnen Begriffen oder ganz einfachen Sätzen. Außerdem schafft oft unbemerkt auch die vermeintliche Wortsprache Metaphern und Symbole: „Das geht auf keine Kuhhaut" oder: „Ich könnte vor Wut platzen".

Die Arbeit mit dem eigenen Unterbewusstsein wird gestört, wenn Sie ihm mit dem Willen des bewussten Ich begegnen und Druck machen. Dann verschließt es sich sofort. Entsprechend sind verzweifelt vor sich hingesagte Sätze wie: „Ich will gewinnen" oder: „Ich muss gewinnen" völlig wirkungslos und deshalb verfehlt. Wirkungsvoller wäre – wenn schon ein Satz –: „Ich bin ein Siegertyp". Formal sollten Sie solche Sätze immer in der Gegenwartsform sprechen und frei von drängendem Willen. Die effektvollere Selbstprogrammierung wäre aber ein Phantasiebild, in dem Sie sich vorstellen, wie Sie mit Pokal oder Goldmedaille auf der Siegertreppe stehen und strahlen. Oder bezüglich eines Bewerbungsgesprächs könnten es auch zwei oder drei Bilder sein, die Sie in sich hinein bilden: Im ersten sehen Sie sich locker, eloquent und selbstsicher im Bewerbungsgespräch staunend erfreuten Gesichtern gegenüber. Und im zweiten sehen Sie sich beim Unterzeichnen des Arbeitsvertrags.

Auch wenn Sie die Bedeutung von Worten nicht unterschätzen sollten – manche Worte können eine starke Symbolwirkung entfalten –, helfen Bilder meist leichter bei der positiven Selbstprogrammierung. Sie wirken eher tiefer.

Wenn Sie es also für wünschenswert halten, haben Sie mit der beschriebenen Methode die Möglichkeit, Ihr Inneres neu zu programmieren.

12. Lernen Sie die Magie des Führens – Management by Vodoo!

Sie sehen, wir geraten Schritt für Schritt immer tiefer in geheimnisvolle Wirkmechanismen der Führungs- und Persönlichkeitspsychologie hinein. Da will ich in diesem Abschnitt noch eins drauflegen und Sie in die Grundzüge der Magie einweihen. Das ist nicht esoterisch gemeint, sondern rein psychologisch, genauer gesagt: tiefenpsychologisch.

Der Freud-Schüler Carl Gustav Jung hat sich sehr intensiv mit Symbolen beschäftigt. Er beschreibt und zeigt vielfach, dass in allem Symbolhaftes verborgen ist, und dass Symbole Vermittler zwischen Bewusstsein und Unterbewusstsein sind. Entsprechend gibt es Symbole der Macht, der Freundschaft und der Liebe etc. Oft erschafft und sendet man sie bewusst aus, manchmal sind sie aber auch unbewusst in traditionellen Bräuchen verborgen. Was man jedenfalls äußerlich symbolisch oder mit Symbolen tut, bezweckt, auch etwas im Inneren von Menschen zu bewegen und zu verändern. Wenn ein Mann einer Frau eine rote Rose schenkt, beabsichtigt er vermutlich, ihre Zuneigung zu gewinnen oder zu verstärken.

Genau dieses bewusste Herstellen von Symbolen ist ein Grundprinzip der Magie. Es wird dabei versucht, ein (mindestens dem Unterbewusstsein) verständliches und eindeutiges Symbol zu schaffen. Handelt man dann äußerlich mit einem gelungenen Symbol, so bewirkt dieses Handeln etwas im Unterbewusstsein. Das kann jeder erleben, der beispielsweise mit einem Kind eine Puppe bastelt und ihr den Namen des Kindes gibt. Es wird dann für das Kind kaum etwas Schlimmeres geben, als wenn ein anderer der Puppe den Kopf oder einzelne Glieder abreißt.

Beim echten Vodoo wird entsprechend aufwändig ein Püppchen hergestellt, das eine andere Person symbolisiert. Man arbeitet Haare, Fingernägel, Fäden von der Kleidung der betroffenen Person in diese Puppe ein und versucht, eine möglichst hohe Identität von Puppe und Person herzustellen. Was man dann der Puppe antut, das kann sich – und ich habe glaubwürdige Berichte von Augenzeugen dafür – verheerend oder (bei einem positiven Ritual) erlösend auf die betroffene Person auswirken.

Entsprechend sollten Sie beim Umgang mit anderen Menschen, insbesondere wenn Sie in herausgehobener Führungsposition sind, mit besonderer Aufmerksamkeit auf die Symbolwirkung Ihres Handelns achten. Ein abfälliges Wort oder ein gering schätzender Blick eines Vorgesetzten kann bei einem Mitarbeiter mit schwachem Selbstwertgefühl erschütternd wirken und eine Krise auslösen. Ebenso kann die Sonderausstattung Ihres Dienstfahrzeugs für Mitarbeiter, von denen Einsparungen verlangt werden, eine verheerende Provokation sein. Der vielleicht sogar teurere Neukauf eines schlichter wirkenden Dienstwagens für den Chef kann dagegen gegebenenfalls die Forderung nach Einsparungen symbolisch unterstützen und glaubhafter visualisieren.

Auch sollten Sie lieber nicht davon sprechen, „dass jetzt jeder seine Hausaufgaben machen“ solle, denn damit würden Sie die zu bewältigenden Aufgaben mit den schlechten und quälenden Erinnerungen der Schulzeit der Betroffenen assoziieren, sondern lieber davon, dass jetzt die „Samenkörner für die nächste Ernte“ zu legen seien, oder „dass wir uns jetzt anstrengen müssen, unsere Schwerter zu schärfen“, oder „dass jetzt ein neuer Gipfel zur Besteigung vor uns liegt“.

Missachten Sie auch niemals die kalorienreiche Nougat-Buttercreme-Torte Ihrer Mutter, die Ihrer ansonsten sehr gesundheitsbewussten Ernährung vollständig zu widersprechen scheint: Einerseits ist diese Torte mit all ihren üppigen Zutaten ein Symbol der Liebe, der Lebensfreude und aller guten Wüsche, das Ihre Mutter Ihnen zum Geburtstag mit allem erdenklichen Aufwand selbst erschafft. Zum anderen erhöht diese Schöpfung den Rang Ihrer Mutter in der Familie zur unnachahmlichen Künstlerin sowie zur internen Chefin des Hauses. Kein fertiggekaufter Kuchen kann jemals im gleichen Maß Symbol für Liebe, Zuwendung oder häusliche Macht sein wie eine solche selbst gemachte Torte.

Und nun wieder berufsspezifischer: Überlegen Sie sich, mit welchen Symbolen Sie Ihren Mitarbeitern Anerkennung ausdrücken können. Es gibt durchaus echte Alternativen zu Gehaltserhöhungen. Feldherren pflegten ihren Soldaten Orden zu verleihen. Das kostete fast nichts und bewirkte oft sehr viel.

13. Machen Sie Vertrauenswürdigkeit, Zuverlässigkeit und Sachgerechtigkeit zu festen Grundhaltungen!

Sie werden es bei anderen Personen schon beobachtet und teils erlitten haben: Es gibt Leute, die einem das „Blaue vom Himmel" versprechen und nichts davon halten. Es gibt Menschen, die scheinen es selbst zu glauben, wenn sie sagen, dass sie morgen zurückrufen werden, und dennoch hört man sechs Wochen nichts mehr von ihnen. Mit solchen Menschen kann man nicht zusammenarbeiten. Sie bringen einen zur Verzweiflung. Entsprechend sollten Sie sich prüfen und so einstellen, dass Ihr Wort gilt. Nur dann kann man Sie wirklich ernst nehmen. Wenn Sie sagen: „Ich rufe Sie in den nächsten drei Tagen dazu an", dann sollten Sie das auch tun. Falls Sie die in Aussicht gestellte Information oder Entscheidung binnen drei Tagen nicht beschaffen konnten, gilt trotzdem die Dreitagesfrist. Dann rufen Sie eben an und informieren den anderen über den Stand der Dinge. Seien Sie verlässlich.

Genauso sollten Sie bei Informationen, die Sie geben, stets selbst unterscheiden und klar kommunizieren, ob es sich dabei um eine Vermutung, eine Hoffnung oder einen echten Tatbestand handelt. Hier gibt es viele Verwechslungen und Anlässe für Missverständnisse. Sagen Sie nie: „Das ist so", wenn es noch nicht so ist, sondern Sie nur hoffen, dass es so sein wird. Sagen Sie nie: „Ich habe das gemacht", wenn Sie erst vorhaben, es in zwei Stunden zu machen. Es könnte etwas dazwischen kommen, und Sie würden mit Ihrem Wort in Widerspruch geraten. Man nennt Leute, die Realität und Absicht verwechseln, Spinner, Phantasten oder Illusionisten. Das sind keine Attribute, die Sie sich als Chef von Ihren Mitarbeitern oder Kollegen wünschen können.

Worte sollten den Tatsachen entsprechen und Vermutungen oder Absichten als solche kennzeichnen. Worte sollten eindeutig und verlässlich sein.

Wenn Sie sagen: „Ich verspreche Ihnen, dass Sie das spätestens morgen früh auf Ihrem Schreibtisch haben“, dann sollte das auch so sein. Planen Sie lieber immer noch einen Zeitpuffer ein.

Sie sollten sich auch mit Zahlen, Daten, Fakten, seien es Statistiken oder betriebswirtschaftliche Kennzahlen, auskennen und sich in Ihren Aktionen darauf beziehen. In Grenzfällen werden Sie auf Ihre Intuition, Ihr Bauchgefühl, Ihre Vermutungen aufgrund von Erfahrung vertrauen müssen, aber versuchen Sie immer möglichst viel Realitätsnähe herzustellen. Sie sind damit für Ihre Gesprächspartner glaubwürdiger. Sollten Sie aber aus dem Bauch oder Gefühl heraus einen Handlungsimpuls haben, dann machen Sie auch das deutlich, anstatt sich mit unbeweisbaren Behauptungen an die Grenze der Glaubwürdigkeit zu manövrieren.

So wie das, was Sie vereinbart haben, gelten sollte, so sollten Sie auf Pünktlichkeit achten. Ändern Sie notfalls lieber die Vereinbarung und kommen dann pünktlich zum verschobenen Zeitpunkt. Pünktlichkeit gilt als Tugend der Könige, weil sie in besonderem Maß ein Symbol der Zuverlässigkeit, Berechenbarkeit und der Wertschätzung des anderen ist. Schon wegen dieser Symbolik liegt es nahe, es damit genau zu nehmen. Insbesondere, wenn Sie längerfristige Zusagen wie: „Da können wir im Januar noch einmal drüber sprechen“ einhalten, können Sie viele Vertrauenspunkte sammeln. Sie gelten dann als verbindlich. Viele Chefs wiegeln heikle oder lästige Themen auf diese Weise nur ab und hoffen, damit diese Themen vom Tisch zu haben. Damit schaffen Sie aber weder eine positive Führungskultur noch Vertrauensbeziehungen.

So wie beim Weben viele Fäden miteinander verbunden werden müssen, bis ein festes Tuch entsteht, wächst Vertrauen ebenfalls aus vielen kleinen Interaktionen. Und wenn da nur ein einziger kleiner Webfehler ist, bemäkelt man das ganze Tuch. Umgesetzt auf Vertrauen: Es wird langsam erworben und schnell zerstört. Deshalb sorgen Sie für Stimmigkeit in möglichst jedem kleinen Detail, und decken Sie Unstimmigkeiten selbst auf. Dann sind Sie als Person stimmig und vertrauenswürdig. Gehen Sie grundsätzlich davon aus, dass anderen Menschen mehr Dinge auffallen, als Sie vermuten. Deshalb sollten Sie nicht versuchen, andere Menschen zu täuschen. Es wird selten gelingen.

Mit einem anderen Vergleich ausgedrückt könnte man auch sagen: „Je mehr Sterne ein Hotel hat, desto mehr stört jede kleine Geschmacklosigkeit oder Unaufmerksamkeit." Natürlich meine ich damit: Legen Sie es darauf an, ein Fünf-Sterne-Chef zu sein!

14. Klären Sie für sich und andere die Gebrauchsanleitung zu Ihrer Person!

Selbsterkenntnis wird seit der Antike als der Königsweg zu Lebensglück und Lebensreife bezeichnet. Das Überraschendste ist man sich oft selbst. Wie sollte auch die Knospe ahnen, dass sie zur Blüte wird, oder die Blüte, dass sie einmal Frucht sein wird, oder die Raupe, dass sie einmal Schmetterling sein wird. Erst einmal müsste sich die Raupe im Spiegel als solche erkennen, und dann müsste sie noch begreifen, dass sie als Schmetterling noch dieselbe ist. Wir sind uns selbst voller Rätsel und Wunder: Warum bin ich so, was geschieht mit mir, will ich überhaupt so sein, und wie will ich denn vielleicht stattdessen sein? Solche Fragen stellen sich viele Menschen in Zeiten des Wandels, das kann in der Pubertät sein, bei der Berufswahl, bei persönlichen Krisen, in den Wechseljahren, angesichts des Ruhestands oder angesichts einer schweren Krankheit. Die Lebenserfahrung zeigt, dass die meisten Menschen alle paar Jahre in eine solche Phase des Wandels und der Transformation kommen, teils durch Ereignisse, teils durch den Wechsel der Lebensepochen, die das Älterwerden mit sich bringt. Dabei wird man nicht nur immer wieder neu überrascht, sondern auch das Umfeld – teils mit Freude, teils mit Erschrecken.

Gehen Sie also nicht davon aus, dass Sie immer derselbe bleiben. Klären Sie stattdessen immer wieder für sich Ihre sich wandelnden inneren Strukturen, Ihren aktuellen Typus, Ihre derzeitigen Wünsche, Ihre sich verschiebenden Interessen und Motive, und klären Sie andere darüber auf. Versuchen Sie, für die Menschen Ihrer Umgebung eine Gebrauchsanleitung für sich zu schreiben. Das erfordert oft etwas Anstrengung, aber wenn Sie sich darüber im Klaren sind und mitteilen, werden Sie sehen, wer darauf eingeht, und erkennen schneller Freund und Feind. Sie können Ihre Umgebung dann auch vor dem „Roten Knopf" warnen, den möglichst keiner bei Ihnen drücken sollte. Jeder hat seine wunden Punkte. Aber Sie werden auch „Grüne Knöpfe“ und offene Türen haben, durch die andere leicht den Zugang zu Ihrem Herzen finden können. Auch darüber können Sie Menschen aufklären.

Beispiel

In einem Seminar mit 12 Abteilungsleitern einer Firma stellte ich die Aufgabe, den anderen eine Gebrauchsanleitung zur eigenen Person zu geben. Eine junge Frau berichtete daraufhin, sie fühle sich in der Runde einsam, weil die anderen sie nicht oft genug ansprechen und mit einbeziehen würden. Sie sei als Waisenkind groß geworden und hätte sich immer einsam gefühlt und würde so gern mehr dazu gehören und dazugerufen werden. Sie habe aber auch Angst, sich aufzudrängen und zurückgewiesen zu werden. Deshalb wisse sie oft nicht, wie sie sich verhalten solle. Mehreren der zuhörenden Kollegen standen nach dieser Mitteilung die Tränen in den Augen. Sie konnten Ihre Kollegin nun erstmals ein Stück weit verstehen. Dann sprang sofort eine weitere Frau stark bewegt auf und klärte die Runde auf, bei ihr sei das Gegenteil der Fall: Sie brauche immer drei Meter Abstand, sonst mache sie innerlich zu. – Tatsächlich erledigten sich in der nächsten Zeit viele Konflikte, die es bislang mit dieser Dame gegeben hatte, indem die anderen respektvoll den Abstand von drei Metern einhielten.

Genauso ist es oft hilfreich, eigene Bedürfnisse und Interessen mitzuteilen, damit Gesprächspartner sich darauf einstellen und damit umgehen können. Sie sollten dabei allerdings weder persönliche Eigenheiten Ihrer Person noch Ihre Interessen oder Motive zur Diskussion stellen. Die anderen müssen das als gegeben akzeptieren und mit Ihnen an Lösungen arbeiten, die genau diese Aspekte berücksichtigen und integrieren.

Erinnern Sie sich daran: Undurchschaubaren Menschen vertraut man nicht. Menschen, deren Absichten man versteht, vertraut man dagegen, selbst wenn man ihre Absichten nicht teilt oder unterstützt.

15. Unterstützen Sie andere hinsichtlich deren Interessen und Motiven!

Wenn Sie aufmerksam sind für die Interessen, Absichten, Ziele und Motive der Menschen in Ihrer Umgebung – Mitarbeiter, Kollegen, Chefs, Kunden, Partner, Kinder, Freunde – und diese mit bedienen, drücken Sie damit Wertschätzung aus und steigern deren Motivation. Von Ihnen fühlt man sich akzeptiert und gestützt, und das stärkt dann im Gegenzug wieder Ihre Autorität. Es handelt sich dabei nicht nur um eine nette Geste, sondern es ist ein Muss bei Menschenführung und Motivation. Jeder möchte persönliche Wertschätzung und Achtung empfangen. Niemand wird unter Nichtbeachtung seiner eigenen Interessenlage bereit sein, die Interessen von jemand anderem zu bedienen. Auch wenn die Bezahlung eines Mitarbeiters einen Teil seiner Lebensinteressen bedient und einen Teil von dessen Zeit, Aktivität und Loyalität kauft, ist gleichzeitig klar, dass auch mit einem regelmäßig fließenden Gehalt immer nur ein Teil davon gekauft werden kann. Zwar drückt sich in der Weiterbeschäftigung meist eine gewisse Wertschätzung des Mitarbeiters aus, aber der aktuelle Motivationswert ist eher gering. Da können ein paar freundliche Worte zum Geburtstag Wunder wirken, und sie kosten sogar kein Geld.

Aber ich will Ihnen hier keine Geldersatztricks zur Motivation verraten, sondern Sie darauf aufmerksam machen, dass man mit Geld nur begrenzt motivieren kann. Mit allem, was automatisch und regelmäßig stattfindet, kann man nur eine begrenze Wirkung erzielen. Insofern ist permanent Kreativität gefordert, um neue Motivation zu kreieren. Zudem können die Interessenlagen verschiedener Mitarbeiter sehr unterschiedlich sein oder im Lauf der Zeit wechseln. Da ist es vorteilhaft, nah mit dem Ohr an der Basis zu sein und sowohl ernsthaft vorgebrachte Wünsche und Vorschläge abzuspeichern als auch die unbewusst oder dezent im Smalltalk verborgene Informationen und Hinweise herauszufiltern und aufzugreifen: Wenn Sie demjenigen, der das erste Mal einen Städte-Trip nach Barcelona macht, einen speziellen kleinen Reiseführer für 8,95 Euro über Barcelona schenken, dann sind Sie in Barcelona als positive Gestalt im Geist mit dabei. Wenn Sie einem anderen zum bestandenen Segelschein überraschend ein kleines Segelboot-Modell oder auch nur eine 60-Cent-Postkarte mit Segelboot-Motiv schenken, dann kann das eine kleine Aufmerksamkeit mit großem Bindungs- und Motivationseffekt sein.

Ich halte es für eine der wichtigsten Einsichten jeglicher Motivationspsychologie, vermutlich sogar für die entscheidende, dass Menschen wahrgenommen und gemeint sein wollen. Wenn ein Mensch sich angeschaut fühlt und merkt, dass der andere sich für ihn interessiert, ihn wahrnimmt und ihm zeigt, dass er sich an eine frühere eher nebensächliche Aussage oder Geste erinnert, kann das wesentlich tiefer berühren als ein Lob. Mit einem Lob bestätigt der Lobende nur, dass der andere etwas getan hat, was ihm passt. Insofern ist Lob meistens kein Ausdruck einer Wertschätzung der Gesamtperson.

Wichtiger als „Sie haben eine schöne neue Brille“ oder „Ihre neue Brille gefällt mir sehr gut“ kann es entsprechend sein, mitzuteilen: „Oh, ich sehe, Sie haben eine neue Brille“. Darin ist das Geschenk der Aufmerksamkeit, der sich erinnernden Wahrnehmung enthalten, und es bedarf keiner Bewertung der Brille mehr. „Schöne Brille“ wäre ohnehin armselig gegenüber: „Ja, Sie haben schon in vielen Hinsichten einen guten Geschmack bewiesen – Sie tragen auch häufig besondere Schuhe und die Bilder in Ihrem Büro sind auch sehr farbenfroh und ausdrucksstark.“ Aber um solch eine Aussage über „guten Geschmack“ mit mehreren Aspekten glaubwürdig füllen zu können, bedarf es einiger Aufmerksamkeit. Manchmal braucht es zusätzlich noch etwas Mut, um die eigene Scham zu überwinden, aus der heraus man oft Dinge nicht artikuliert, die man durchaus wahrgenommen hat. Sie können aber sicher sein, anderen Menschen auf diese Weise eine Freude zu machen und die Beziehung zu ihnen zu verbessern.

Beispiel

Ein Mann berichtete mir, er hätte es einmal aus Scham unterlassen, einem Freund zu sagen, wie viel dieser ihm bedeute. Und ein paar Tage später sei der bei einem Motorradunfall ums Leben gekommen. Er bedaure es unendlich, dieses Gefühl nicht ausgedrückt zu haben.

Es gibt nichts Gutes, außer man tut es. Der Motivationseffekt entsteht quasi von allein und nebenbei. Loben, um zu motivieren, funktioniert nicht wirklich. Wenn der andere das durchschaut, entsteht der gegenteilige Effekt. Wenn ein Mitarbeiter merkt, dass er motiviert werden soll, fühlt er sich missachtet und wendet sich innerlich ab. Insofern ist mit der hier empfohlenen Aufmerksamkeit und Zuwendung eine solche gemeint, die dem anderen echt und von Herzen gilt.

16. Bewahren Sie Ihre Integrität – und achten Sie darauf, nicht erpressbar zu werden!

Der nächste Punkt scheint selbstverständlich und ist es doch nicht: Bewahren Sie Ihre Integrität. Was könnten Mitarbeiter Besseres über einen Chef sagen, als dass er integer sei. Einem integeren Menschen, also einem, der nicht lügt, nicht täuscht und keine krummen Touren fährt, kann man vertrauen. Aber jeder kommt manchmal in Situationen, in denen er in Versuchung kommt, sich durch eine kleine Unkorrektheit einen Vorteil zu verschaffen. Sie brauchen sich aber nur vorzustellen, was dabei herauskommt, wenn jemand solche geringfügig unsauberen Verhaltensweisen durch Wiederholung vervielfacht. Es wird sofort deutlich, dass man mit einem Menschen, der häufig trickst und andere linkt, eigentlich nicht viel zu tun haben will. Das weckt kein Vertrauen, und zu schnell fürchtet der Beobachter, er könne auch selbst einmal Opfer einer solchen Aktion werden.

Im öffentlichen Leben können Sie beliebig oft beobachten, wie Politiker durch zweifelhafte kleine Vorteile, die sie für sich zu gewinnen hofften, eines späteren Tages – wenn daraus vielleicht schon eine Gewohnheit geworden ist und die Vorteile im Laufe der Zeit größer geworden sind und von den Betreffenden schon quasi als Rechtsanspruch empfunden werden – straucheln und all ihrer Ämter verlustig gehen. Sie können sogar davon ausgehen, dass manchem ein Vorteil als Köder hingehalten wird, um ihn dann später – zu einem vom Vorteilgeber zu bestimmenden Zeitpunkt – bei Bedarf darüber stolpern zu lassen. Hüten Sie sich also vor unangemessenen Vorteilsnahmen. Sie werden damit weder Freunde gewinnen noch Vertrauen erzeugen und geraten schließlich nur in die

Gefahr peinlicher Überführungen. Wenn Sie erpressbar sind, haben Sie Ihre Macht schon zum Teil verloren und laufen Gefahr in einen abwärts gerichteten Strudel zu geraten.

Besonders gefährlich ist es, wenn Sie jemandem – sei es Freund, Kollege oder Chef – aus falscher Loyalität in eine krumme Sache hinein folgen. Eine erste kleine Lüge macht meistens viele weitere erforderlich, damit die erste nicht auffliegt. „Wehret den Anfängen" ist ein weises Wort. Verweigern Sie sich von Anfang an unseriösen Anträgen, sonst stecken Sie schnell mit im Sumpf drin.

Auch wer integer ist, ist nicht vor Anfeindungen gefeit, aber es ist wesentlich schwerer ihm einen Schaden zuzufügen, zumal integere Personen in ihrem Umfeld mehr Sympathien genießen. Bleiben Sie also sauber!

17. Agieren Sie mit Inititalkraft unternehmerisch proaktiv!

Was wäre eine Führungspersönlichkeit ohne Unternehmungslust, ohne Unternehmensgeist, ohne Initialkraft? Vermutlich nur ein grauer, trauriger Verwalter. Wie oft hört man Leute über die bösen Kräfte in der Welt jammern. Da werden Konjunkturzyklen, die hinterlistige Konkurrenz oder eine versagende Regierung für alles, was einem selbst gerade nicht gelungen ist, als Schuldige beklagt. Gerade in Führungsetagen ist man recht erfinderisch, wenn es um das Entdecken von vielerlei Ursachen des eigenen Misserfolgs geht. Man fühlt oder inszeniert sich dann nur allzu gern als ohnmächtiges Opfer von höherer Gewalt.

Aber Passivität ist für die meisten Herausforderungen nicht die wirksamste Lösungsstrategie der ersten Wahl. Erfolgreiche Konkurrenten beweisen oft ja auch das Gegenteil, dass es nämlich trotz aller Widrigkeiten und trotz allen Gegenwindes auch Unternehmen oder Personen gibt, die erfolgreich sind. Sie haben sich offenbar etwas einfallen lassen und hatten eine bessere und wirkungsvollere Idee. Wer vor Zeiten die besten mechanischen Schreibmaschinen der Welt gebaut hat, ist damit in Konkurs gegangen, wenn er nicht rechtzeitig auf elektronische Geräte wie Computer umgesattelt hat. Ohne Innovation und Kraft für Transformation und Neuaufbruch ist nichts auf Dauer zu halten. Das Gesetz des Wandels umfasst alle Lebensbereiche, und man kann sich allenfalls kurzfristig dagegen behaupten. Selbst die wahnsinnigsten Preisnachlässe auf mechanische Schreib- und Rechenmaschinen hätten nichts genutzt. Die Welle der Elektronik schwappte darüber hin und spülte sie weg. Die alte Weisheit von Laotse gilt heute für immer kürzere Zeiträume: „Wer seine Macht nicht in den Dienst des Wandels stellt, wird sie verlieren." Vertrauen Sie also dem Wandel – und gestalten Sie ihn selbst aktiv mit.

Insofern bleibt ein reines Verwalten von Abläufen völlig hinter den Anforderungen sinnvollen und das Ganze berücksichtigenden Führens zurück. Eine Führungspersönlichkeit oder -riege muss immer über die Belange der Gegenwart hinaus schauen und sich mit den Herausforderungen der Zukunft befassen. Dafür gilt es dann nicht nur Hochrechnungen zu veranstalten, sondern neue Ideen zu kreieren und proaktiv voranzutreiben. Das kann bedeuten, Claims abzustecken, Pflöcke einzurammen und im Zweifel der Konkurrenz mindestens einen Schritt voraus zu sein.

Vielleicht liegt eine Schwierigkeit des dafür erforderlichen geistigen Aktes nicht in erster Linie in ihm selbst, sondern mehr darin, dass der Alltag einen leicht mit seinen Dringlichkeiten zuschüttet. Zukunftsarbeit braucht Freiraum für den Geist, braucht die Erlaubnis, zu phantasieren und kühne Entwürfe zu kreieren. Aber das scheint im Alltag vielfach verboten, und man tut es allenfalls mit Schuldgefühlen oder im Verborgenen zu Hause. Kreativ-Agenturen verdienen sich dagegen oft eine goldene Nase an neuen Ideen. Darauf hätten ihre Auftraggeber vermutlich größtenteils auch selbst kommen können, wenn sie sich die dafür erforderliche entspannte „Auszeit" genommen hätten.

Der Geist vieler Leute scheint in ihnen so eingekorkt zu sein, wie es im Märchen vom „Geist in der Flasche" beschrieben wird. Er scheint ohnmächtig und winzig. Wenn aber der Stöpsel gezogen wird, strömt der Geist heraus und wird so riesig, dass derjenige, der den Korken herausgezogen hat, selbst davor erschrickt. Sind sie nicht auch schon manchmal vor der Kühnheit eigener Ideen oder Phantasien erschrocken, wenn sie in einer stillen Minute mit Gedanken und Ideen gespielt haben? Ein Unternehmergeist muss wohl ein großer und freier Geist sein. Das Potenzial dazu haben die meisten Menschen, aber der Korken, mit dem der Geist eingepfropft ist, scheint manchmal mit vielen Siegeln verschlossen zu sein: mit Denkverboten, mit Scham, mit Ängsten, mit Tabus. Die Situation ist dann im Wortsinn „verkorkst“. Aber bei vielen Ideen wundert man sich im Nachhinein, warum man nicht selbst darauf gekommen ist und warum überhaupt noch niemand daran gedacht hat. Es liegt daran, dass wir nicht gelernt haben frei zu denken, sondern dass wir bevorzugt die alten Korridore entlangschleichen.

Oft sind neu erfundene Namen und Formulierungen für ein altes Thema schon der erste Schritt zur Befreiung des Geistes. Ungewohnte und neue Verhaltensweisen sind dann der nächste Schritt. Vielfach kann man den Widerstand gegen alte Themen vermeiden, wenn man es aus einem neuen Geist angeht. Darin liegt oft eine Chance, ein ganzes altes System zu ändern und zu transformieren. Alte Systeme sind ansonsten sehr hartnäckig. Um sie zu überwinden, bedarf es einiger guter Ideen und positiver Initialkraft. Damit kann man viele Dinge wieder zukunftstauglich machen und den erforderlichen Wandel vorantreiben.

Eine Führungspersönlichkeit sollte zu solchen Initialimpulsen in der Lage sein und ihr Umfeld und ihren Verantwortungsbereich damit inspirieren. Dabei sollte dem Geist der Mitarbeiter ebenfalls ein möglichst großer Freiraum gelassen und geschaffen werden, damit auch ihre Beiträge und Ideen in den permanenten Wandlungs- und Transformationsprozess einfließen können.

18. Entwickeln Sie Leidenschaft und inneres Feuer!

Man fordert oft Kraft und Motivation und tadelt die Leidenschaft. Dabei ist Leidenschaft eine von innen kommende Begeisterung, die alle Aktivitäten durchdringen kann. Der Liebhaber einer Person oder Sache ist immer voller Leidenschaft. Man spricht auch von einem inneren Feuer, das brennt. Die von dort aus sprühenden Funken sind das Charisma einer Person. Charisma hat immer mit einem von innen kommenden Strahlen zu tun. Nur wer Leidenschaft hat, setzt seine Impulse auch gegen Widerstände durch. Leidenschaft ist das Gegenstück zu einem „Ist-mir-doch-alles-Scheiß-egal“-Gefühl der Gleichgültigkeit. Wer von Leidenschaft beseelt ist, dem ist es nicht egal, wie sich eine Angelegenheit entwickelt, der hat unvermeidlich eigene Vorstellungen und kämpft dafür. Mit Feuer entzündet man auch andere, mit Feuer erleuchtet man sein Umfeld. Feuer ist ein Symbol der Kraft und der Macht.

19. Haben Sie Mut zu einem klaren Willen!

Zur Leidenschaft gehört der Wille. Ein Wille kann zwar auch ohne Leidenschaft oder sogar gegen die eigene Neigung einer Pflicht folgen, aber wenn er der Leidenschaft eine klare Richtung und Disziplin gibt, erreicht die Leidenschaft ihr Ziel umso sicherer. Der Wille will und kennt kein „vielleicht". Er richtet sich auf ein Ziel und strebt es zu erreichen. Wer sich als Person überwiegend in energiearmem, schlappem Zustand befindet und vielleicht gern möchte, aber nicht wirklich wollen kann, wird nicht viel erreichen. Um Dinge zu ändern und voranzubringen, braucht es – neben guten Ideen – den Einsatz von Energie. Und diese Energie, Dinge zu ändern oder zu gestalten, nennt man „Wille". Der alte Satz: „Wo ein Wille ist, da ist auch ein Weg" lässt sich entsprechend analog übersetzen in den Satz: „Wo ein Presslufthammer meißelt, entsteht auch ein Loch."

Überlegen Sie sich übungshalber einmal, was sie eigentlich alles wollen. Betrachten Sie dabei alle Lebensbereiche und machen sich eine Liste. Bewerten Sie dann einmal jeweils mit eins bis zehn Punkten, mit wie viel Energie Sie etwas wollen. Alles unter fünf Punkten können Sie vergessen. Das werden Sie kaum erreichen. Bei den Dingen, auf die Sie zehn Punkte gesetzt haben, werden Sie vermutlich feststellen, dass Sie schon ziemlich nahe daran sind. Vermutlich ist bei diesen Punkten Ihre Kreativität auch am stärksten. Sie werden eine Lösung finden.

Die Feinde des Willens lauern vor allem innerhalb der eigenen Person. Sie heißen Scham, Ängste und Schuldgefühle. Sie sind die Gummibänder, Stricke oder Ketten, die den Willen bändigen. Eine befehlsorientierte Gesellschaft fragt den Einzelnen nicht nach seinem Willen. Sie teilt ihm mit, was er soll. „Eigenwilligkeit" und „Eigenmächtigkeit" werden dagegen bestraft. Von Kindheit an laufen wir schon mit inneren Fesseln umher, und das macht es oft auch so schwer, Chef im eigenen Leben zu werden oder sich an seinem Platz als Chef mit Autorität und Überzeugungskraft mitzuteilen. Ich plädiere hier nicht für Schamlosigkeit, aber für Schamfreiheit, nicht für Skrupellosigkeit, aber für Freiheit von Skrupeln, nicht für tollkühne Verwegenheit, aber für ein positives Selbstbewusstsein, das frei ist von Ängsten und Schuldgefühlen. Ein freier Mensch, ein freier Wille, eine freie Tat. Das sei das Ziel.

20. Bleiben oder werden Sie autonom!

Die Betrachtung über den Willen, seine Energie und seine Freiheit führt uns zum nächsten Gedanken: dem der Autonomie. Das ist die Freiheit und Selbstbestimmtheit des Willens. Übersetzt aus dem Griechischen bedeutet der Begriff: „Selbstgesetzgebung". Ein autonomer Mensch gibt sich selbst seine Gesetze und Werte. Er ist nicht fremdbestimmt, sondern selbstbestimmt. Das ist die Vision eines Führers. Selbst zu bestimmen. Ob nun der Alte Fritz als König von Preußen sagte: „Ich bin König, ich mache was ich will" oder Ludwig XIV als Sonnenkönig von Frankreich: „L'État c'est moi", es sind Ausdrücke souveräner und autonomer Persönlichkeiten.

Jeder Firmengründer wird mit ähnlicher Inbrunst sagen mögen: „Hier bin ich der Chef, und hier wird gemacht, was ich will." Da man nun historisch in vielfältigster Weise die Erfahrung gemacht hat, dass es meistens zu Problemen führt, wenn eine Person ihren autonomen Willen zugleich zum Gesetz für alle anderen macht, wurde die Demokratie erfunden. Sie stellt dem Willen des Einzelnen den Willen der Allgemeinheit oder der Mehrheit mindestens gleichberechtigt gegenüber.

Die Synthese zwischen Autonomie und Gemeinwohl hat der Philosoph Georg Friedrich Wilhelm Hegel auf folgenden Nenner gebracht: Es ist die Einsicht und freiwillige Unterordnung unter das allgemeine Gesetz. Konkret bedeutet das: Wenn jemand ein staatliches oder kirchliches Recht für sinnvoll und richtig hält und sich persönlich dahinter stellt, dann hat er diese Vereinigung vollzogen und kann seine Autorität im Einklang mit dem allgemeinen Recht gewinnen.

Analog zur staatlichen Demokratie wurde für Firmen die Mitbestimmung und der Betriebsrat erfunden. Grenzenlose Ausdehnung des Willens einzelner Personen ist nach allgemeiner Erfahrung zu gefährlich. Bei Demokratie und Mitbestimmung handelt es sich nicht um eine Verneinung von Autonomie, sondern um ihre Grenzen.

Autonomie ist – wenn auch nicht unbegrenzt – dennoch eine Quelle der Autorität. Insofern ist es die persönliche Aufgabe einer Führungspersönlichkeit, sich in ihrem persönlichen Standpunkt so weit zu klären, das alles, was sie sagt, ein autonomer Vollzug im Einklang mit dem Ganzen ist. Autorität entsteht im Vollzug dieses Einklangs.

Psychologisch steht gegen die innere Autonomie die Angst, als Person mit eigenen Vorstellungen nicht anerkannt zu werden. Psychologisch fühlen sich die meisten Menschen abhängig von äußerer Anerkennung. Teils könnte man sie als süchtig danach bezeichnen. Um der äußeren Anerkennung willen sind sie oft bereit, auf eigenen Geschmack, eigenen Willen, eigene Ideen, eigene Meinungen zu verzichten und sich den wirklichen oder vermeintlichen Vorstellungen und Normen des Gegenübers oder der Mehrheit anzupassen. Das bedeutet letztlich Selbstaufgabe und Identitätsverlust. Genau auf das Gegenteil kommt es aber für jemanden, der selbst Autorität gewinnen und Autorität sein will, an.

Auf Ihrem Weg zu einer selbstbestimmten Person mit Autorität sollten Sie entsprechend Ihre eigenen Maßstäbe, Werte, Normen, Prinzipien und Grenzen reflektieren und definieren. Sie können sie in Form eines persönlichen Manifestes aufschreiben und zu Hause in Ihren Schreibtisch legen. Wenn Sie sich gelegentlich daran erinnern und dieses Manifest zum Leitmaßstab Ihres Handelns machen, werden Sie schnell spüren, dass andere Menschen Ihnen mehr Respekt und Anerkennung zollen werden. Betrachten Sie Anerkennung dabei nicht als Ziel, sie wird die Folge sein.

Aus Anerkennungssucht pressen sich viele Menschen so aus, dass sie ihre eigenen Grenzen überschreiten und Burn-outs und Zusammenbrüche erleben. Da die Grenzen der eigenen Möglichkeiten und der eigenen Kraft allerdings verhältnismäßig elastisch sind – wie man in körperlicher

Hinsicht an Marathonläufern sieht –, man sie aber nicht wirklich kennt, sind nach meiner Beobachtung die meisten Führungskräfte bis zum 40. Lebensjahr schon einmal über ihre Grenzen hinaus gegangen und haben dabei schmerzliche Niederlagen mit körperlichen oder seelischen Zusammenbrüchen erlebt. Autonomie bedeutet auch, sich nicht über seine Grenzen hinauslocken zu lassen.

21. Bewahren oder schaffen Sie sich innere und äußere Unabhängigkeit!

Autonomie kann nicht entstehen, wenn man sich abhängig fühlt. Egal, ob Sie sich psychisch von der Anerkennung anderer abhängig fühlen oder von materiellen Dingen wie Lohn oder Gehalt, wenn Sie abhängig sind, werden Sie leicht erpressbar, steuerbar, manipulierbar. Sie werden in der Hand desjenigen, von dem Sie abhängen, leicht zu einer Marionette.

Dabei sollten Sie unterscheiden zwischen „abhängig sein" und sich „abhängig fühlen". Ein Säugling hängt zweifelsfrei von seiner Mutter und den nächsten Bezugspersonen ab. Ohne andere Personen würde er sterben. Diese Erfahrung prägt uns natürlich, und aufgrund dieser Urerfahrung entstehen leicht auch im späteren Leben Abhängigkeitsgefühle an Stellen, wo man nicht wirklich abhängig ist. Man spricht aber nicht zufällig von „Mutter"-Konzernen. Darin kommt einerseits das Abhängigkeitsgefühl der Mitarbeiter zum Ausdruck, andererseits aber auch der subtile Wunsch des Konzerngebildes, dass sich die Mitarbeiter abhängig fühlen und entsprechend gefügig sind. Überprüfen Sie also zunächst einmal, wie viel tatsächliche Abhängigkeit Ihren Abhängigkeitsgefühlen entspricht. Ich kann Ihnen von zahlreichen Menschen berichten, die den Beweis der Unabhängigkeit angetreten haben, indem Sie – sogar ohne einen neuen Job zu haben – bei einem Mutterkonzern gekündigt haben, oder die sich – noch als Studenten – mit ihren Eltern überworfen haben und ihr Studium selbst finanziert haben. Sie werden entdecken, dass es kaum unentrinnbare Abhängigkeiten, aber unendlich viele Abhängigkeitsgefühle gibt. Und diese machen den, der sie hat, schwach. Sie schwächen den eigenen Willen, die eigene Energie, die eigene Autonomie, die Körperhaltung und die Gesundheit, kurz gesagt: die gesamte eigene Identität.

Eine relativ einfache und klare Gegenempfehlung lautet: Halten Sie sich geistig unabhängig. Entwickeln Sie für alle Umstände, in denen Sie Anflüge von Abhängigkeitsgefühlen spüren, einen Plan B, mindestens eine echte, realitätstaugliche und lebbare Alternative. Lassen Sie sich dabei von all denen inspirieren, die eine solche Alternative schon verwirklicht haben. Es gibt Surflehrer, insofern ist es möglich Surflehrer zu werden. Es gibt Hoteliers an allen schönen Orten der Welt, also könnte man Hotelier werden, es gibt Künstler, die auch von ihren Werken leben können, also könnten Sie auch Künstler werden. Es gibt Ingenieure, Philosophen, Betriebswirte, die sich selbstständig gemacht haben und davon leben können, also könnten auch Sie sich selbstständig machen. Ich habe von allen geschilderten Sorten Leute kennengelernt, die das trotz Kindern und trotz vermeintlich fortgeschrittenem Alter gewagt haben und denen das gelungen ist. Ich habe aber noch mehr Leute kennengelernt, die sich solche Gedanken ernsthaft gemacht haben, und die dann in ihrer bisherigen Firma als geistig unabhängige Persönlichkeiten so geschätzt wurden, dass sie die meisten ihrer Ziele dort verwirklichen konnten. Es handelt sich hier also fast ausschließlich um Psychologie. Wer sich abhängig fühlt, benimmt sich unterwürfig und ist dann in den Augen der anderen nichts wert. Wer sich dagegen unabhängig und frei fühlt und entsprechend agiert, um den muss man werben, den möchte man gewinnen.

Dieser Gedanke bewährt sich in jedem Bewerbungsgespräch oder Assessment-Center: Versuchen Sie nicht um Wohlgefallen zu werben, um gut anzukommen und genommen zu werden, sondern überlegen Sie sich vorher die vielleicht sogar besseren Alternativen, die Sie zu diesem Job haben. Selbst drei Monate Freizeit könnten eine bessere Alternative sein. Dann können Sie den Spieß umdrehen: Nicht Sie wollen den Job haben, sondern die Firma muss dann um Sie werben, weil sie einen guten Mitarbeiter haben will.

Analog können Sie das als Chef praktizieren: Wenn Sie sich innerlich jederzeit bereit fühlen zu kündigen, brauchen Sie keine Angst vor und keinen Stress durch Mitarbeiter an sich herankommen zu lassen. Das bleibt dann alles äußerlich und perlt von Ihnen ab. Wenn Sie sich jeden Tag innerlich sagen können: „Ich mache das nur so lange, wie ich wirklich Lust dazu habe“, dann kann Ihnen weder Mitarbeiter noch Chef noch Kollege noch Kunde ernsthaft etwas anhaben. Dann bleiben Sie unabhängig und souverän.

Vor allem haben Sie aus dem Gefühl der Unabhängigkeit die Möglichkeit, Konflikte angstfrei zu eskalieren. Ich empfehle, das nur in kleinen Schritten und eher langsam zu tun. Derjenige von zwei Konfliktpartnern, der zuerst an seine Abhängigkeitsgefühle rührt, bekommt als erster Angst und neigt dazu einzulenken. Wenn der eine fünf Stresspunkte im Streit aushält und der andere sechs, wird der letztere sich meistens durchsetzen und gewinnen. Aus diesem Grund halten manche schlechten Beziehungen im Privatleben wie in Arbeitsverhältnissen länger, als man erwarten würde. Wer zuerst Angst bekommt, lenkt meistens ein. Und wer sich unabhängig fühlt, steht über der Angst.

22. Konzentrieren Sie sich auf das Wesentliche und entwickeln Sie Souveränität!

Damit sind wir beim nächsten Stichwort und der nächsten wünschenswerten Einstellung einer Führungspersönlichkeit: Souveränität. Über das Gefühl der Autonomie und Unabhängigkeit hinaus meine ich damit die Fähigkeit, über den Dingen zu stehen und sie aus höherer Perspektive zu betrachten. Als Zuschauer bleibt man gelassener als ein Akteur. Wenn Sie bedenken, über wie viele nebensächliche Kleinigkeiten man sich aufregt, dann sehen Sie, welches Entspannungspotenzial eine Haltung der Souveränität birgt. Oft hilft schon die Frage, welchen Stellenwert ein aktuelles Thema in fünf, zehn oder hundert Jahren noch haben wird. Es erscheint dann in der angemessenen Größenordnung

Sie können diese Haltung auch üben, wenn Sie mit dem Flugzeug fliegen und die Welt von oben betrachten. Da unten zanken sich vielleicht zwei Nachbarn, ob der Gartenzaun zehn Zentimeter mehr nach links oder nach rechts gehört. Ein Mitarbeiter lässt sich von seinem Chef anschreien und geht zerknirscht nach Hause. Er lässt das jede Woche dreimal mit sich machen, weil er sich nicht vorstellen kann, dass es auf der Welt einen glücklicheren Platz für ihn geben kann. Armer Erdenwurm. Die Sonne scheint, der Himmel ist blau – und die Welt ist groß und schön und reich. Da würde es wohl Alternativen geben.

Ein weiterer Ansatz zu mehr Souveränität ist die Frage, was nun wirklich wichtig und was nur dringend ist. Das Wichtige schreit meist weniger laut als das Dringende und wird deshalb oft übersehen. Wichtiges gibt es meistens auch nur ganz wenig, Dringendes aber ganz viel. Insofern zeichnet es Sie aus, wenn Sie als Chef aus höherer Warte das Dringende vom Wichtigen unterscheiden können und Ihre Mitarbeiter zu dieser Unterscheidungsfähigkeit anleiten. Viele Menschen sind vom Dringenden wie hypnotisiert und müssen aus dieser Bindung aktiv erlöst und befreit werden. Um diese Haltung dauerhaft in sich zu installieren, sollten Sie diese Unterscheidung über längere Zeit immer wieder für sich vollziehen. Sie werden zudem beobachten können, dass Personen, denen Sie Autorität und Charisma bescheinigen würden, mit höchster Wahrscheinlichkeit über diese Fähigkeit der Unterscheidung verfügen. Wer sich auf das Wesentliche konzentriert, bleibt meistens gelassen.

23. Lassen Sie Ihrer Phantasie, Ihren Ideen und Ihrer Kreativität freien Lauf!

Ich will Sie nun nach all dem Bisherigen nicht auch noch mit „Kreativität“ als weiterer Forderung belasten. Kreativ sein zu müssen, das ist etwas Schreckliches. Aber ich möchte Ihnen die Erlaubnis erteilen, Dinge mit einer gewissen spielerischen Art anzugehen. Permanente Ernsthaftigkeit führt eher zu Verkrampfung und Lustlosigkeit und hat deshalb nur einen geringen Nutzen. Freude am Ausprobieren, eine kecke Neugier und etwas Lust zum kühnen Wagnis gehören auch zum Leben dazu. Phantasieren Sie sich durchaus erst einmal ein paar Lösungen zurecht, ehe Sie Ihren Realitätssinn zuschalten, entwickeln Sie die vor Ihnen liegenden Aufgaben erst einmal zu einem idealen Ergebnis. Danach sollten Sie Ihren Realitätssinn nicht auf die Spur lassen: „Das geht nicht, weil ...“, sondern stellen Sie ihm die herausfordernde Aufgabe der pragmatischen Umsetzung Ihrer Ideen.

Insbesondere, wenn Sie Menschen in Ihrer Umgebung „motivieren" müssen, sollten Sie sich einmal überlegen, ob Sie sie nicht lieber „anstiften" oder „inspirieren" können. Dazu gehören meistens ein paar überraschende, „verrückte" Ideen, bei denen der erste Reflex wäre: „Geht nicht". Wenn Sie aber schon ein wenig weiter vorausgedacht haben, werden Sie schnell ein paar Mitstreiter finden, die Spaß daran haben, etwas zu wagen und mit spielerischem Ehrgeiz schließlich zu gewinnen. Vermeintlich „unrealistische" Ziele kann man eben nur mit „unkonventionellen" Mitteln erreichen. Also spielen – oder sollte ich besser sagen: „basteln" – Sie als Fachmann / -frau einmal munter und ohne Zurückhaltung all Ihrer Kompetenz drauflos.

24. Halten Sie sich leicht!

Vielleicht haben Sie die Ermutigung zu einer neuen „Leichtigkeit des Seins" schon verstanden. Ich will Sie auf einige weitere Aspekte dazu aufmerksam machen: Sie wissen natürlich auch, dass das Leben nicht immer leicht ist und dass es viele ernste und schmerzliche Dinge gibt. Andererseits nutzt es auch nichts, den Ballast des Lebens ständig weiter mit sich herumzuschleppen, sodass man schließlich tausend Dinge trägt und unter der Last zusammenbricht. Deshalb möchte ich Sie an eine Empfehlung erinnern, die Ihnen jeder Feng-Shui-Berater gibt: einmal radikal zu prüfen, was Sie an Ballast abwerfen können. Schauen Sie sich Ihre Schränke, Regale, Ihren Keller, Ihren Speicher, Ihre Garage, Ihren Schreibtisch, Ihre Aktenschränke und Ihre gesammelten E-Mail-Dateien nur einmal flüchtig an, und Sie wissen, dass Sie viel Ballast mit sich herumschleppen. Schauen Sie dann noch einmal die Sammlung Ihrer Telefonnummern an, und Sie werden merken, dass Sie so viele Kontakte nicht wirklich pflegen können. Ein Leben voller Ballast kann zur Last und Plage werden. Eine Lösung muss ebenso radikal sein wie das Problem: Der Ballast muss weg. Entscheiden Sie, was Ihnen wichtig ist, was Sie wirklich wollen und brauchen. Vollziehen Sie einen „Befreiungsschlag", bereinigen Sie Ihr Leben und purifizieren Sie sich. Wenn Sie schon einmal eine solche Grundreinigung in Ihrem Leben erlebt und vollzogen haben, werden Sie bestätigen: Es ist zwar viel Arbeit, aber es erleichtert ungemein.

Gründe, die zu solchen Überfrachtungen führen, können Allmachtsphantasien im Sinn von: „Das schaffe ich auch noch“ sein oder Unsterblichkeitsphantasien: „Irgendwann kann ich das vielleicht ja noch einmal brauchen“. Beide sind krankhaft. Seien Sie realistisch: Irgendwann ist für jeden Balken die Last zu groß und er bricht. Da sollte besser immer noch etwas Spielraum für ein kleines unvorhergesehenes Erdbeben ein. Belasten Sie sich nicht dauerhaft bis an die Grenze.

Was Sie in den letzten beiden Jahren nicht angefasst haben, scheint verzichtbar zu sein. An einem aufgeräumten und freien Schreibtisch kann man besser arbeiten. Wenn Sie den halben Tag und das halbe Wochenende mit Leuten telefonieren, die Sie eigentlich nicht mögen, ist es schade um die kostbare Zeit. Wie viel unbestellte Werbung drängt auf Sie ein?. All das zu verwalten, wahrzunehmen und wegzufiltern, geht auf Kosten Ihrer Kraft und Zeit. Entsprechend können Sie auch mit dem Begriff „Zeitfresser“ auf die Suche nach den Ratten und dem Ungeziefer gehen, die Ihnen Ihr kostbarstes Gut, Ihre Lebenszeit, rauben. Wenn Sie nur zornig genug darüber werden, kann Ihnen Ihr Zorn helfen, sich die Schmarotzer fernzuhalten.

Auch der Ehrgeiz, mehrere Dinge gleichzeitig tun und bewältigen zu können, ist eher eine krankhafte Vorstellung. Schön, wenn man das in Notsituationen schafft, es kann aber kaum als gesunde Grundhaltung für ein glückliches Leben bezeichnet werden. Wer beim Telefonieren ständig gleichzeitig E-Mails liest oder beantwortet, während er sich mit seinen Kollegen noch nebenbei per Zeichensprache verständigt und zwischendurch die Börsenkurse am Bildschirm verfolgt, kann wohl kaum alles zugleich optimal bewältigen. Nun weiß ich, dass das manchmal im Alltag nicht anders geht und es sogar Spaß machen kann, vieles gleichzeitig zu tun. Kurzfristig mag das deshalb o. k. sein. Wenn Sie aber feststellen, dass Ihr Leben nur noch aus Gleichzeitigkeiten besteht und Sie nicht mehr zur Ruhe kommen, sich nicht mehr entspannen können und keine wirkliche Pausen, Wochenenden oder Urlaube genießen können, dann ist Aufräumen und Entrümpeln als Burn-out-Vorsorge fällig

Um Ihr Leben zu entrümpeln und sich wieder auf das Wesentliche zu konzentrieren, müssen Sie Entscheidungen treffen: Entweder – oder, Ja oder Nein. Solches Entscheiden will geübt und gelernt sein. Sie können diese Übung sogar als Führungstraining betrachten. Chefs müssen Entscheidungen treffen. Am besten üben Sie zunächst nicht an Milliardenbeträgen oder an Mitarbeiterköpfen, sondern an Kleinigkeiten des Alltags: Erledigt – weg! Brauche ich nicht – kaufe ich nicht! Will ich nicht – nein, danke! Dafür gebe ich keine Zeitspende!

Und dann tut es ab und zu der Seele in materieller, geistiger, psychischer und sozialer Hinsicht gut, den großen Sperrmüll zu bestellen und das eigene Leben gründlich zu entrümpeln. Sie atmen danach freier und lachen befreiter. Sie fühlen sich wie neu geboren. Wenn Sie schon nicht durch Umzug, Kündigung oder Scheidung zum Entrümpeln gezwungen werden, sollten Sie es erst recht regelmäßig freiwillig machen. Sie werden als Chef, Mensch und Partner unbeschwerter, leichter und attraktiver sein.

25. Strahlen Sie Freude aus!

Nun würde ich mir wünschen, dass Sie mich dafür loben, dass ich Sie bislang mit Empfehlungen verschont habe, lustig, humorvoll und witzig zu sein. Ich will jetzt nicht ausdrücklich dagegen sprechen, aber ich will Sie doch vor Albernheit, hohler Lustigkeit und feistem Humor warnen. Solche derben Lustigkeiten sind oft dadurch gekennzeichnet, dass sie geistlos sind und auf Kosten anderer oder sogar der eigenen Person gehen.

Es gibt auch eine ganz andere Art der Freude, ich möchte sie einmal pathetisch: „reine Freude“ nennen. Sie entspringt dem schon früher beschriebenen Reichtumsbewusstsein. „Wenn die Sonne lacht, lacht auch das Herz“, so könnte man sagen. Oder: „Wenn ich dich sehe, dann freue ich mich.“ Das sind jedenfalls echte Lustgefühle und Glücksgefühle.

Vielfach werden Witze und Scherze lediglich als Ablenkung von negativen Gefühlen produziert. Sie können das bei vielen Familientreffen, Betriebs- oder Vereinsfesten beobachten. Leute, die sich eigentlich gar nichts zu sagen haben und sich vielleicht seit Jahrzehnten gegenseitig „auf den Keks“ gehen, fangen in bierseliger Laune an, Witze zu erzählen und sich dabei laut grölend fast totzulachen. Trotzdem mögen sie sich nachher genauso wenig wie vorher. Was bei dieser Art von Kommunikation geschieht, ist das Vermeiden von emotionaler Begegnung. Ja, es kann sogar ein Wettkampf mit Sieger und Verlierer entstehen: „Wer kriegt die meisten Lacher?“ Deshalb können die unsympathischsten Leute oft sogar am besten Witze erzählen. Da sind sie dann unschlagbare Platzhirsche.

Schauen Sie lieber, dass Sie selbst in einer positiven, von innen kommenden Lebensfreude bleiben und aus dieser entspannten Quelle leben und auf Menschen zugehen. Bieten Sie authentische Kommunikation an, und unterstützen oder kreieren Sie lieber einen lustvollen Kommunikationsprozess als einen lustigen.

Wahre Freude entspringt vor allem einer Grundhaltung der Offenheit, des Entdeckens und dem Empfinden, beschenkt zu werden (Reichtum). Was schön ist, erfreut, was zart ist und von Sympathie erfüllt, öffnet das Herz, was gern geschenkt wird – und sei es nur ein freundliches Wort oder ein anerkennender Blick berührt die Seele. So können Sie mit entsprechender Aufmerksamkeit immer wieder Freude auslösen und empfangen. Auch hierzu gibt es auch schon ein weises Wort von Laotse: „Was du aussendest, kehrt zu Dir zurück!”

Achten Sie darauf, Ihr Leben so aufzustellen, dass es von seiner Basis her auf Lebenslust und Freude basieren kann, und bringen Sie die dann mit zu den Menschen. Schützen und nähren Sie diese Freude, damit sie dauerhaft stärker bleibt als aller Missmut, alle Aggression und Depression ringsum. Über den Wolken scheint immer die Sonne. Oder: Vom Chef hängt das Betriebklima ab. Werden Sie Mitarbeiter an der Freude anderer Leute.

Zusammenfassung

> Es gibt viele Möglichkeiten, an Ihrer Person und Ausstrahlung zu arbeiten. Ob Sie eine überzeugende, reife und charismatische Persönlichkeit sind, liegt nicht an einer genetisch angeborenen Disposition. Sie können das aktiv beeinflussen und sich von Ihrem gegenwärtigen Status zum Charismatiker hocharbeiten. Wenn Sie Ihre inneren Ressourcen aktivieren, werden Sie an Klarheit, Lebensreife und Glaubwürdigkeit wachsen und eine Ausstrahlung gewinnen, die andere Menschen anzieht und mit der Sie überzeugend führen können. Es liegt Arbeit vor Ihnen, die sich lohnt, getan zu werden.

Identifikation mit der Führungsrolle

Viele Leute haben Skrupel zu führen. Überwinden Sie die Skrupel, entdecken Sie die Lust.

Identifizieren Sie sich mit Ihrer Rolle

Nach allem, was schon über die kollektiven Widerstände gegen Führung gesagt wurde, soll es hier nun um Sie persönlich in Ihrer Führungsrolle gehen. So wie es keinen wetterfreien Tag gibt, gibt es auch keine rollenfreie Lebenssituation. Insofern möchte ich Sie ermutigen, sich locker in eine Führungsrolle hineinzubegeben, ohne dabei gleich an der eigenen Authentizität als Rollenträger zu zweifeln. Natürlich ist es einerseits nur eine Rolle, andererseits ist damit eine Funktion verbunden, die es ermöglicht, anderes zu tun, als es aus einer anderen Rolle heraus möglich wäre. Eine Führungsrolle ist immer eine Sonderrolle, weil ein Führender meist mehrere andere Personen führt. Damit ist er nicht mehr Gleicher unter Gleichen, sondern ein Besonderer. Er wird entsprechend mit besonderer Aufmerksamkeit beobachtet und bewertet. Eine Angst vieler Führender liegt darin, beurteilt und bewertet zu werden und dabei schlecht abzuschneiden. Wer diese Angst in sich spürt, führt zu diesem Zeitpunkt nicht wirklich. Dann führt ihn seine Angst. Führen bedeutet auch, selbst zu beurteilen. Die Frage ist also: Wer urteilt hier eigentlich über andere: die Geführten über den Führenden oder der Führende über die Geführten.

Das demokratisch legitimierte Mandat

Ein sogenanntes „imperatives Mandat„, das von basisdemokratischen Gruppen gelegentlich gefordert wird, bedeutet: Der Führende wird ständig beurteilt, und ihm kann jederzeit durch eine Abstimmung das Führungsmandat entzogen werden. Da die Führungsperson ständig auf die aktuellen Stimmungen der Wähler eingehen muss, kann sie keine unbequemen aber notwendigen Entscheidungen treffen. Unter diesen Umständen ist sinnvolles Führen mit langfristigen Perspektiven nicht mehr möglich. Da das für wenige Sinn macht, haben sich die Verfassungsgeber der westlichen Demokratien größtenteils für mehrjährige, fast unwiderrufliche Mandatserteilungen entschieden. Plebiszite – wie in der Schweiz – sind meist eine Ausnahme und besonderen Themen oder Umständen vorbehalten.

Das autoritative Mandat

In Firmen, vielen Institutionen, Monarchien, Diktaturen, der katholischen Kirche und beim Militär wird der Führungsauftrag an Funktionsträger von oben erteilt. Der Anspruch, einer bestimmten Funktion eine passende Person zuzuordnen, wird nicht durch allgemeine Abstimmung, sondern durch eine hierarchische Entscheidung vollzogen.

Wenn man bei Firmen oder Gemeinwesen vom Gründer her denkt und von der zumindest theoretischen Freiwilligkeit bei der Mitarbeit, ist die Ernennung von oben durchaus nachvollziehbar und scheint legitim. Fordert man vom Militär Schlagkraft, dann darf es da ebenfalls nicht viele sich widersprechende und konkurrierende Willen geben, sondern nur einen, den alle konsequent ausführen. Von dieser Funktion her legitimiert sich auch hier die hierarchische Führung. Wenn die Einsatzrichtung der Truppen sich durch einen demokratischen Mehrheitsentscheid der Gesamtheit aller Bürger legitimiert, kann es auch durchaus angemessen sein, wenn der einzelne Soldat keine weiteren Mitbestimmungsrechte mehr hat. Das Militär als Ganzes würde seine Funktion nicht erfüllen können.

In der katholischen Kirche gibt es ebenfalls keine demokratischen Wahlen. Da sich die Hierarchie – an der Spitze das päpstliche „Lehramt" – als von Jesus Christus eingesetzt definiert, bleibt da auch nicht viel abzustimmen. Petrus wurde eben nicht von den anderen Aposteln oder Jüngern gewählt. Daraus ist dann eine „heilige Tradition" entstanden, gegen die man nicht abstimmen darf.

Ihr persönliches Mandat – mit Lust am Führen

Woher auch immer Sie Ihr Führungsmandat erhalten, Sie sollten sich prüfen, ob Sie sich damit identifizieren können, oder Wege suchen, wie Sie sich damit identifizieren können.

Scham, Ängste oder Schuldgefühle sind schlechte Begleiter in Führungsfunktionen. Achten Sie auch darauf, sich als Führender nicht in einer Opferrolle zu sehen nach dem Motto: „Ja, nun, einer muss den schwarzen Peter schließlich bekommen." Man muss nicht die Lasten und Leiden des Führens leugnen oder beschönigen. Sie sollten aber doch manchem Gejammer von Führungskräften die positive Seite des Führens entgegenstellen. Lassen Sie sich auch nicht in den Strudel negativer Stimmungen einer Firma, Abteilung oder auch einer Familie hineinziehen. Werden Sie nicht Opfer von Stimmungen, sondern geben Sie den Ton und die Stimmung an, bestimmen Sie selbst das Feld. Wenn es Ihnen dann gelingt, eine negative in eine positive Stimmung zu drehen, dann wissen Sie: Sie sind wirklich eine gute Führungskraft.

Erfolgreich kann letztlich nur der führen, der eine positive Einstellung hat. Betrachten Sie den Auftrag zum Führen daher als Auszeichnung, Auftrag und Chance. Als Führender können Sie als Impulsgeber eine ganze Gruppe in dieselbe Richtung bewegen, wie ein den Schwarm anführender Vogel seinem ganzen Schwarm die Richtung gibt. Dabei übernehmen Sie die Verantwortung für das Gelingen.

Entdecken Sie also Ihre persönliche Lust am Führen, finden Sie Ihre Art andere Menschen zu inspirieren, anzustiften, zu locken, zu ermuntern und wachzukitzeln. Lassen Sie Ihr Charisma, Ihre Begeisterung und Ihre Lust fließen, und sorgen Sie damit so für andere, dass auch die Lust verspüren, gemeinsame und vorgegebene Ziele erfolgreich zu erreichen.

Klären Sie für sich die Stimmigkeit, an Ihrem Platz Chef zu sein

Nach der Versöhnung und Identifikation mit der Führungsrolle ist es im nächsten Schritt hilfreich, sich Gedanken darüber zu machen, warum es gut und richtig ist, dass gerade und genau Sie der Richtige für die Position, die Sie innehaben, sind. Warum Sie und nicht ein anderer aus der Abteilung oder von extern?

Es reicht nicht, sich oder den anderen zu erklären, Sie hätten Glück gehabt, weil der frühere Chef rechtzeitig weggegangen sei und Sie den freien Platz bekommen hätten, oder dass der Vorstand sich glücklicherweise an Sie erinnert hätte. Das sind weder für Sie noch für andere überzeugende Gründe. Vor allem zeugen sie nicht von einem positiven Selbstbewusstsein. Erklärungen äußerer Abläufe klären noch nicht die innere Richtigkeit.

Von vielen Leuten höre ich, dass sie an ihrer Stelle oft oder sogar ständig Angst haben, jemand könne merken, dass sie dieser Aufgabe eigentlich gar nicht gewachsen sind. Es ist eine alte Weisheit, dass überall nur mit Wasser gekocht wird. Es ist gleichermaßen eine alte Dummheit, immer zu unterstellen, dass Fachleute nicht mit Wasser kochen, sondern allwissende Magier mit besonderen geheimnisvollen höheren Weihen seien. Solche Vorstellungen dienen nur zur Verschleierung der Begrenztheit jeglichen menschlichen Wissens und Könnens. Was einzig zum Führen oder zum Expertentum legitimiert, ist Vorsprung. Und es kann ein Vorsprung an Wissen sein, aber auch ein Vorsprung an Begeisterung oder Leidenschaft.

Genauso sollten Sie sich in Ihrer Rolle als Chef und beim Ausüben Ihrer Führungsfunktionen nicht ständig durch Selbstzweifel außer Kraft setzen, sondern sich klarzumachen versuchen, warum sie tatsächlich der Richtige oder zumindest einer von mehreren möglichen Richtigen sind, und sich erlauben, sich an Ihrem Platz zweifelsfrei richtig zu fühlen.

Vielfach erhalte ich von Führungskräften auf die Legitimationsfrage auch die Antwort, ihre Kompetenz und Erfahrung legitimiere sie für ihre Rolle. Das ist nicht grundsätzlich falsch, aber es reicht nicht immer aus. Oft gibt es in einer Abteilung mehrere mit gleicher oder sogar größerer Fachkompetenz, die nicht Chef der Abteilung geworden sind. Ich möchte Ihnen daher ein paar andere, vielleicht unerwartete Vorschläge machen, aus denen sich unabhängig von Fachkompetenz dennoch eine Legitimierung zum Führen ergeben kann. Vielleicht können Sie daraus auch Argumente für künftige Bewerbungsgespräche ableiten:

Legitimationsgründe zum Führen

1. Ich bin der Älteste von vier Geschwistern und habe immer schon eine Führungsrolle innegehabt. Ich war mit 14 Jahren Gruppenleiter bei den Pfadfindern und habe mit 16 unter anderem Zeltlager organisiert und mit durchgeführt.
2. Als Schüler wäre ich beinahe einmal vom Gymnasium geflogen, weil ich einen Sitzstreik mit organisiert hatte und mich von den Lehrern nicht einschüchtern ließ.
3. Mein Vater war Werkmeister und hat über 20 Jahre eine Mannschaft von bis zu 25 Leuten geführt. Einer meiner Großväter war Volksschulrektor, und der andere war Bürgermeister unserer Gemeinde.
4. Im Freundeskreis bin ich immer der Organisator von gemeinsamen Unternehmungen, und man erwartet auch von mir, dass ich immer die säumigen Gefährten mit bei der Stange halte.
5. Mitarbeiter zu führen, das macht mir einfach Spaß. Ich gehe gern mit Menschen um und empfinde einen besonderen Reiz dabei, Leute aus ihrer Lethargie herauszureißen und wieder in Schwung zu bringen.
6. Ich habe zwar noch nie Leute geführt, aber ich habe den starken Wunsch das zu lernen, und jetzt fange ich einfach damit an.
7. Ich hasse chaotische Verhältnisse und stecke leidenschaftlich viel Ehrgeiz da rein, Leute und Aktivitäten zu koordinieren und klare Spielregeln dafür aufzustellen.
8. Ich bin zwar kein Akademiker, aber ich bin ein pragmatischer Praktiker und finde immer Lösungen. Und dafür weiß ich mir auch die richtigen Fachleute zusammenzutrommeln und so auszuquetschen, dass die Ergebnisse auf hohem Niveau sachgerecht sind.
9. Ich habe nicht den Anspruch, alles selbst zu wissen und zu können, dafür hat man seine Fachleute. Notfalls mietet man welche.
10. Wenn Frau Merkel ganz Deutschland führen kann, werde ich wohl neun Mitarbeiter führen können.

Verfassen Sie Ihr persönliches Führungsmanifest

Da stehen Sie nun vor Ihrer neuen Mannschaft und sind als neuer Chef vorgestellt und eingeführt worden. Sie sollen und wollen etwas sagen und vielleicht fallen Ihnen nur ein paar freundliche Floskeln ein. Sie hoffen inständig, dass Sie von den Leuten akzeptiert werden und nicht zu viel Gegenwind oder Widerstand bekommen, und trauen es sich immerhin zu, sich durch Ihre Probezeit durchzulavieren. Sie unternehmen daher wenig und setzen sich damit keiner direkten Kritik aus. Erfolgreich durchgemogelt? Im Tierreich gilt das Gesetz: Wer sich schwach zeigt, wird gejagt, wer sich zur Flucht wendet, wird verfolgt. In der Gruppendynamik gelten ähnliche Regeln. Im oben beschriebenen Fall hätten Sie einen schwachen Einstand hingelegt und Widerstände ermutigt, noch ehe es Gründe dafür gab.

Ich will Ihnen nicht unbedingt nahelegen, gleich mit markigen Worten aufzutreten. Bleiben Sie ruhig entspannt. Aber Sie müssen davon ausgehen, dass andere Menschen Ihre Gefühle, Einstellungen und Haltungen spüren und darauf reagieren. Sie sollten deshalb innerlich sicher und klar zu Ihrer Rolle, Funktion und Position stehen. Konkret müssen Sie sich das persönlich erarbeiten. Ich empfehle Ihnen, sich in einem 10-Punkte-Manifest Rechenschaft über Ihre Führungsgrundsätze abzulegen und diese aufzuschreiben. Das hilft Ihnen zur Klarheit. Beschränken Sie sich dabei auf das Wesentliche, und formulieren Sie es als gültige Prinzipien für sich. Mit den richtigen Wort-Begriffen bekommen auch die geistigen Dinge Griffe, und Sie werden sehen, dass Sie Ihre Führungsgrundsätze immer wieder – zur eigenen Orientierung und als Orientierung für Ihre Mitarbeiter – gebrauchen können und werden.

Inhaltlich können Sie Ihre zentralen Werte in solchen Sätzen niederlegen, aber auch die Grenzen dessen, was Sie für sich und bei anderen akzeptieren. Definieren Sie dabei vielleicht auch einmal, was Sie unter „Würde" verstehen, und wann etwas unter Ihrer Würde ist – z. B. Jobs aufgedrückt zu bekommen, die Ihnen und Ihren Mitarbeitern nicht ohne seelische Schäden zumutbar sind. Vielleicht nehmen Sie auch als Hilfskonstruktion die Frage, was Sie bereit und in der Lage sind, sich und Ihren Mitarbeitern – analog: Familienmitgliedern – fest zuzusagen und zu halten. Wenn

Sie das bei passender Gelegenheit – die Sie auch selbst schaffen können – mitteilen, wird man Sie als klar und verbindlich wahrnehmen und selbst bei begrenzter Zustimmung dafür schätzen, dass man weiß, woran man mit Ihnen ist.

Beispielhaft und zu Ihrer Anregung will ich hier ein paar Führungsgrundsätze mit kurzen Kommentaren dazu skizzieren und Ihnen zu bedenken geben. Besser als sie zu übernehmen ist es, Ihre eigenen selbst zu formulieren und niederzuschreiben.

Beispiel für Führungsgrundsätze:

1. Ich agiere offen und direkt und falle niemandem von hinten in den Rücken.
2. Kritik übe ich im ersten Anlauf unter vier Augen, im dritten öffentlich.
3. Ich verhalte mich fair und erwarte Fairness.
4. Ich biete Vertrauen an und erwarte Vertrauen. Wer mein Vertrauen einmal bricht oder missbraucht, bekommt bei mir keine zweite Chance.
5. Wir können alles miteinander besprechen und diskutieren. In beruflichen Dingen treffe ich dann die letzte Entscheidung und erwarte von euch, dass ihr sie mittragt.
6. Ich fordere und fördere.
7. Aufgaben- und Zielerfüllung stehen im Vordergrund, wenn wir zusätzlich noch Spaß dabei haben, ist es noch besser. Ich engagiere mich für gute Stimmung und erwarte Gleiches von allen im Team.

Formulieren Sie Ihre Vision!

Der frühere deutsche Bundeskanzler Helmut Schmidt wurde einmal nach seinen Visionen gefragt. Er antwortete: „Wenn ich Visionen habe, werde ich mich in Behandlung begeben.“ Zugegeben, Sie könnten Visionsworkshops für eine Mode halten. Ich halte die Suche nach Visionen eher für eine Motivationssuche und den Wunsch, danach zu forschen, für eine wesentliche Einsicht, die sich verbreitet. Visionen sind die große Form von Zielen. Wenn man keine Ziele hat, kann man sich nicht daran aufrichten. Der Unterschied zwischen Zielen und Visionen ist die Zeitperspektive. Ziele kann man sich vielleicht für drei oder fünf Jahre setzen. Wenn man Ideen dagegen weiter als zehn Jahre in die Zukunft hinein entwirft, würde man besser von „Visionen" sprechen. Wenn zu den vermeintlich realistischen Perspektiven dann noch eine kühne Erweiterung hinzukommt, handelt es sich bestimmt um eine Vision. Wenn es dann allerdings um 1000-jährige Reiche, Kreuzzüge und den Kampf der Kulturen geht, handelt es sich eher um Formen eines pathologischen Größenwahns, die nach bisheriger Erfahrung vor allem zu Kriegen und Massenmord führten. Solche maßlosen Visionen werden häufig zu Horrorversionen. Vielleicht könnte man sich manche solcher Visionen ersparen.

Auf der anderen Seite hat die Ermutigung: „Groß träumen und die Hälfte davon erreichen" eine psychologisch aufbauende Wirkung. Dabei geht es allerdings weniger um Visionen, sondern um die Ausrichtung auf etwas. Dann bleiben das eigene und das gemeinsame Handeln nicht nur reaktiv. Wer nicht über den Tag hinaus denkt, bleibt vermutlich in seinen Alltag verstrickt.

Jede Firma braucht insofern mindestens eine strategische Ausrichtung, jeder Mensch ein paar Ziele, auf die er seine Hoffnungen und Aktivitäten ausrichten kann. Selbst kleine Ziele halten ihn schon mobil und am Leben, wenn er sich große setzt, kann er allerdings meistens mehr Energie dafür aktivieren. Visionen – also: noch größere Ziele – können noch mehr gradlinige Energie freisetzen.

Klären Sie entsprechend einmal Ihre persönlichen kurz-, mittel- und langfristigen Ziele. Wie soll Ihr Leben in zehn Jahren aussehen? Oder visionärer noch: Wenn alles besser als gut laufen und gelingen würde und Sie noch einen Zauberstab dazu bekämen, um Ihre schönsten und glücklichsten Phantasie zu verwirklichen: Wo wären Sie dann in zehn Jahren? Was würden Sie tun und wie würden Sie leben?

Am einfachsten fällt dieses Gedankenspiel, wenn Sie sich in diese Traumsituation in zehn Jahren hineinversetzen und um zehn Jahre gereift berichten, wohin Sie es gebracht haben und was Sie tun mussten, um dorthin zu gelangen.

Egal, was für eine Geschichte Sie sich ausdenken, es gibt Menschen, die genau das so oder ähnlich verwirklicht und gelebt haben. Es gibt die wundersamsten Menschen und Karrieren. Wer von einer Idee beseelt oder besessen war, hat selbst größte Sprünge schaffen können. Vielen solcher Erfolgsgeschichten wird gemeinsam sein, dass die ersten oder zweiten Schritte gescheitert sind oder zumindest anders verlaufen sind als erhofft, und dass der Betreffende dann trotz klugem Rat seiner besten Freunde nicht aufgegeben hat, sondern weitergemacht hat und an sich und seine Idee geglaubt hat.

Es ist eine fatale psychologische Tatsache, dass man alle Visionäre mit Statistiken entmutigen kann: „Vom Tellerwäscher zum Millionär zu werden, das hat einer von einer Million geschafft." Solch eine durchaus wahre Aussage in einer Zeitung mit Millionenauflage kann eine Million Leute vom Versuch abhalten.

Raupen fragen zu oft Raupen, ob man fliegen könne. Sie werden immer ein „Nein" zur Antwort erhalten. Die junge Raupe müsste einen Schmetterling fragen, aber davon gibt es unter den Raupen eben meistens keine. Also halten die anderen Raupen sie für verrückt und werden sie im schlimmsten Fall zu töten versuchen. So unwahrscheinlich es unter Raupen auch scheint, die Wahrheit ist: Auch Raupen können fliegen. Sie heißen dann Schmetterlinge. – Und doch wieder merkwürdig: Die Kinder von Schmetterlingen sind Raupen.

Trauen Sie sich also zu, Ideen und Visionen zu entwickeln. Und dann entwickeln Sie neben Ihrer eigenen persönlichen Lebensvision möglichst auch noch eine Vision für Ihre Abteilung, für Ihre Firma und für Ihre Familie. Sie werden danach spüren, dass Sie sich kraftvoller und zielgerichteter vorwärtsbewegen und anderen Menschen leichter Orientierung geben und Wegweiser sein können. Auch das ist schließlich eine Ihrer Aufgaben als Führungskraft.

Nebenbei bemerkt: Abraham hatte eine angeblich von Gott inspirierte Vision, dass seine Nachkommen so zahlreich sein würden wie die Sterne am Himmel. Bescheidenheit müssen Sie aus der Bibel also nicht zwingend ableiten.

3. Die Geführten

Wenn Sie sich bewusst machen, dass Sie in dem Maß, wie Sie eigene Ängste, Blockaden oder unausgereifte und unbalancierte Persönlichkeitsanteile in sich haben, auch in der Wahrnehmung anderer Menschen beschränkt und hinsichtlich Ihrer charismatischen Wirkung begrenzt bleiben, dann ist die Arbeit an der eigenen Person eine notwendige Voraussetzung für das Führen anderer Menschen. So liegt vor Ihnen eine vermutlich lebenslängliche Aufgabe, an der eigenen Person zu arbeiten und sich um die eigene Weiterentwicklung zu kümmern.

Wenn wir uns nun anderen Menschen zuwenden, dann zunächst in der Absicht, deren Psychologie zu begreifen und ein möglichst alltagstaugliches Modell zu entwickeln, worauf Sie im Umgang mit anderen Menschen achten müssen. Deshalb beschäftigt sich dieses Kapitel mit den Themen *Persönlichkeitspsychologie* und *Menschenkenntnis*, als den nächsten wichtigen Voraussetzungen und Grundsätzen erfolgreicher Kommunikation.

Persönlichkeitspsychologie – die sieben Ebenen der Person

Wenn man hört, dass eine Psychoanalyse mehrere hundert Stunden in Anspruch nehmen kann, mag man als Laie vielleicht daran zweifeln, ob man wirklich andere Menschen je in ihren tieferen Ebenen verstehen kann. Als langjähriger Seminarleiter und Coach möchte ich Sie da ermutigen. Es ist in sehr kurzer Zeit – sogar in Sekunden oder Minuten möglich, treffsicher wesentliche Merkmale eines anderen Menschen zu erfassen. Intuitiv tut man das im Alltag ständig. Man reagiert mit Sympathie oder Antipathie auf Menschen und erfasst dabei eine Menge wesentlicher Aspekte. Neueste Ergebnisse der Wahrnehmungsforschung zeigen, dass man in den ersten Sekunden allein über den Geruchssinn sowohl aktuelle als auch latente Grundstimmungen eines Gegenübers erschnuppern kann, und dass solche Wahrnehmungen bei der „Liebe auf den ersten Blick" eine große Rolle spielen. Ich kann zudem berichten, dass eine zweiminütige Video-Sequenz aus einem Rhetorik-Seminar erhebliches Material für eine tiefgründige Persönlichkeitsanalyse bietet. Während der „normale" Mensch intuitiv mit solchen Eindrücken arbeitet und wichtige Lebensentscheidungen darauf aufbaut, kann der geübte Beobachter sehr bewusst klare Schlüsse aus seinen Wahrnehmungen ziehen. Davon will ich Ihnen hier in strukturierter Form einiges an die Hand geben.

Als Erstes kann ich Ihnen von sieben Persönlichkeitsebenen berichten. Sie zeigen sich in der Struktur der Dinge und des menschlichen Wesens als tatsächlich vorhanden. Einige wesentliche Aspekte möchte ich aufgreifen und Sie darauf aufmerksam machen:

Wenn Sie die sieben Schalen, auf denen die Elektronen den Atomkern umkreisen, die sieben Farben des Regenbogens und die sieben Töne der Oktave betrachten, dann sind das alles Siebenerstrukturen, die nicht dem Ordnungsbedürfnis von Menschen entspringen, sondern Ausdruck von real gegebenen physikalischen Strukturen sind. Analog dazu taucht die „Sieben" in vielen Ordnungssystemen der Menschen auf: die sieben Wochentage, die sieben Weltwunder, die sieben Zwerge. Diese teils symbolischen Anwendungen sind von Menschen gemacht, weisen aber auf die Bedeutung der „Sieben" hin. Wenn es dazu dann sieben Sakramente und sieben Freie Künste gab oder gibt, zeigt das, welches Gewicht dieser Struktur seit mehreren tausend Jahren beigemessen wird.

Bei der Erfassung der sieben Ebenen der Person besteht die Hauptschwierigkeit darin, jede Ebene möglichst mit einem einzigen Wort zu benennen und begreifbar zu machen. Jede Benennung begrenzt und kann immer nur einen Teil sichtbar machen. Insofern muss sie durch andere Worte ergänzt werden, was ich in den Erläuterungen tun will.

Im folgenden Modell werden im Gegensatz zur normalen Schreibweise die Ebenen von unten nach oben gezählt. Die Ebene der Lebensenergie ist die Basis für alle anderen Ebenen und hat körperlich ihren Sitz im Becken:

Ebenen der Persönlichkeit
7. Geist
6. Vernunft
5. Intentionalität
4. Emotionalität
3. Charakterliche Grundmuster
2. Antriebe und Bedürfnisse
1. Lebensenergie / Selbst / Ur-Identität

Sie können sich diese Ebenen der Person auch wie Zwiebelschalen mit der Lebensenergie in der Mitte vorstellen. Beginnen wir also mit der ersten, die die unterste, innerste und fundamentale Ebene der Person ist:

1. Die Ebene der Identität

Diese Ebene bezieht sich auf die pure, ungeformte Lebensenergie. Mit ihr ist also nicht die äußere Identität – „so bin ich halt" – gemeint, sondern die innere existenzielle Wesenhaftigkeit eines Menschen, die man vielleicht auch mit dem Begriff „Seele" oder „Selbst" bezeichnet. Das ist das vollkommene Potenzial vor und unabhängig von jeder äußeren Lebensprägung und unabhängig von allen äußeren Umständen.

Praktisch relevant wird diese Ebene unter dem Blickwinkel, dass sich auf ihr Energie aller Impulse eines Menschen befindet. Eine Blockierung dieser Energie bedeutet die grundlegende Demotivation eines Menschen.

Insofern lässt sich von hier aus die Führungsregel formulieren: Sie können die Energie von Menschen kanalisieren und lenken. Sie können sie aber nicht dauerhaft blockieren, dann gibt es irgendwann eine Implosion – das können Krankheiten oder Zusammenbrüche sein –, oder es gibt eine Eruption – das kann individuell Widerstand, Aggression, Wut und Zorn sein, kollektiv dagegen Revolution bedeuten. Wenn Sie in diesem Zusammenhang auch einmal an epileptische Anfälle, Schizophrenie denken oder Amokläufer betrachten, können Sie darin auch den Ausdruck lange unterdrückter Energie erkennen.

Die Unterdrückung geschieht allerdings erst auf anderer Ebene. Wir Menschen sind vom Moment der Zeugung an im Mutterleib, in unserer Kindheit und im ganzen späteren Leben immer äußeren Einflüssen ausgesetzt, die auf uns einwirken. Durch dort entstehende Blockaden und Verletzungen werden wir geformt und gewinnen unsere „tatsächliche Identität"

Ich gehe davon aus, dass auf der Ebene der „inneren Identität" und Lebensenergie alle Menschen zunächst einmal grundsätzlich gleich und gut sind.

2. Die Ebene der Antriebe und Bedürfnisse

Die Lebensenergie drückt sich auf der zweiten Ebene in Form von Antrieben und Bedürfnissen aus. Die „Maslowsche Bedürfnis-Pyramide„ können Sie die auf dieser Ebene einordnen. Die Pyramide weist darauf hin, dass es physiologische, soziale, psychische und spirituelle Bedürfnisse gibt, die nach Befriedigung streben. Sie sind angeboren und jeder späteren äußeren Beeinflussung und Prägung vorgegeben. In der Polarität von Trieben und Bedürfnissen drückt sich die Zweipoligkeit der Lebensenergie – Streben und Wollen – oder wie beim Magneten Anziehung und Abstoßung aus.

Hinsichtlich dieser Ebene sind Erzieher und Führungskräfte häufig der Ansicht, dass schließlich nicht jeder frei seinen Bedürfnissen folgen könne, sondern jeder mit Einschränkungen seiner Bedürfnisse leben musse. Ich stelle dem die Einsicht entgegen, dass wie bei Einatmen und Ausatmen oder wie bei Hunger und Sättigung jedes natürliche Bedürfnis seine Grenze und Beschränkung in sich trägt und nicht als solches beschränkt werden muss.

Erst bei der durch die nächste Ebene verursachten Blockaden eines Bedürfnisses wird es Energieumleitungen, -übertragungen auf ein anderes Bedürfnis oder Ersatzhandlungen (Kompensationen) geben. Dabei kann es dann zu übertriebenen Ausdrucksformen kommen, die nicht mehr sozialverträglich sind. Dazu mehr bei der nächsten Ebene.

Die Antriebe und Bedürfnisse sind die inneren Motive des Handelns. Sie richten sich darauf, sich auf der Sachebene zu verwirklichen. Das ist meistens auf sehr unterschiedliche Weise möglich, weshalb von konkreten Verhaltensweisen nicht eindeutig auf Motive geschlossen werden kann, wohl aber aus dem Überblick über verschiedene Verhaltensweisen, wenn man sie hinsichtlich ihrer analogen Bedeutungen betrachtet.

Das tut man im Alltag häufig und zieht oft sehr schnell seine Schlüsse:

Beispiel

> Wenn jemand einen umständlichen Fuß- oder Radweg zur Arbeit in Kauf nimmt, vegetarisch isst, weder Nikotin noch Alkohol zu sich nimmt und vielleicht noch etwas auffällig unmodische Kleidung trägt, werden viele Kollegen schnell mit der Schlussfolgerungskette „Ökofreak, wählt grün und fühlt sich den anderen moralisch überlegen“ reagieren.

Solche Schlüsse können richtig sein, aber sie können auch zu schnell gezogen werden und falsch sein. Der Person im Beispiel könnte etwa wegen einer Krankheit strenge Diät und viel Bewegung verordnet worden sein. Man kann versuchen, eine erstellte Hypothese in anderen Gesprächen zu überprüfen und sie dabei differenzierter und klarer zu fassen.

Kennt man dann die speziellen Motive eines Menschen, kann man ihn mit entsprechenden Argumenten und Angeboten meist leichter überzeugen, als wenn man mit den eigenen Lieblingsargumenten über ihn „herfällt“.

Vor allen speziellen Motiven steht aber in erster Linie ein allgemeines Motiv, das Sie sich immer und in jedem Gespräch bewusst machen und berücksichtigen sollten: Jeder Mensch möchte wertgeschätzt und geachtet werden. Keine Kommunikation, die dieses Motiv ignoriert oder verletzt, kann erfolgreich sein. Deshalb, egal, was Sie kommunizieren wollen oder müssen: Formulieren Sie es immer in einer positiven, und Ihren Gesprächspartner wertschätzenden Form.

3. Die Ebene der Grundeinstellungen und des Charakters

Auf der dritten Ebene wird die angeborene und naturgegebene Energie, die sich in den Antrieben und Bedürfnissen ausdrückt, gestaltet, gelenkt und geformt. Der Mensch gewinnt unter den Bedingungen seines Umfeldes, dessen Einstellungen, Werten und Normen sowie seiner persönlichen Erfahrungen seine typische, individuelle Gestalt. Beim erwachsenen Menschen sind dann meist nicht mehr alle Antriebe und Bedürfnisse in gleichem Maß sichtbar und lebendig, sondern nur noch eine begrenzte Auswahl davon. Andere sind durch Verbote oder fehlende Erfahrungen verkümmert oder blockiert. Wieder andere sind eventuell von der Energie, die in blockierten Trieben nicht fließen kann, zusätzlich aufgeladen und fallen besonders auf.

Aufgrund der auf dieser Ebene vollzogenen Grundeinstellungen einer Person kann man von Typ oder Charakter sprechen. Als Grundformen lassen sich unterscheiden: der blockierte, der verklemmte, der hemmungslose und der selbststeuerungsfähige Typus.

Auf dieser Ebene gilt analog zu dem physikalischen Gesetz von der Erhaltung der Energie dasselbe Prinzip auch psychisch: Keine Seelenbewegung, kein Verhalten, ist zufällig. In allem drücken sich Energieimpulse und deren Ausrichtungen aus. Was für viele Menschen noch psychologisches Neuland zu sein scheint, kennt jeder Fernsehzuschauer als kriminalistischen Grundsatz aus vielen Kriminalfilmen: „kein Verbrechen ohne Motiv“. Allgemeiner bedeutet das: „keine Handlung ohne Motiv.“ Was also auch immer jemand Sinnloses zu tun scheint, es verweist auf etwas anderes. Verstehbar wird es, wenn man die Grundeinstellungen des Betreffenden kennt. Oft hilft dafür ein Blick in sein familiäres Umfeld und seine Herkunft mehr als ein tiefenpsychologisches Gespräch.

Eine der wichtigsten Erfahrungen hinsichtlich Grundeinstellungen ist, dass Menschen unbewusst immer wieder danach streben, vertraute Umstände und Situationen ihrer Kindheit analog zu reproduzieren. Das kann auch unter verändertem Vorzeichen – das heißt durch eine Negation in gegenteiliger Form – vollzogen werden, aber die alten Grundstrukturen wirken sich immer wieder neu in vermeintlich neue Situationen aus.[1]

Sie sollten sich also darüber im Klaren sein, dass Sie zur Führung und Motivation anderer Menschen unbedingt möglichst viel über deren innere Grundeinstellungen in Erfahrung bringen sollten. Sie gewinnen damit gewissermaßen die Gebrauchsanleitung zu einer Person. Bemerkenswerterweise erfahren Sie über die Grundeinstellungen anderer Menschen oft am meisten im Smalltalk. Dann bedecken Gesprächspartner sich am wenigsten und erzählen von diesem und jenem. Wenn Sie dann fragen: Was bedeutet es, wenn du dies oder das mit besonderem Energieeinsatz tust, was reizt dich daran so besonders?, werden Sie häufig sehr klar die dahinterliegenden Motive mitgeteilt bekommen.

Beispiel 1

Wenn jemand Sie mit seinen begeisterten Berichten von seinen Motorradtouren vom Wochenende langweilt, dann könnten Sie sich oder ihn aus der Perspektive dieser Ebene fragen, was ihn wohl so am Motorradfahren fasziniert. Das könnte zum Beispiel das spürbare Erleben von vibrierender Kraft und Dynamik sein, es könnte auch um Freiheits- und Unabhängigkeitsgefühle gehen oder aber auch um den Kitzel am Rande des Todes. Das müssten Sie im Lauf eines Gesprächs herauszubekommen versuchen. Das können Sie tun, indem Sie entweder direkt nachfragen, was ihn am Motorradfahren reizt, oder aus anderen Gesprächsthemen analoge Rückschlüsse auf seine Bedürfnisstruktur ziehen. Häufig ist bei Motorradfreaks auch die psychische Energie eher blockiert, und sie suchen die Freisetzung der Energie auf dem Motorrad als kompensatorischen Ersatz.

---

1 In meinem Buch „Aus Partituren des Schicksals" habe ich solche Grundmuster sowie deren Bedeutung und Folgen anhand von 65 Schicksalen ausführlich beschrieben und tiefenpsychologisch gedeutet.

Beispiel 2

> Wer gern segelt, ist mit hoher Wahrscheinlichkeit fasziniert von Weite und Freiheit, vom direkten Kampf mit den Elementen. In einem engen Büro mit Standardtätigkeiten würde er sich vermutlich nicht wohlfühlen. Als Chef können Sie insofern einmal darauf achten, wer Ihnen von solchen Segelträumen berichtet: Der zu Hause oder in der Firma eher eingesperrte Typ oder der, der sich in der Firma kaum einfangen lässt, weil er keine Grenzen akzeptiert.

4. Die Ebene der Emotionalität

Unsere Emotionen sind spürbarer Ausdruck unserer inneren Bewegungen. Wir erleben in ihnen sowohl unsere inneren Impulse als auch unsere Reaktionen auf äußere Ereignisse. Der häufig gehörte Satz, man solle seinen Gefühlen mehr als seinem Verstand vertrauen, ist so allerdings falsch. Unsere Gefühle sind kein objektiver Maßstab für das, was uns guttut und was nicht. Sie sind vielmehr durch unsere Prägungen und Grundeinstellungen beeinflusst. In ihnen drückt sich lediglich aus, was wir zu mögen und nicht zu mögen gelernt haben beziehungsweise, was uns vertraut und was uns nicht vertraut ist. Und das ist bei verschiedenen Menschen ja offenbar sehr unterschiedlich. So entdecken wir beispielsweise vertraute Grundmuster bei anderen Menschen und fühlen uns dann zu ihnen hingezogen oder abgestoßen. Dann entsteht Sympathie oder Antipathie. Sind uns die Grundmuster eines anderen Menschen wirklich fremd, interessiert er uns eher nicht.

Beispiel

> Es ist eine bittere Erfahrung, dass viele Frauen, die unter einem Vater, der Alkoholiker war, gelitten haben, wieder Beziehungen mit Alkoholikern eingehen. Das Vertraute zieht an. Wenn sie in einer späteren Beziehung einen Antialkoholiker wählen, ertragen sie oft dessen Anderssein nicht – auch diese Beziehung scheitert dann.

Das Steuern der eigenen Emotionen gehört neben dem Ändern von Grundeinstellungen zur schwersten Selbstführungsaufgabe. Es setzt voraus, die eigenen Emotionen mit Abstand kritisch zu betrachten und sich gegebenenfalls – wenn man nämlich feststellt, dass das Befolgen des emotionalen Impulses einem nicht guttut – anders zu verhalten.

Insofern ist verständlich, warum Menschen auf Gemeinsamkeiten positiv reagieren. Deshalb ist es für eine positive Beziehung zu anderen Menschen – geschäftlich und privat – wichtig, Gemeinsamkeiten zu suchen, aufzudecken, zu betonen oder sogar zu schaffen. Unabhängig davon, ob diese Gemeinsamkeiten guttun oder nicht – zu viel Alkohol tut nicht gut, sich gemeinsam zu besaufen gelegentlich aber offenbar wohl –, verstärken sie die Bindung.

Emotionalen Gleichklang oder eine „gleiche Wellenlänge" herzustellen und aufrecht zu erhalten, gehört zur hohen Kunst der Beziehungspflege.

Grundsätzlich können Sie davon ausgehen, dass Sie keinen Menschen gegen seine Emotionen überzeugen werden. Insofern ist es wichtig, jemandem, der emotional erregt ist, erst einmal Raum zu geben, sich wieder zu beruhigen, und ihm die Inhalte der Kommunikation auf beziehungsverträgliche und wertschätzende Weise zu vermitteln. Vielfach wird selbst zwischen Personen, die eine positive Grundeinstellung zueinander haben, in Gesprächen Ärger und Widerstand aufgebaut, die eine erfolgreiche Kommunikation verhindern. Mittels offener Fragen können Sie solche Situationen meistens entschärfen, indem Sie etwa dem anderen Gelegenheit geben, seinen Widerstand auszudrücken und abzuladen. Die Wertschätzung und Zuwendung, die Sie durch offenes Fragen geben, tun dann das Übrige, einen Gesprächspartner wieder emotional aufzuschließen und späteren Sachargumenten leichter zugänglich zu machen.

5. Die Ebene der Intentionalität

Die nächste Ebene ist die der Intentionalität. Dies ist eine für Verhandlungen äußerst wichtige Ebene. Sie handelt von Interessen und Absichten und ist die abstrakte Basis für die vielfach verschiedenen Platzierungsmöglichkeiten eines Impulses. Wenn jemand den Antrieb „Hunger" hat, will er etwas zu essen. Auf der Emotionsebene empfindet er Lust und sagt vielleicht: „Jetzt habe ich Appetit, irgend etwas Leckeres zu essen." Das „irgendetwas" drückt aus, dass sein Impuls noch auf der Ebene der Intentionen ist. Er hat sich noch nicht konkret auf der Sachebene festgelegt. Insofern kann man mit ihm noch verschiedene Wahlmöglichkeiten diskutieren bzw. ihm verschiedene Möglichkeiten zur Auswahl anbieten. Bei einem solchen Gespräch besteht die Kunst darin, Lösungen zu finden, sich auszudenken oder miteinander auszuhandeln, die die Interessen aller Beteiligten befriedigen. Die Entwicklung einer Synthese als Ergebnis einer Verhandlung kann nur unter Einbezug dieser Ebene gelingen. Die Methode dafür finden Sie im 4. Kapitel.

6. Die Ebene der Rationalität

Schwieriger wird es, wenn der Gesprächspartner seine Intention schon konkret auf der Sachebene positioniert hat. Im Fall oben wäre das dann, wenn er sich schon für ein Steak entschieden hätte. Dann wäre es mit sachrationalen Gründen oft nur noch schwer möglich, jemanden von seiner Position abzubringen. Im Gegenteil: Argument und Gegenargument können, wenn sie nur auf der rationalen Ebene platziert werden – etwa wenn man wegen Tierschutz vom Fleischverzehr abraten würde und die Bedürfnisse Hunger und Anerkennung dabei ignoriert –, vom Gesprächspartner abprallen.

Eine rein sachliche Diskussion oder Argumentation ist selten. Wenn behauptet wird, dass ein Vorschlag vernünftig sei, ist er das noch längst nicht. In den meisten Gesprächen, Diskussionen, Verhandlungen oder Präsentationen stehen die Bedürfnisse Selbstdarstellung, persönliche Anerkennung, eigene Überlegenheit meist weit höher als die beste Sachlösung. Selbst wenn es eine beste Sachlösung gibt, ist sie vermutlich ge- oder erfunden worden, um damit glänzen zu können.

Dennoch gibt es das Kriterium der Sachgerechtigkeit. Sie ist das Ziel auf der Ebene der Rationalität. Neben der psychologischen Innenwelt der Motive, Grundeinstellungen und Beziehungsspiele gibt es eben auch die Außenwelt, in der die Gesetze der Sachlogik wirken und funktionieren. Wenn man sie nicht berücksichtigt, ist man nicht lebens- und erfolgsfähig.

Beispiel

> Allein aus der Lust am Fliegen entsteht noch kein Flugzeug, ohne Lust allerdings vermutlich auch nicht. Wenn Techniker und Ingenieure Flugzeuge konstruieren wollen, die auch sicher fliegen, müssen sie den Naturgesetzen und der Sachlogik folgen und rein rational arbeiten. Die Praxis würde sie im Zweifel sehr schnell widerlegen.

Die Lehre vom folgerichtigen Denken ist die Logik. Sie lehrt Erkennen und rational-analytisches Verknüpfen von Aussagen als Schlussfolgerungstechnik.[2]

Bei allem Bemühen um „Reine Vernunft" bleibt jedes Denken doch immer auch zugleich zweckgerichtet und interessegeleitet. Ein reines Denken gibt es also nicht. Daran wird deutlich, dass alle Ebenen jederzeit gleichzeitig existieren und so unumgänglich und unvermeidlich sind, wie es unvermeidlich ist, dass jeder Tag Wetter hat. Dennoch sollte das Streben nach Sachgerechtigkeit immer ein handlungsleitendes Prinzip sein, da sonst zu viele Flugzeuge ab- und Brücken einstürzen würden.

7. Die Ebene des Geistes

Als letzte und oberste Ebene ist die des Geistes zu nennen. Anschließend an die bisherige zum Teil aus dem Lateinischen abgeleitete Terminologie müsste diese Ebene eigentlich „Ebene der Spiritualität" heißen. Da das aber zu Missverständnissen führen könnte, spreche ich lieber von der Ebene des Geistes. Er muss unbedingt von der Vernunft unterschieden werden. Die Vernunft ist allenfalls ein Teil des Geistes. Sie ist die Fähigkeit, sachgerecht und logisch denken zu können. Der Geist ist dagegen oder darüber hinaus die Fähigkeit zur Reflexion, zum Entwickeln von Ideen, zum Träumen, zum Entwerfen von Visionen oder zum Hinterfragen einer Aktion oder des Lebens oder der Welt nach Sinn und Zweck des Ganzen. Insofern er sich auch mit den Fragen nach Ursprung Sinn und Ziel der Welt beschäftigt, kann er auch „spirituelle" Antworten ent-

2 Mehr über Argumentationslogik und syllogistische Schlüsse können Sie aus meinem Buch „Dialektik – Die Psychologie des Überzeugens" erfahren.

wickeln und vorschlagen. Indem er das Ganze bedenkt und reflektiert, ist er in der Lage, die reale Wirklichkeit zu transzendieren. Es handelt sich dabei nicht um etwas Frommes, sondern um die Grundlage von Philosophie, Theologie und anderen den Alltag transzendierenden Wissenschaften sowie um die Basis für Werte wie Menschenrechte und Menschenwürde. Es geht also um das, was den Menschen zum Individuum und zur Persönlichkeit macht, nämlich um die allen Diktatoren so verhasste Fähigkeit der Menschen, frei zu denken und jedes System und jede Grenze geistig zu überschreiten – und das ist die Wortbedeutung von „transzendieren".

Da Menschen auf dieser Ebene diese Fähigkeit in sich tragen, existieren sie nicht als bloße Befehlsempfänger, sondern sind von ihrem Wesen her existenziell frei. Das sollten Sie als Führungskraft wissen und immer mit bedenken und daraus ihre Konsequenzen ziehen. Das Einbringen von eigenen Ideen und Beiträgen, eine gewisse Menge an Austausch, Kommunikation und Beachtung sowie Sinn in Teilen und im Ganzen ist zur Motivation von Menschen notwendig, wenn Sie langfristig und erfolgreich mit ihnen zusammenarbeiten wollen.

Der Nutzen des Sieben-Ebenen-Modells

Mit diesem Modell haben Sie die Möglichkeit, sich und andere Menschen besser zu verstehen. Was allein von der Sachebene her nicht zu verstehen ist, zeigt sich von einer anderen Ebene her in einer anderen Perspektive und Dimension. Sie können davon ausgehen, dass die unteren Ebenen Vorrang vor den oberen haben: Hinter Forderungen auf der Sachebene stehen immer Interessen; Beziehung ist wichtiger als Argumente, charakterliche Grundmuster sind stärker als Emotionen, und Motive leiten Handeln stärker als Einsicht. Wenn Sie also auf einer Ebene nicht weiterkommen, können Sie prüfen, ob der Widerstand nicht auf einer der tieferen Ebenen begründet liegt und dort lösbar ist.

Umgekehrt können Sie auch bezüglich der eigenen Person zu klären versuchen, was bei Ihnen auf den unterschiedlichen Ebenen abläuft, wie Sie eingestellt sind und von welcher Ebene bei Ihnen spezielle Impulse ausgehen. Dabei wird deutlich werden, dass die erste Aufgabe in der eigenen inneren Koordination liegt. Da müssen gegebenenfalls mehrere reale Möglichkeiten, mehrere gegensätzliche Interessen, unvereinbare Beziehungswünsche zu mehreren Personen, charakterliche Zwiespälte und einander ausschließende Antriebsimpulse in der eigenen Person mit einander in Einklang gebracht werden.

Deutlich wird aber auch, dass sich aus den sieben Persönlichkeitsebenen zwangsläufig sieben Ebenen der Kommunikation ergeben. Ein ideales Gesprächsergebnis würde Übereinstimmung auf allen Ebenen bedeuten. Voraussetzung dafür wäre, dass jeder der beteiligten Gesprächspartner auf allen Ebenen mit sich selbst im Reinen ist. Einerseits ist das die Herausforderung „sich selbst zu führen“, andererseits müsste man seinen Gesprächspartnern erst bei der Selbstklärung helfen, um danach dann mit zu tragfähigen gemeinsamen Lösungen zu gelangen.

Die Aufgabe des Führens wird entsprechend ebenfalls alle sieben Ebenen umfassen müssen.

Sie ahnen, wie komplex dies alles sein kann, und was für eine permanente Herausforderung mit Optimierungsanspruch darin liegt.

Methoden der Menschenerkenntnis

Um Menschen, die Sie führen, überzeugen und steuern wollen, treffend einzuschätzen, gilt es, sie möglichst auf allen sieben Ebenen zu durchschauen und zu verstehen. Dabei dürfen Sie sich nicht von oberflächlichen Dingen blenden lassen. Sie müssen also hinter Sachargumente und Positionen schauen, Sie müssen versuchen, Interessen und Absichten herauszufiltern, zu erkennen suchen, was jemanden antreibt und motiviert, und klären, wie er tickt und was er alles in allem eigentlich wirklich will.

Hier sollen Sie nun Methoden kennenlernen, mit denen Sie durch alle sieben Ebenen durchschauen können.

Die hohe Kunst des Fragens auf sieben Ebenen

Wenn Sie einen Menschen kennenlernen und einschätzen wollen, sollten Sie im Gespräch mit ihm weniger auf Sachinhalte achten als vielmehr auf seine persönlichen Grundmuster. Da es aber nicht möglich ist, ein Gespräch ohne Inhalt zu führen, muss man mindestens über das Wetter sprechen. Wenn Sie allerdings Leute beim Gespräch über das Wetter beobachten, können Sie schnell merken, wie die Betreffenden auf der Beziehungsebene zueinander stehen. Widersprechen sie einander ständig oder stimmen sie einander zu? Sie werden das charakterliche Temperament und auch die Rangstellung der beiden zueinander beobachten können. Reden Sie also ruhig übers Wetter, aber bleiben Sie in Ihrer Aufmerksamkeit nicht nur beim Thema, sondern achten Sie dahinter auf die Abläufe auf den anderen Ebenen. Mit einem so weit geöffneten Fenster der Aufmerksamkeit werden Sie bei jedem beliebigen Thema viel über die Person und für die Einschätzung der Kommunikationssituation erfahren.

Sie können die Effektivität einer solchen Gesprächsführung durch gezielte Fragen steigern. Es ist möglich, jede einzelne Ebene gezielt anzusteuern:

- Mit Frageworten wie *wer, was, wann, wo, wie, welche, warum* erkundigen Sie sich nach Sachverhalten auf der Sachebene.
- Wenn Sie nach *Absichten, Zielen* oder *Zwecken* fragen, tasten Sie die Interessenebene ab.
- Wenn Sie nach *Gefühlen, Meinungen, Bewertungen, Einschätzungen* fragen, bearbeiten Sie die Gefühlsebene.
- Wenn Sie nach *Maßstäben, Prinzipien, Kriterien* oder *grundsätzlichen Einstellungen* fragen, erkunden Sie die Grundeinstellungs- bzw. Charakterebene.
- Wenn Sie nach dem fragen, was jemanden *reizt, fasziniert, anzieht, lockt* oder im Gegenteil *abstößt*, dann loten Sie die Ebene der Antriebe und Motive aus.
- Wenn Sie nach *Sinn, Lebenssinn* oder *persönlicher Lebensaufgabe* fragen, befinden Sie sich auf der unteren Ebene der Identität.
- Wenn Sie dagegen nach *Visionen* fragen oder zur *Selbstreflexion* anregen, dann befinden Sie sich mit Ihrem Gesprächspartner auf der obersten Ebene des Geistes.

Technisch ist es beim Fragen wichtig, dass Sie formal offen fragen, das heißt keine Fragen stellen, die mit „ja“ oder „nein“ beantwortet werden können, sondern Fragewörter – *wer, was, wann, wo, woher, wohin, wie, weshalb, welche, warum, wozu* – verwenden. Solche offenen Fragen können dann lauten:

▸ Wer hat das vorgeschlagen?	Sachebene
▸ Was bezwecken Sie damit?	Interessenebene
▸ Worauf kommt es Ihnen dabei an?	Beziehungsebene
▸ Wie beurteilen Sie ... ?	Beziehungsebene
▸ Wie schätzen Sie ein ... ?	Beziehungsebene
▸ Was bedeutet das für Sie …?	Beziehungsebene
▸ Nach welchen Kriterien beurteilen Sie ...?	Grundeinstellungsebene
▸ Was reizt Sie daran so besonders?	Motivebene

Beim Fragen spielen auch Konjunktiv und Plural eine wichtige Rolle. Mit Fragen wie:

- Unter welchen Umständen könnten Sie sich eventuell vorstellen, dass ... ?
- Welche Möglichkeiten kämen dabei für Sie eventuell in Betracht?

Geben Sie Ihrem Gesprächspartner einen freien und unverbindlichen Gesprächsraum, in dem er sich entspannt und ohne das Gefühl, sich auf eine Antwort festlegen zu müssen, bewegen kann. So erfahren Sie, auf welche Art und in welche Richtung er sich geistig bewegt und denkt.

Neben dem Konjunktiv hilft auch der Plural, um den geistigen Gesprächsraum weit zu halten. Mit der Frage: „Was wollen Sie also?“ würde man einen Gesprächspartner nötigen, sich auf eine Lösung festzulegen. Wenn Ihnen die nicht passt, haben Sie dann die Not, ihn wieder davon wegzubringen. Der schwerwiegendste Fehler, den Sie dann machen könnten, wäre, ihn zu fragen: „Warum wollen Sie gerade das?“. Sie werden damit nur erreichen, dass er sich selbst noch stärker auf diese Lösung fixiert. Er würde sein Gesicht verlieren, wenn er seine Meinung nachher wieder ändert. Wenn Sie dagegen gleich zu Beginn fragen: „Welche Möglichkeiten kämen da für Sie vielleicht in Betracht?“, erzeugen Sie gleich ein offenes Gespräch über Wahlmöglichkeiten.

In einem solchen Gespräch mit vielen offenen Fragen können Sie durch aufmerksames Zuhören Erhebliches über die Einstellungen und Vorstellungen von Gesprächspartnern herausfinden und dabei erkennen, in welchen Hinsichten und über welche Kanäle sie zugänglich sind.

Die Suche nach dem Schlüssel zum anderen

In frühen Gesprächsphasen ist es meistens sinnvoll, ein Gespräch offen zu halten und viele Fenster für die spätere Verhandlung zu erkunden. Dafür ist es erforderlich, eigene Positionierungen zu unterlassen und den anderen daran zu hindern, sich selbst auf Positionen oder Forderungen festzulegen. Entsprechend kann man alle Forderungen mit Formulierungen wie: „Aha, im Moment wäre das also eine mögliche Lösungsvorstellung von Ihnen" auffangen und Fixierungen auf starre Positionen vermeiden.

Die erste Hürde beim Antworten ist vor allem, auf der Beziehungs- und Antriebsebene keine Widerstände durch Widerspruch zu erzeugen. Deshalb lautet die wichtigste Regel an dieser Stelle: „Alles, was der Gesprächspartner sagt, gilt es anzunehmen, ohne jedoch zuzustimmen." Das ist über das genannte Wort „aha" möglich. Es arbeitet auf zwei Ebenen unterschiedlich: Auf der Sachebene lässt es die Dinge unwidersprochen stehen – und auf der Beziehungsebene nimmt es sie an. Ist man selbst dann trotzdem anderer Meinung, so ist es wichtig, Formulierungen zu wählen, die beziehungsfreundlich sind. Etwa: „Ich sehe da noch eine andere Möglichkeit, nämlich ... und die würde ich bevorzugen." Oder: „Unter welchen Umständen könnten Sie sich damit eventuell anfreunden?"

Sie merken, da ist neben Konjunktiv und Plural eine Frageform gewählt, die dem anderen die Möglichkeit gibt und ihn sanft auffordert, sich geschmeidig und ohne eigenen Verzicht auf Ihre Interessen und Wünschen einzulassen und sich damit zu verbinden.

Wenn man dann anfängt, aus dem Gesprächsverlauf Dinge, die gesagt worden sind, zusammenzufassen, dann ist das die Wegrichtung zu einer Synthese.

Eine wichtige Erfahrung in der Überzeugungs-Kommunikation ist auch in folgendem Satz komprimiert:

Man überzeugt Menschen am leichtesten mit Worten, Ideen oder Argumenten, die schon aus ihnen heraus gekommen sind. Sie passen auch wieder wie ein Schlüssel hinein.

Die zwei wichtigsten Irrtümer beim Zuhören sind: „Es lohnt sich nicht, auf alles zu achten, was ein anderer quatscht." Und: „Ich kann eh nicht alles behalten, was der sagt!"

Dem möchte ich zwei Einsichten entgegenstellen, die sich in vielen Gesprächen bewährt haben:

1. Der Schlüssel zur Lösung eines Problems ist meistens in den ersten 10 Minuten des ersten Gesprächs zu einem Thema anwesend, wird aber meist übersehen.
2. Die Lösung eines Problems liegt oft nur zwei bis drei Gesprächsminuten unter der Oberfläche eines Gesprächs. (Das ist die Zeit, die man braucht, um mit offenen Fragen tiefere Ebenen zu erkunden.)

Die Motive von Menschen erkennen

Unter die Oberfläche gefragt und geschaut, kann man oft sehr schnell die Motive von Menschen erkennen. Ich will Ihnen als Beispiel den Teil eines Bewerbungsgesprächs zwischen Personalchef und Bewerber hier einfügen und auswerten:

> **Personalchef:** *Und was machen Sie außer Ihrem Beruf sonst noch hobbymäßig gern?*
>
> **Bewerber:** *Nun, ich lese gern, höre gern Musik und jogge regelmäßig.*
>
> (Kommentar: „Nichts Spektakuläres", so könnte der Personalchef denken und das Thema wechseln wollen. Würde er aber zu abstrahieren verstehen, könnte er bei „lesen und Musik hören" auf der Charakterebene in Richtung „innere Ruhe und Gelassenheit" deuten. „Joggen" weist zusätzlich auf Ausdauer hin, was auch beim „Lesen" zu passen scheint. Entsprechend könnte er diese Themen durch weitere Fragen vertiefen:)

Personalchef: *Und was lesen Sie gern, was hat Sie in letzter Zeit besonders angesprochen oder fasziniert?*

Bewerber: *Ja, ich lese gern Science-Fiction-Romane. Zuletzt habe ich einen gelesen, der von einer interstellaren Expedition zur Entdeckung neuer Welten gehandelt hat und von all den Herausforderungen, die die Besatzung zu bewältigen hatte.*

(Kommentar: „So ein Quatsch", so könnte der Personalchef denken und wieder „zur Sache" kommen wollen. Würde er dagegen analog auswerten, könnte er denken: „Ist nicht das Erkunden und Erobern neuer Märkte in Osteuropa oder Asien mit einer solchen intergalaktischen Expedition zu vergleichen? Liegt da nicht als Grundmotiv das Ausbrechen aus gewohnten Abläufen zugrunde? Ist der Bewerber nicht vielleicht gerade dazu besonders motiviert, sich um neue Aufgaben und Herausforderungen – seien es neue Produkte oder Märkte – zu kümmern? Entsprechend könnte die nächste Frage lauten:)

Personalchef: *Und was reizt Sie an der Entdeckung neuer Welten?*

Bewerber: *Ja, es reizt mich einfach, Neues zu entdecken, vermeintliche Grenzen zu überschreiten und mich an neuen Herausforderungen zu erproben. Beim Laufen habe ich auch mit 5 Kilometern angefangen, und jetzt laufe ich einmal in der Woche 25 Kilometer am Stück. Irgendwann schaffe ich vielleicht auch mal einen Marathon.*

(Kommentar: Langsam wird eine zusammenhängende Charakterstruktur deutlich: Ausdauer, Disziplin, Reiz an Neuem, Interesse, Grenzen zu weiten. Es geht auf dieser abstrahierten Ebene nicht mehr um die Sachposition und Tätigkeiten „Laufen" und „Lesen", sondern es werden die Einstellungen deutlich, die charakterlich in der Person verankert sind. Und mehr braucht der Personalchef eigentlich nicht zu wissen. Er könnte das Gespräch an dieser Stelle durchaus beenden und wüsste schon Wesentliches über den Bewerber. Braucht er einen Buchhalter, dann wäre der Kandidat wohl eher nicht geeignet, braucht er dagegen einen Pionier für neue Aufgaben, wäre dieser Bewerber von seiner Motivationsstruktur her durchaus interessant.)

Den Weg zum anderen finden

Ein weiterer wichtiger Aspekt bei personenbezogenen Interviews und auch wiederum eine besondere Kunst und Technik ist es, primär darauf zu achten, was in der Aussage einer anderen Person die stärkste Energie hat. Dieser Ansatz geht davon aus, dass je stärker die persönliche Identifikation mit etwas ist, es mit umso mehr Energie besetzt ist. Insofern kann man – wie bei einem Pickel – vermuten, dass da, wo eine „Beule" ist, etwas dahinter steckt, das eigentlich heraus will. Was heißt das konkret für ein Gespräch? Sie können auf mehrere Aspekte achten und dabei die Energiebesetzung erkennen:

- Wenn jemand etwas mehrfach erzählt, sollten Sie ihn nicht für alzheimerverdächtig halten, sondern davon ausgehen, dass ihm das so wichtig ist, dass er es mehrfach betont. Vielleicht wiederholt er es auch deshalb, weil er den Eindruck hat, dass Sie es noch nicht so verstanden haben, wie es ihn bewegt. (Vielleicht hat er es ja auch nur angedeutet.) An einer solchen Stelle im Gespräch können Sie durch Rückspiegelung Ihrer Wahrnehmung und einer anschließenden Frage, z. B.: „Da Sie das mehrfach betonten, scheint es Sie sehr zu bewegen", versuchen, den Schatz zu heben.
- Wenn jemand stimmlich etwas stark betont, dann gibt er diesem Aspekt Energie.
- Überhaupt, indem jemand irgendetwas erwähnt, gibt er zu erkennen, dass dort Energie vorhanden ist. Im Beispiel des Gesprächs zwischen Bewerber und Personalchef war die Erwähnung des Lesens als Hobby schon Ausdruck einer Energiebesetzung. Es ließ sich ja zeigen, dass dahinter Wesentliches zu entdecken war.
- Wenn jemand während seines Sprechens etwas per Geste oder Mimik unterstützt, dann ist an dieser Stelle eine stärkere Energie, als wenn er sich nicht bewegt. Heftige Bewegungen lassen auf eine stärkere innere Bewegung schließen. Insofern sendet auch die Körpersprache ständig wichtige Indizien für die Bedeutung des Gesagten. Ein intensiverer Blick – oder auch eine Abwendung – kann ein Hinweis auf eine subjektive Wichtigkeit einer Aussage sein, der Sie dann mit einer weiteren Frage nachgehen können.

- An der Auswahl der Worte können Sie auch das Maß der Energiebesetzung ablesen. Es gibt schwache und starke Worte, alltägliche und gewöhnliche oder seltene und außergewöhnliche. Um außergewöhnliche Worte zu aktivieren braucht es mehr Energieaufwand, als wenn Sie gewöhnliche aktivieren wollen. Folgen Sie also auch solch einer Spur.

Sie können also grundsätzlich davon ausgehen, dass alles, was mit stärkerer Energie besetzt ist, subjektiv wichtiger ist als das wenig besetzte. Entsprechend sollten Sie diesen Aspekten nachgehen, nachfragen und nachhorchen. Sie sind Ansatzpunkte für die jeweils nächste Frage. Sie werden sich wundern, wie viel Sie auf diese Weise über andere Menschen erfahren können. Die wirkliche Kunst besteht immer darin, nichts in die Dinge hineinzudeuten, sondern das herauszudeuten, was ihn ihnen steckt. Die Sicherheit dabei gewinnen Sie durch eine Mehrzahl von Indizien. Wenn Sie auf der richtigen Spur sind, werden sich die im Lauf eines Gesprächs finden.

Die Symbolik von Handlungen und Ereignissen lesen

Noch einen Schritt weiter können Sie gehen, wenn Sie Handlungen und Verhaltensweisen eines Menschen sowie von ihm verursachte Ereignisse symbolisch lesen. Lassen Sie einmal alle Gründe und Entschuldigungen, die jemand zur Erklärung seines Verhaltens anführt, außer Acht und nehmen nur zur Kenntnis, was er tut und was er nicht tut und was dabei heraus kommt. Geben Sie ihm ruhig zwei oder drei Chancen. Sie werden häufig beobachten oder schon erlebt haben, dass manche Menschen in ähnlichen oder analogen Situationen immer wieder ähnliche Ergebnisse produzieren: Manche Menschen haben beispielsweise nach vielen angeblich genialen Versuchen, viel Geld zu verdienen, nachher immer weniger als vorher. Sie scheinen sich zu überschätzen. Andere kommen trotz intensivsten Zuspruchs und ernst gemeinter Versprechungen doch schließlich immer wieder zu spät.

Beispiel

> Eine neue Mitarbeiterin in der Küche meines Seminarhauses fiel im Vergleich zu früheren Köchinnen beim Probekochen dadurch auf, dass sie im Übermaß einkaufte, im Übermaß Spülmittel verwendete, die Küche übermäßig verschmutzte, das Essen übermäßig anbräunte, am liebsten sofort bar bezahlt werden wollte, weil sie pleite sei – sie schien in keiner Hinsicht das rechte Maß finden zu können, auch nicht bei ihrer Figur. Es war sofort klar, dass es keinen Zweck hatte, sie einzustellen.

Viele Verhaltensweisen sind chronisch und tauchen unabhängig von konkreten Situationen immer wieder auf. Es handelt sich dabei um Charaktermuster. Wenn Sie diese erkennen, können Sie relativ leicht einschätzen, ob jemand für bestimmte Tätigkeiten geeignet ist oder wie er damit umgehen wird. Glauben Sie allerdings Ihren Interpretationen immer erst, wenn Sie mehrere Indizien gesammelt haben, die in dieselbe Richtung weisen.

Sind Verhaltensweisen dagegen singulär und situativ, können Sie daraus die Einstellung der betreffenden Person zu dieser konkreten Situation ablesen.

Der Gedanke dahinter ist wieder energietechnisch: Ob etwas nach links oder nach rechts kippt, hängt von den Kräften ab, die darauf einwirken. Selbst wenn jemand aufrichtig zusagt, sich nach links bewegen zu wollen, dann aber tatsächlich nach rechts geht, dürfen Sie mit gutem Grund vermuten, dass es in ihm andere – unbewusste – Kräfte gibt, die ihn in die andere Richtung lenken oder ziehen. Die betreffende Person wird das gegebenenfalls lautstark bestreiten, und Sie können davon ausgehen, dass ihm die meisten inneren Antriebe nicht bewusst sind. Und letztlich zählt das Ergebnis. Nach meiner Erfahrung darf man zu über 90 Prozent – eine gewisse Unschärfe bleibt – wirklich schon im einzelnen Fall ernsthaft annehmen, dass Personen (als psychisches Gesamtsystem mit Bewusstsein und Unterbewusstsein) genau das meinen, was sie im Einzelfall tun und bewirken. Konkret: Wer den Termin eines Bewerbungsgesprächs verschläft, will den Job nicht wirklich.

Indizien sammeln und auswerten

Nun scheint es manchmal die leichtere Variante zu sein, neue Mitarbeiter auszuwählen und einzustellen als langjährige zu übernehmen. Dann wäre es möglich, Mitarbeiter nach Sympathie und Wellenlänge einzustellen. Aber auch das sichert nicht, dass solche Arbeitsbeziehungen besser gelingen. Zu viel Nähe dient oft auch nicht der Sache. Wenn Sie andererseits einen Bewerber hätten, in den Sie nicht hineinschauen könnten, würden Sie ihn vermutlich nicht einstellen. Nun haben Sie aber im realen Leben immer irgendwelche Menschen in Ihrer Nähe, die Sie auf den ersten Blick nicht verstehen, vielleicht auch nicht auf den zweiten oder dritten, von denen Sie sich aber nicht trennen können, weil sie entweder mit ihnen verwandt oder in einer unveränderbar vorgegebenen Arbeitssituation zusammen sein müssen. Ihr schwieriger Mitarbeiter könnte sogar der Schwiegersohn Ihres Chefs sein. Was machen Sie dann?

Wenn solche Menschen dann noch verschlossen sind, wie können Sie dann möglichst erfolgreich mit ihnen umgehen und klarkommen? Auch dazu ein paar Grundsätze und Anregungen:

1. Alles, was von einer anderen Person kommt, sollten Sie ernst nehmen. Wenn der Panzer so dick ist, dass kaum etwas durchkommt, ist das, was herauskommt, umso wichtiger. Das gilt selbst dann, wenn es klitzeklein und unbedeutend zu sein scheint.
2. Knüpfen Sie auf jeden Fall an das an, was vorhanden ist. Das können Worte, Gesten, Veraltensweisen oder Ereignisse sein. Fragen Sie nach und legen jedes Antwörtchen auf die Goldwaage.
3. Wenn Sie auf Fragen keine Antworten erhalten, haben Sie entweder falsch gefragt, oder die Antwort kommt viel später in Form einer Verhaltensreaktion. Bei Schnecken geht eben alles langsamer.
4. Vertrauen aufbauen ist wichtig. Sowenig wie man scheue Rehe oder Igel erschrecken sollte, wenn man sich mit ihnen anfreunden will, sowenig sollten Sie auch scheuen oder verschlossenen Menschen zu nahe treten. Sie ziehen sich noch mehr zurück oder igeln sich noch mehr ein. Viele Tiere kann man aber doch im Lauf der Zeit anfüttern und sich mit ihnen anfreunden. Das gelingt vor allem, wenn man ih-

nen etwas anbietet, das ihren Wünschen und Bedürfnissen entspricht. Beobachten Sie, ob jemand eher Ruhe, Ermutigung oder Anerkennung braucht, und geben Sie ihm davon.

5. Sammeln Sie wohlwollend Informationen über eine Person. Vielleicht finden Sie dabei passende Schlüssel und eine Gebrauchsanleitung zu ihrem Wesen.

Eignungen erkennen

Die richtige Personalauswahl ist ein extrem wichtiger Baustein zum Erfolg. Deshalb sollten Sie da, wo Sie die Möglichkeit oder Notwendigkeit dazu haben, sehr genau auf die Signale von Personen achten, die Sie gegebenenfalls einstellen wollen. „Überhören" Sie die Inhalte – die können alle erlogen sein –, und achten Sie auf das Ganze der Person. Wie stimmig kommt jemand zu Ihnen herüber, wie glaubwürdig erscheint er Ihnen, wie authentisch – oder künstlich – tritt er auf, welche Gefühle und Stimmungen löst dieser Mensch bei Ihnen aus?

Natürlich sind Ihre Gefühle subjektiv, und mit guten Argumenten werden viele Psychologen Ihnen erklären, dass sie durch eigene Projektionen und durch selektive Wahrnehmung andere immer nur verzerrt durch Ihre persönliche Brille sehen können. Entsprechend werden Sie Ihnen zu verobjektivierenden Tests raten. Meine Erfahrung hat mich in dieser Hinsicht allerdings etwas anderes gelehrt: Es gibt durchaus einzelne Personen, die ständig die Welt und andere Menschen selektiv oder projektiv und damit falsch wahrnehmen. Die Mehrzahl der Führungskräfte, denen ich begegne, ist aber durchaus zu einer treffenden Wahrnehmung und Einschätzung anderer Menschen fähig. Ich habe das im Lauf der Jahre mit Staunen wahrgenommen. Wie gesagt, sie können es. Sie tun es allerdings meistens nicht! Sie sind sich selbst meistens gar nicht darüber im Klaren und richten ihre Aufmerksamkeit mehr auf eigene Gedanken und Inhalte als auf ihre Gesprächspartner.

Entsprechend möchte ich Sie hier zur Aufmerksamkeit ermutigen. Wenn Sie auf Ihre persönliche Resonanz bezüglich anderer Personen achten, werden Sie vermutlich vieles durchaus richtig einschätzen. Deshalb sollten Sie sich auf keinen Fall gegen Ihre Gefühle und aus vermeintlich sachlichen Gründen entscheiden, jemanden einzustellen, dem gegenüber Sie kein gutes Gefühl haben.

Wenn Sie dagegen nicht die Möglichkeit haben, Mitarbeiter auszuwählen und Ihre Menschenkenntnis dafür einzusetzen, können Sie sich aber wohl Gedanken über den optimalen Einsatz der vorhandenen Mitarbeiter machen. Viele Menschen blühen am richtigen Platz mit dem richtigen Auftrag auf.

Wenn Sie nun erwarten, dass ich Ihnen in den nächsten Abschnitten die Technik zeige, wie Sie das im Einzelfall erkennen können, dann sage ich Ihnen zunächst einmal: Das brauche ich Ihnen gar nicht zu zeigen, denn als erstes ist es wichtig, sich diese Frage überhaupt zu stellen, und zum zweiten ermutige ich Sie ja, Ihrem eigenen Gefühl noch mehr zu vertrauen als ich es hier tue, ohne Sie zu kennen.

Trotzdem glaube ich, Ihnen in den beiden nächsten Abschnitten noch einige sehr hilfreiche Anregungen zusätzlich geben zu können, die das hier Gesagte noch auf andere Weise untermauern.

Menschenkenntnis durch Profiling

Mit dem Thema Menschenkenntnis sind wir jenseits der Gesprächsführung angekommen. Hier geht es ums Ganze, um die Auswahl und richtige Einschätzung von Partnern. Oft wird der erste Zugang zu einem Menschen in einer persönlichen Begegnung liegen. Manchmal – wenn man es wie oben mit besonders verschlossenen Menschen zu tun hat – wird es sinnvoll sein, auf andere Medien zurückzugreifen. Zur Besetzung besonders verantwortungsvoller Positionen ist es oft wichtig, möglichst viele Hintergrundinformationen über einen Kandidaten einzuholen. Auch über Verhandlungspartner kann es nützlich sein, zusätzliche Informationen einzuholen. Die Informationsbeschaffung ist dabei die eine Seite. Das ist oft gar nicht so schwierig. Mittlerweile hinterlassen die meisten einflussreichen und aktiven Leuten deutliche Spuren im Internet oder anderen Medien. Man wird manchmal auch Leute befragen können, die mit den Betreffenden zu tun hatten. Schwieriger dagegen ist oft die Auswertung der gewonnenen und gesammelten Informationen.

Diese Aufgabe haben beispielsweise Polizeipsychologen, wenn sie das Verhalten von Geiselnehmern einschätzen und voraussagen sollen. Letztlich geht es wieder darum, eine Gebrauchsanleitung zu einer anderen Person zu erstellen. Ob das immer leicht ist und gelingt, ist eine andere Frage. Ich kann hier immerhin berichten, dass es mit einiger Sorgfalt, Aufmerksamkeit und psychologischem Verständnis durchaus möglich ist. Man kann oft „Zentralschlüssel" zu Personen finden, mit denen man erheblichen Einfluss auf diese Menschen gewinnen und ihr Verhalten ziemlich exakt vorhersagen kann. Das vorhin geschilderte Gesprächsbeispiel zwischen Personalchef und Bewerber zeigte schon einiges davon. In einem anderen Fall hatte ich die Aufgabe, einen für meinen Auftraggeber wichtigen Verhandlungspartner zu profilieren, mit dem bereits mehrere Gespräche gescheitert waren:

Beispiel

Nachdem mehrere Verhandlungen unter vier Augen von Geschäftsführer zu Geschäftsführer trotz sachlich abzusehender sinnvoller Synergien zu keinem Ergebnis geführt hatten, entschloss sich mein Gesprächspartner, sich einmal ausführlichere Gedanken über seinen Verhandlungspartner zu machen und zu prüfen, welche Informationen er über ihn einholen könne. Es fanden sich relativ schnell ein paar Vortragstexte. Bei deren Durchsicht stellten wir fest, dass die häufigsten Redewendungen Gemeinsamkeiten betonten: „Wir müssen gemeinsam …" oder: „Lassen Sie uns gemeinsam …" oder: „Nur gemeinsam können wir das schaffen". Zudem fiel auf, dass er auf Fotos nie allein abgebildet war, sondern immer mit drei bis vier anderen Personen. Er brachte auch zu Gesprächen und Verhandlungen gern mehrere Personen mit. Wir schlossen daraus, dass er ein Gemeinschaftsmensch ist und dass man ihn nicht allein einladen und empfangen sollte, sondern immer in größerer Runde. Wir stellten schließlich fest, dass er mit neun Geschwistern aufgewachsen war und insofern extrem auf Gruppe geprägt worden war. Als mein Gesprächspartner ihn und fünf Mitarbeiter zu einer Bootsfahrt einlud, selbst noch vier weitere Personen mitbrachte, und in seinen Gesprächsbeiträgen immer wieder ähnliche Formulierungen wie die obigen „wir sollten gemeinsam ..." verwendete, entspannte sich die Atmosphäre innerhalb kürzester Zeit so, dass noch am selben Tag einige wichtige Vereinbarungen unter Dach und Fach gebracht werden konnten.

Menschenkenntnis mittels Metaphern

Alternativ oder zusätzlich zu einer solchen analytischen Herangehensweise kann Ihnen beim Personenverstehen eine intuitive Methode helfen. Dabei rufen Sie alle Informationen über eine Person, die Sie teils während Sekunden oder Jahren unterbewusst wahrgenommen haben, in ein gleichzeitiges Medium, ein Bild beziehungsweise eine Metapher ab. Darin verdichtet sich alles zu einem Symbol. Die Technik besteht darin, sich zu fragen, was für ein Tier oder eine Pflanze oder ein Gegenstand eine Person wäre. Sie fahren dann am besten, wenn Sie sich auf die erste Idee beziehungsweise das erste Bild, das Ihnen dann einfällt, einlassen und hinsichtlich seiner Aussage untersuchen. Wenn Sie sich überlegen, was das Tier, das Ihnen eingefallen ist, kennzeichnet, werden Sie meistens schnell merken, dass die Person tatsächlich die gleiche Eigenschaft hat.

Beispiel

Ein Unternehmensberater bot mir an, Kontakte zur Fortbildungsabteilung verschiedener größerer Konzerne herzustellen. Ich sagte zu meiner Frau: „Dieser Mensch ist mir nicht sympathisch, mit solchen Leuten möchte ich normalerweise nichts zu tun haben, er kommt mir wie ein Schakal vor. Aber wenn er mir die Kontakte vermittelt hat, werde ich ja nichts mehr mit ihm zu tun haben." Um für mich tätig zu werden, erbat er eine Vorabprovision und einen Vorschuss für anfallende Reisekosten. Nachdem ich dies bezahlt hatte, hörte ich nichts mehr von ihm, und er war auch unter seiner Handynummer nicht mehr zu erreichen. Sein Wohnsitz war im Ausland, unsere schriftlichen Vereinbarungen beinhalteten keine Erfolgsgarantie für seine Tätigkeit, und er war nicht weiter zu belangen. Zwei Jahre später sah ich im Fernsehen einen Bericht über ihn und erfuhr, dass er mit dieser Masche seit Jahren erfolgreich Menschen betrog. Mein erster Eindruck hatte mich also nicht getrogen: Er war (wie) ein Schakal.

Manchmal fallen einem auch zwei Bilder ein, und man kann sich nicht recht für eins entscheiden. Dann kann ich Ihnen nur empfehlen, nehmen sie beide Bilder ernst und versuchen sie so zu betrachten wie das sprichwörtliche Bild vom „Wolf im Schafspelz". Jemand mag äußerlich wie ein Schaf wirken und in Wirklichkeit aber doch ein Wolf sein. Die folgende Situation zeigt Ihnen nicht nur die Wirkung einer Metapher, sondern auch ihren spontan-intuitiven Platz im Leben sowie die Bedeutung des Zuhörens:

Beispiel

Eine Dame sagte in einem Seminar, sie habe da an einem besonderen Problem zu nagen. Ich griff das auf und spiegelte zurück: „Sind Sie ein Nagetier?" Sie war verwundert und wusste zunächst gar nicht, was ich meinte. „Ja", sagte ich, „Sie haben doch gerade gesagt, Sie hätten an dem Problem zu nagen. Wenn Sie also ein Nagetier sind, würde ich doch gern erfahren, was für eins. Eine Maus, eine Ratte oder ein Hase?" – „Nein", antwortete sie, „dann schon eher ein Eichhörnchen." – „Und," fragte ich sie weiter, „sind Sie emsig, fleißig, schnell, vorsorgend und klug?" „Ja", sagte sie, „ich glaube, das trifft alles auf mich zu." – „Und reicht Ihnen das, ein Eichhörnchen zu sein, ist das alles oder haben Sie noch eine andere Seite?" – „Oh," sagte sie lächelnd, „ich glaube, ich habe auch noch etwas von einem Leoparden! – freiheitsliebend, schnurrig, gemütlich und voller Sprungkraft und Energie. Was ich will, das bekomme ich auch." Und dann entdeckte sie mit uns im Lauf des nächsten Tages, dass sie sowohl an einem Teil ihres Gürtels als auf dem Innenfutter ihrer Handtasche und auch auf einem ihrer Seidentücher ganz dezent das Motiv eines Leopardenfells bei sich trug, ohne, dass es ihr zuvor aufgefallen war. Sie stellte weiter fest, dass sie bei der Arbeit als Eichhörnchen eingestellt worden war und bezahlt wurde, dass sie im Privatleben aber eher als Leopard in einem Freundeskreis von Löwen und Tigern lebte.

An dem Beispiel können Sie erkennen, wie es möglich ist, einen ganzen Menschen plötzlich mit zwei Worten (beziehungsweise Bildern) in einem großen Teil seiner Komplexität treffend zu erfassen. Dafür würde kein psychologischer Terminus – introvertiert/extrovertiert etc. taugen, auch kein auf mehreren Seiten ausgeführtes Psychogramm. Mit symbolischen Metaphern kann man einen Menschen meistens viel besser erfassen und näher an ihn herantreten. Diese Technik ist einfach, hochkonzentriert und sehr treffend. Ich kann Ihnen nur empfehlen, sie zu erproben und ihren dabei intuitiv gewonnen Einsichten zu vertrauen. Sie ersparen sich damit vielleicht manchen Flirt mit einem Schakal.

Je treffender Sie also einen Menschen einschätzen können, desto punktgenauer können Sie schließlich mit ihm kommunizieren und auf ihn eingehen. Sie werden ihn nicht nur besser verstehen, sondern sich selbst auch besser verständlich machen können. So hat eine personenbezogene Kommunikation immer Vorrang vor Sachinhalten und Sachargumenten. Besser als mit Schrot auf eine Zielscheibe zu schießen, ist ein gut gezielter punktgenauer Treffer ins Schwarze.

Zusammenfassung

Was Sie hier über „Techniken zum Durchschauen von Menschen" gelesen haben, basiert auf Achtsamkeit. Die Mittel, um andere zu verstehen, sind: fragen, herauslocken, anregen, beobachten, sammeln, auswerten und alles hinsichtlich seiner Symbolik deuten. Vieles davon können Sie im Gespräch erkennen und erarbeiten, manches aber auch aus bereits vorhandenen oder neu zusammengetragenen Informationen über jemanden erschließen. Je besser Sie einen anderen dabei verstehen, desto leichter können Sie auf ihn eingehen und den Weg zu ihm finden.

4. Die Kommunikation

Nachdem Sie nun über notwendige und sinnvolle Grundeinstellungen in der Person des Führenden informiert sind, über Persönlichkeitspsychologie und Grundlagen der Menschenkenntnis, kommen wir jetzt zur Klärung der Fragen, wie eine überzeugende und erfolgreiche Kommunikation ablaufen muss und welche Voraussetzungen dafür gegeben sein sollten. Dieses Kapitel legt Ihnen dafür drei Schritte dar:

1. Die sieben Persönlichkeitsebenen führen zu entsprechenden *Sieben Ebenen der Kommunikation.* Sie sollen hier im ersten Abschnitt dargelegt werden. Einen Menschen zu überzeugen bedeutet, ihn auf allen Ebenen zu gewinnen. Anderenfalls müssen Sie damit rechnen, dass er sich manipuliert oder getäuscht fühlt und aus einer Vereinbarung wieder aussteigt.
2. Im zweiten Abschnitt geht es um die Wahrnehmung der Kommunikationsabläufe und -prozesse auf all diesen Ebenen. Dafür bedarf es der Haltung einer umfassenden *Achtsamkeit.*
3. Auf dieser Basis lassen sich dann in einem dritten Schritt *Grundsätze und Methoden für eine erfolgreiche Kommunikation* entwickeln.[3]

Die sieben Ebenen der Kommunikation

Als Erstes kommen wir zu den sieben Ebenen der Kommunikation. Sie sind eine Umsetzung der Persönlichkeitsebenen in die Kommunikations- und Lebenspraxis. Zuerst finden Sie hier einen Überblick, im Folgenden werden die Ebenen dann im Einzelnen kurz ausgeführt:

---

[3] Ich verweise an dieser Stelle auch auf mein Buch „Dialektik – Die Psychologie des Überzeugens". Dort sind die Grundsätze der Kommunikation auf sieben Ebenen umfassend und mit vielen praktischen Hinweisen dargelegt.

Ebenen der Persönlichkeit	**Ebenen der Kommunikation**
7. Geist	Reflexion
6. Vernunft	Information, Argumentation
5. Intentionalität	Ziele, Interessen
4. Emotionalität	Beziehungen
3. Charakterliche Grundmuster	Grundeinstellungen, Maßstäbe
2. Antriebe und Bedürfnisse	Motive
1. Lebensenergie / Selbst / Ur-Identität	Sinn

Zu 1. Auf der *Identitätsebene* geht es vor allem um die Frage nach der persönlichen *Identifikation* mit sich selbst sowie dem *Sinn* der Anliegen, Inhalte und Ziele der Kommunikation.

Zu 2. Auf der *Antriebsebene* geht es um den Austausch über das, was einen *bewegt, reizt, antreibt, anzieht* oder *abstößt.*

Zu 3. Auf der *Grundeinstellungsebene* kommuniziert man über *Maßstäbe, Erwartungen, Ansprüche* und tritt zueinander in Grundstellungen der rangmäßigen Gleichrangigkeit, Über- oder Unterlegenheit.

Zu 4. Auf der *Emotionsebene* geht es um die Art von *Beziehungen*, die man zueinander oder zu Sachverhalten einnimmt, wie man dabei empfindet, urteilt und bewertet.

Zu 5. Auf der Ebene der *Intentionalität* geht es um eigene und fremde *Interessen, Absichten* und *Ziele*. In erweiternder Hinsicht auch um *Visionen.* Indem man sich darüber austauscht, wird man auf der Sachebene alternative Lösungsmöglichkeiten suchen können, die die Interessen und Ziele beider Seiten abdecken.

Zu 6. Mittels seiner *Vernunft* sammelt man *Informationen*, wertet sie aus, ordnet sie, tauscht sie aus, bezieht *Standpunkte* und *argumentiert* für sie oder gegen die Argumente der anderen Beteiligten. Auf dieser Ebene kann man auch alternative Möglichkeiten erarbeiten und auf ihre Tauglichkeit prüfen.

Zu 7. Mit dem *Geist reflektiert* man vor, während und nach einem Gespräch, allein und mit den Partnern. Man klärt, was man eigentlich wirklich auf allen Ebenen will, versucht Klarheit zu schaffen und das Wesentliche vom Unwesentlichen zu trennen.

Alles, was auf den verschiedenen Ebenen stattfindet, fließt in die Kommunikation ein. Teils bewusst und ausdrücklich, zum anderen Teil unbewusst und intuitiv, in kleinen Hinweisen, Zeichen oder Symbolen versteckt. Wenn Sie aufmerksam sind, werden Sie viel über andere Menschen erfahren.

Die Haltung der Achtsamkeit

Manche Menschen versprechen sich von Seminaren oder vom Kauf eines Buches eine Liste mit den wichtigsten Grundregeln der Kommunikation. Bei deren Befolgung erhoffen Sie dann vollen Erfolg bei der Umsetzung Ihrer Wünsche. Am liebsten hätten sie vermutlich sogar eine in Minuten angegebene Vorgabe, was für Gesprächsphasen in welcher Dauer und Reihenfolge abzuwickeln wären. Solche Rezepte lassen sich natürlich erstellen und verkaufen, und tatsächlich scheinen manche Leute damit viel Geld zu verdienen. Ich vertrete dagegen eine andere Auffassung. Ich plädiere – auf der Basis des Bisherigen – für eine konzeptfreie Kommunikation. Was bedeutet das?

Die Grundidee ist dieselbe wie im Zen-Buddhismus: Achtsamkeit. Indem man sich von allem inneren und äußeren Chaos befreit, wächst man immer mehr in die eigene Mitte und kommt dadurch in eine geistige Verfassung, mit der man aufmerksamer gegenüber anderen und anderem sein kann.

Es kann nicht förderlich sein, während eines Gesprächs ständig an ein Konzept oder an Kommunikationsregeln zu denken und sie sich innerlich herunterzubeten. Wenn Sie dagegen innerlich frei von Ballast und offen für den anderen sind, ihm ohne Vorurteile und mit dem Vertrauen begegnen, bei entsprechender Wachheit das Richtige und Wichtige wahrzunehmen, dann werden Sie dem anderen auch innerlich und persönlich begegnen.

Heißt das nun, unvorbereitet in das nächste Gespräch zu rennen? Gewiss nicht. Sie würden vermutlich trotz aller Konzeptfreiheit scheitern. Anstatt an Konzepte zu denken, sollten Sie sich um bestimmte innere Haltungen bemühen. Dafür können Ihnen die aufgezeigten Persönlichkeitsebenen ein paar Bewusstseinsfenster öffnen, durch die Sie Dinge, die Ihnen vorher entgangen sind, erstmals oder viel deutlicher wahrnehmen.

Machen Sie es sich zur Grundhaltung, davon auszugehen, dass Ihr Gesprächpartner Ihnen immer mehr mitteilt, als Sie auf Anhieb verstehen. Betrachten Sie nichts als zufällig oder bedeutungslos. Gehen Sie stattdessen davon aus, dass jede Bewegung Energie braucht und alles ein Motiv hat. So können Sie versuchen, Ihr Bewusstsein und Ihren Wachheitsgrad für kleine und winzige Signale zu schärfen. Schauen, hören und spüren Sie hin und fragen Sie behutsam bei allem nach, was Ihnen von Bedeutung zu sein scheint.

Vielleicht ergibt sich dabei auch eine Grundhaltung des Interesses und der Neugier für Menschen. Jeder ist einzigartig, und wenn Sie anfangen, Menschen in Typengruppen einzuteilen, haben Sie sich schon vieler Chancen beraubt, den Einzelnen in seiner Individualität und Struktur wahrzunehmen. Schauen Sie sich lieber jeden Einzelnen genau an.

Achtsamkeit ist kein moralisches Postulat oder das Interesse eines Hobbypsychologen, sondern die Kunst der meisten Erfolgsmenschen: Weil Sie Menschen ziemlich genau verstehen und durchschauen, kommen Sie oft auch an deren Persönlichstes heran: deren Vertrauen und deren Geld. Und da wird es ganz knallhart pragmatisch: Um einen Tresor öffnen zu können, brauchen Sie den Schlüssel oder den Code. Und das ist vielleicht die beste Metapher für das, was in der Kommunikation gelingen muss: Sie müssen den Schlüssel zum anderen finden oder anfertigen. Und dafür müssen Sie exakt hinschauen, was bei ihm passt.

Sie können das auch mit dem Bemühen der Zauberlehrlinge auf einer Zauberschule vergleichen, die in jahrelanger Arbeit lernen, wie man Zaubersprüche verfertigt, um sich die Welt dann so gefügig zu machen, wie man es will. Eigentlich ist es kaum etwas anderes, was in einem Gespräch gelingen muss: Sie müssen die richtigen Worte finden, die das

Herz und den Geldbeutel eines anderen Menschen oder einer Firma öffnen. Das sollte fein justiert sein und muss perfekt sitzen. Daher auch die schon früher erwähnte Empfehlung, dass andere Menschen meistens am leichtesten mit ihren eigenen Worten zu überzeugen sind. Da nutzen Ihnen also keine „bestmöglichen" vorformulierten Worte aus einem Buch oder von Ihrem Assistenten vorbereitet, Sie müssen im Gespräch erkennen, verstehen, sehen, heraus- und zwischen den Zeilen lesen, was jemand will und was ihn interessiert. Nur wenn Ihnen das gelingt, können Sie stabile Beziehungen und Vereinbarungen schaffen.

Hinsichtlich des Führens bedeutet das: Es gibt keinen für alle Mitarbeiter gleichermaßen wirksamen Führungsstil. Gewiss mögen Sie mit manchen Verhaltensweisen eine Mehrheit von Mitarbeitern gewinnen oder mitnehmen können, es wird aber auch immer Einzelne geben, für die Sie einen speziellen Zauberspruch finden müssen. Und je ausgeprägter die Individualität eines Menschen ist, desto spezieller und persönlicher muss ein überzeugungswirksamer Satz sein.

Grundsätze und Methoden erfolgreicher Kommunikation

Klarheit und Einfachheit

Für Professoren im wissenschaftlichen Wettbewerb mag Kompliziertheit der Sprache ein Symbol für wissenschaftlichen Rang sein. Sie müssen aber auch nicht wirklich etwas im Markt verkaufen. Sie bedienen mit Unverständlichkeit oft eher ihre Eitelkeit.

In der Sprache von Pubertierenden ist dagegen fast alles einfach im Sinne von „cool" oder „uncool". Auch am Stammtisch werden die Verhältnisse meist sehr klar und einfach diskutiert. In beiden Fällen sind die Aussagen und Diskussionen meist nicht besonders sachgerecht. Was es braucht, ist also eine Synthese: sachgerechte Einfachheit.

Klarheit ist immer einfach. Einfachheit ist aber noch längst nicht immer klar. Man kann auch einfachen Unsinn reden. Nimmt man das Kriterium eines klaren Durchblicks auf die Realität hinzu, muss es eigentlich das Ziel jeder sinnvollen Kommunikation sein, solche Klarheit zu schaffen und so einfach zu kommunizieren, dass die Information oder Botschaft leicht von einem zum anderen fließen kann.

Oft ist ein erheblicher Aufwand zu leisten, um Dinge klar zu sehen oder klar zu empfinden. Dafür kann wissenschaftliche Kompetenz und psychologische Selbsterforschung erforderlich sein. Darüber hinaus ist dann ein weiterer Aufwand notwendig, um das Erkannte klar an andere zu kommunizieren.

Auf einem treffendem Sachbezug liegt in einer Zeit, die von Werbung, Marketing, Public-Relations, Wahlkämpfen und ideologischen Auseinandersetzungen geprägt ist, nicht unbedingt der Hauptfokus der öffentlichen Kommunikation. Dennoch muss man sich bewusst machen, dass jedes realitätsferne Szenario irgendwann wie ein Kartenhaus zusammenklappt. Eine von einem guten Verkäufer schon vorab verkaufte Maschine, von der sich ein Ingenieur bloß wünscht, dass sie funktioniert, ruiniert nicht nur dessen Ruf, sondern möglicherweise zugleich den Ruf und die Finanzen einer ganzen Firma.

Da Führungskräfte im Berufsleben den Geführten Richtung weisen und Orientierung geben müssen, ist dieser doppelte Aufwand, Sachgerechtigkeit und Klarheit zu schaffen, ganz besonders von Führenden zu betreiben. Das kann teils durch eigene Klärung der Sachverhalte geschehen, teils durch Interviews oder eine moderierte Expertenanhörung, aber auch indem Sie als Chef Dinge, die von anderen erarbeitet wurden, selbst so klar formulieren, dass alle sie verstehen.

Wie Sie Klarheit schaffen

Versuchen Sie zu klären, was Sie selbst eigentlich wollen, und schreiben das nieder. Wenn Ihre Ziele klar sind, Sie die Maßnahmen zu deren Erreichung schon planerisch vorbereitet und auch eventuelle Fragen an Ihre Gesprächspartner schon vorformuliert haben, werden Sie auch klar sprechen können und verstanden werden.

Wie Sie Aussagen Struktur geben

Mit der Komplexität von Zusammenhängen verlieren Gesprächspartner vielfach den Überblick. Strukturieren Sie deshalb möglichst frühzeitig oder auch immer wieder zwischendurch den Gesamtzusammenhang und verschaffen Sie Ihren Gesprächspartnern immer wieder den Überblick über das Ganze. Beziffern Sie dafür beispielsweise Ihre Argumente mit: erstens ..., zweitens ..., drittens ... Unterscheiden Sie deutlich zwischen den Pro- und Kontra-Argumenten, zwischen dem, was noch strittig sein mag, und dem, was schon als gemeinsame Übereinstimmung festzuhalten ist. Achten Sie vor allem darauf, dass hinsichtlich der Zahl Ihrer Argumentationsschritte das einzelne Element im Verhältnis zur Gesamtheit Ihrer Argumentation in einem ausbalancierten Verhältnis steht und nicht übergewichtet ist oder untergeht. Konkret bedeutet das: Sie sollten nicht mehr als fünf Gedankenschritte zu einem Statement vereinen. Bei fünf Elementen ist jedes einzelne noch wahrnehmbar und kann für sich wirken. Diese Proportionierung entspricht dem Verhältnis des Goldenen Schnitts.

Wie Sie Strukturen und Abläufe klar machen

Klarheit muss auch in struktureller Hinsicht bezüglich Abläufen, Regeln, Zuständigkeiten und Vollmachten erarbeitet und geschaffen werden: Zentrale und häufig ungeklärte Fragen in der Führungskommunikation sind oft: Wer entscheidet in einer Angelegenheit? – Das Team am Ende einer Gesprächsrunde oder der Chef? Häufig werden Hierarchien so getarnt, dass sich am Ende der Chef selbst nicht mehr erinnert, dass er doch eigentlich das Recht hat, die letzte Entscheidung zu treffen. Klären Sie also Zuständigkeiten, Verantwortlichkeiten und Abläufe.

Wie Sie komplexe Zusammenhänge veranschaulichen

Damit andere Menschen theoretische, abstrakte oder komplexe Zusammenhänge besser nachvollziehen können, hilft es, sie durch eine Analogie mit einem bereits verstandenen und akzeptierten Zusammenhang zu erklären. In früheren Kapiteln haben wir schon über bildhaftes Sprechen und Visualisierung durch Metaphern gesprochen. Hier ist es nun an Ihnen, solche Metaphern zur Vereinfachung von Komplexität zu schaffen:

Beispiel

Stellen Sie sich vor, Sie sind in Urlaub und bei Ihnen zu Hause steigen Einbrecher ein, bestehlen Sie und verwüsten Ihre Wohnung. Selbstverständlich sind Sie entsetzt und rufen die Polizei.

Nun stellen Sie sich vor, Sie sind in Urlaub und Ihr dienstliches Handy geht. Dann wird Ihnen im Zweifel ein Teil Ihres kostbaren Urlaubs geraubt und Ihnen dieser Zeitraum verwüstet. Aber selbst wenn Sie darüber wütend und ärgerlich sind, wäre es kein Anlass die Polizei einzuschalten.

Bei einem Einbruch zu Hause würde die Polizei immerhin als erstes prüfen, ob Sie auch alles richtig abgesperrt hatten. Falls nicht, wird Ihnen eine Mitschuld durch Fahrlässigkeit bescheinigt werden, und vielleicht zahlt dann Ihre Versicherung nicht.

So sollten Sie auch in Ihrem Urlaub rechtzeitig testen, ob dieser Zeitraum gut abgesichert ist, dass da keiner einbrechen kann. Dazu gehört es, dass Sie rechtzeitig Ihr Handy abschalten und abgeschaltet lassen.

Wie Sie gewünschte Effekte mit geeigneten positiven Begriffen erreichen

Alle guten Kommunikationsstrategien schlagen fehl, wenn man mit den falschen Begriffen arbeitet. Jedes Wort trägt ein Assoziationsfeld mit sich, das wie eine unsichtbare Tretmine plötzlich hochgehen kann und Ihr Image zerstört. Mit den falschen Worten können Sie Ihre Kommunikationsziele nicht erreichen.

Beispiel 1

Wenn Sie über die Notwendigkeit von Gentechnik sprechen wollen, so müssen Sie heutzutage damit rechnen, mit dem Begriff „Gentechnik“ eher Skepsis oder Widerstand zu generieren als Sympathie. Sie könnten sich manchen Stress ersparen, wenn Sie den Begriff meiden und die Zuhörer mit anderen Bildern und Begriffen zum Thema hinführen:

„Immer mehr Menschen auf diesem Planeten müssen ernährt werden. Wenn Sie bedenken, dass in den letzten zwanzigtausend Jahren durch Züchtung und Veredelung die Ernteerträge pro Hektar um ein Vielfaches gesteigert werden konnten, dann besteht vielleicht die Aussicht, dass für eine weiter wachsende Menschheit weitere solcher Steigerungen möglich sind. So wie man Äpfel nur durch Veredelung aus wilden Quitten ziehen kann und eine Gartenrose eine veredelte Form der Wildrose ist, lässt sich auch Getreide veredeln. Heute sogar mit neuen Methoden, durch die Veredelungssprünge noch schneller zu erreichen sind. So können Sie hoffen, demnächst auf Ihrem Esstisch neben Edelrosen auch noch edlere Früchte als bisher finden zu können."

Beispiel 2

Die SPD hat in Deutschland im Jahr 2007 erneut eine Diskussion um ein „Tempolimit von 130 km/h auf deutschen Straßen" begonnen. Damit hat sie eine Formulierung aufgegriffen, mit der seit den Siebziger Jahren schon mehrfach dieselbe Diskussion erfolglos geführt worden ist. Der Gegenslogan ist noch fast jedem bekannt: „Freie Fahrt für freie Bürger!" Und er ist besser. Er fordert nämlich nicht ein Verbot, sondern Freiheit. Das bedeutet, mit dem Beginn dieser Kampagne hat die SPD sich nicht nur schwach platziert, sondern zugleich ihre alten Gegner wieder in die alten Gegenpositionen gebracht. Besser wäre es gewesen, eine neue Diskussion zu beginnen: „Eine der größten Gefahren auf den Autobahnen sind die hohen Geschwindigkeitsunterschiede verschiedener Fahrzeuge auf verschiedenen Spuren. Der Sicherheit würde es erheblich nutzen, wenn alle Fahrzeuge mit gleicher Geschwindigkeit führen. Dafür sollte eine verbindliche gemeinsame Geschwindigkeit von 130 km/h eingeführt werden."

Bedenken Sie immer: Sie können anderen höchstens soviel Klarheit verschaffen, wie Sie selbst haben. Entsprechend gilt: Klären Sie die Dinge und Formulierungen erst für sich, ehe Sie sie anderen zu er-„klären" versuchen.

Sprechen Sie autonom und ohne Rechtfertigungen

Achten Sie einmal auf die Wahrheit des Sprachspiels: „Ein Gesetz ist etwas, das durch einen Satz gesetzt wurde."

Ob man nun von einem Familienvater, einem Staatschef oder einem Firmenchef spricht, bezüglich charismatischer – oder vielleicht auch nur autoritärer – Führer gibt es die Redewendung: „Sein Wort ist Gesetz!" In einer körpersprachlichen Analyse der Video-Aufzeichnungen von Reden lässt sich beobachten, wie unterschiedlich fest Sprecher dabei stehen. Es gibt dabei immer einen Zusammenhang zwischen der inneren Sicherheit, dem Grad der inneren Überzeugung und dem körperlichen Verhalten, wie fest jemand zu seinen Worten „steht". Vielfach schieben Sprecher ihren wichtigsten Aussagen irgendeinen Nachsatz oder ein weiteres Argument hinterher und entwerten diese dadurch:

Beispiel

„... Deshalb sollte man diese Lösung wählen. Das scheint mir jedenfalls die sinnvollste Lösung zu sein."

Oder:

„... Deshalb sollte man zur Verbilligung des Produkts auf diese Funktion verzichten. Für die Umwelt hätte das außerdem noch den Vorteil, dass ..."

Oder:

„Ich bin für eine rote Lackierung, weil damit auch erreicht würde, dass die Sicherheitsauflagen erfüllt werden."

Jedes nachgeschobene: „denn" oder „weil" wird argumentationspsychologisch zur Rechtfertigung einer Position. Grundsätzlich sollten deshalb Argumente vor einer Schlussfolgerung kommen. Meistens bringen auch wenige Argumente – oft nur eins – die größere Wirkung. Oft werden Sie zum Überzeugen sogar überhaupt kein Argument brauchen und erzielen den stärkeren Autoritätseffekt, wenn Sie beispielsweise nur sagen: „Ich halte rot für die sinnvollste Farbe und schlage vor, bis nächste Woche zu untersuchen, welche Lackart die höchste Beständigkeit verspricht." Dann wird vermutlich gar nicht mehr über rot diskutiert, sondern nur noch über die Lackart.

Bei der Zusammenarbeit von Menschen in Gruppen spielt die Selbstdarstellung des Einzelnen immer eine große Rolle. Deshalb sollte dafür Raum sein, und Sie sollten ihn als Chef immer wieder geben. Sie können ihn leicht an Punkten oder Themen gewähren, die relativ belanglos sind. Stellen Sie beispielsweise zwei gleich gute Lösungen zur Diskussion. Dann kann sich jeder profilieren, und die Gruppe kann nachher sogar abstimmen. Oder teilen Sie eine Lösung mit, und lassen Sie diskutieren, wie sie am schnellsten umzusetzen ist. Rückbezogen auf den ersten Satz dieses Abschnitts bedeutet das: Setzen Sie Ihr Gesetz und lassen Sie über die Ausführungsbestimmungen diskutieren. Lassen Sie sich vor allem nicht zu Rechtfertigungen drängen. Sagen Sie, wenn Ihnen widersprochen wird, lieber, dass Sie noch einmal darüber nachdenken werden, und gehen Sie dann zum nächsten Thema über, als dass Sie Ihren Punkt rechtfertigen oder diskutieren lassen. Wenn Sie dann beim nächsten Treffen von sich aus auf den Einwand zurückkommen und vielleicht sogar eine kleine Änderung Ihres Vorschlags von neulich einbringen, wird das eher souverän als schwach wirken.

Klären Sie vor allem zuvor, ob eine Position, die Sie vertreten wollen, grundsätzlich sinnvoll und haltbar ist. Wenn Sie auf eine Maßnahme hin mit dem kollektiven Widerstand Ihrer Mannschaft rechnen müssen, sollten Sie sich lieber eine klügere und besser kommunizierbare Lösung ausdenken – oder jemand anderen zum Überbringer der schlechten Nachricht machen, der dann „geköpft" werden kann. In der Tat stellen Firmen zum Personalabbau oft befristet Manager ein, die nach getaner Arbeit wieder gehen. Ein paar Mal konnte ich beobachten, dass die Betreffenden darüber vorher nicht informiert worden waren und mit Kind und Kegel einen Ortswechsel mit Hauskauf vollzogen, ehe sie nach zwei Jahren erkennen mussten, dass sie sich in der Firma und im Ort so unbeliebt gemacht hatten, dass es besser war, wieder zu gehen.

Erwerben Sie sprachliche Führerschaft und Originalität

Eben wurde es schon angedeutet: Führen bedeutet auch sprachliche Führerschaft. Ob ein diktatorisches Regime mittels Zensur seine Sprachregelungen durchdrückt oder eine Firma mit einer groß angelegten Kampagne Sprachregelungen oder Begriffe in der Öffentlichkeit einführt oder durchsetzt, es geht dabei immer darum, das Bewusstsein von Menschen zu gewinnen oder zu besetzen. Formulierungskunst ist nicht nur etwas für lyrische Gemüter, sondern vor allem etwas für Machtmenschen. Mit Worten kommuniziert man Bewertungen von Sachen, Menschen oder Situationen und besetzt „geistige Territorien". Hier nur einige polarisierte Beispiele, bei denen ein und derselbe Sachverhalt aus verschiedenen Perspektiven mit unterschiedlichen Worten besetzt wird.

Beispiele

negative Bewertung	*positive Bewertung*
Ehebruch	Ausbruch, Befreiung, Neuanfang
Terrorist	Martyrer
Mörder	traumatisiertes Opfer aus asozialem Milieu
Heuschrecken	Investoren
Kapitalismus	freie Marktwirtschaft
Krieg	friedenssichernde Maßnahmen, heldenhafter Kampf
Kriegsopfer	Kollateralschäden
Klimakatastrophe	globale Erwärmung, die zu einer besseren Nutzungsmöglichkeit der Bodenschätze der Arktis führt
Kantine	Betriebsrestaurant
Schnellschuss, Notmaßnahme	Sofortmaßnahme
Gentechnik	Veredelung von Wildpflanzen

Argumentieren Sie auch nicht, man solle zu konservativen alten Werten und Tugenden wie Fleiß und Pflichtbewusstsein zurückkehren, sondern übersetzen Sie Ihren Vorschlag lieber in eine positivere Formulierung: „Um Zukunftsprojekte erfolgreich gestalten zu können, sollten Sie sie sorgfältig, mit Ausdauer und Konsequenz nachhaltig vorantreiben."

Allgemein gilt: Wer sein Wort beziehungsweise seine Sprachregelung im öffentlichen Bewusstsein oder in seiner Zielgruppe durchsetzt, gewinnt einen erheblichen Vorsprung.

Dabei geht es nicht nur um kollektive Bewertungen, sondern auch um ganz spezielle Assoziationen, die zu bestimmten Stimmungsreaktionen führen können. Überlegen Sie sich beispielsweise gut, ob Sie Ihrem Team lieber verordnen, in „Klausur" zu fahren, mit ihm einen „Workshop" durchführen oder es zu einem „gemeinsamen Wochenende mit Wildwasser-Rafting und einem Gourmet-Arbeitsessen" einladen. Die Reaktionen werden unterschiedlich ausfallen.

In der Führungskommunikation ist es wie bei jeder Öffentlichkeitsarbeit wichtig, dass Sie als Chef Begriffe bilden und in Umlauf bringen, ehe andere das tun. Entsprechend sollten Sie Ihr Ohr an der Basis haben und den dort gängigen Sprachgebrauch und sich einbürgernde Redewendungen mitbekommen. Dann können Sie eventuell Formulierungen aufgreifen oder frühzeitig gegensteuern.

Ein gewisses Maß an sprachlicher Originalität steht dabei einem Führer und Impulsgeber gut an. Klischees, Floskeln und Standardformulierungen turnen Zuhörer ab. Sie müssen nicht gerade exzentrisch formulieren, aber es lässt sich beispielsweise anlässlich der Hochzeit eines Mitarbeiters relativ leicht aus „Meine besten Glückwünsche zur Hochzeit" origineller und lebendiger formulieren:

- „Ich wünsche Ihnen, dass Sie wirklich glücklich miteinander werden ..." Oder:
- „Glücklich sind Sie nun schon. Ich wünsche Ihnen, dass Sie es möglichst für immer bleiben." Oder:
- „Hochzeit haben Sie jetzt. Tiefzeiten werden gewiss nicht ausbleiben. Vor allem dafür wünsche ich Ihnen Glück, Vertrauen und Ausdauer."

Kommunizieren Sie personenbezogen

Ein weiteres wichtiges und häufig ignoriertes Prinzip der Kommunikation ist zuhörer- oder adressatenorientiertes Sprechen. Dabei geht es um den aktiven Aufbau einer Beziehung zwischen Sprecher und Adressat. Sie können dabei zwei Richtungen betrachten: das Zuhören und das Sprechen.

1. Zuhören und Zuwendung geben

Da jeder Mensch von seiner angeborenen Antriebsebene her ein Bedürfnis nach Wertschätzung und positiver Selbstdarstellung hat, gilt in der Kommunikation grundsätzlich der Vorrang des Zuhörens vor dem Sprechen. „Reden ist Silber, Zuhören ist Gold" – möchte ich präzisierend umformulieren. Dabei steht der andere im Mittelpunkt und kann sich mit seinen Einsichten, Wünschen, Bedürfnissen und Impulsen artikulieren. Wenn Sie ihm dabei eine aktive und Anteil nehmende Aufmerksamkeit schenken, wird er sich normalerweise in einer solchen Situation wohlfühlen und sich innerlich auch für spätere Antworten und Beiträge von Ihnen öffnen. Psychologik geht hier also erst einmal vor Sachlogik. Sie werden selten etwas Falsches tun, wenn Sie zu Beginn eines Gespräches Ihren Gesprächspartnern Aufmerksamkeit schenken und die Gelegenheit zu sich selbst darstellenden Mitteilungen. In der höflichen Frage: „Wie geht es Ihnen" ist ein solcher Anstoß bereits enthalten, aber es hilft meist, dem anderen ein deutlicheres Zeichen zu geben, dass man ihn wirklich persönlich meint und ihm Raum gibt. Während Sie zuhören, können Sie über die unterschiedlichsten Aufmerksamkeitssignale (Blickkontakt, Nicken, „aha", „ja", „mhm") Zuwendung geben und den Partner zum Weitersprechen ermutigen.

Wenn Sie zwischendurch offene Fragen stellen, geben Sie ihm nicht nur weitere Zuwendung, sondern können durch die Richtung Ihres Fragens auch beeinflussen, worüber er spricht. Sie erhalten dann gezielte Informationen. Sie können also zuhörend durchaus gleichzeitig Ihre eigenen Interessen verfolgen und Einsichten über Einstellungen und Charaktermuster eines Gesprächspartners gewinnen und damit Schlüssel zu seinem

Verstand, seinem Herz und seiner Seele. Zuhören ist immer eine gute Investition in eine Beziehung zugunsten eines positiven Gesprächsergebnisses.

Beweise Ihrer Aufmerksamkeit legen Sie am besten nicht durch Formulierungen wie: „Ja, das kann ich alles gut verstehen“ ab, sondern indem Sie zusammenfassend wiederholen, was der andere gesagt hat. Dabei sollten Sie vor allem den Gefühlsgehalt seiner Mitteilungen spiegeln: „Wenn ich Sie also richtig verstanden habe, beschäftigt Sie besonders ... und Sie ärgern sich darüber, dass ... und würden sich eine Lösung wünschen, die ...“ Wenn Sie richtig zusammengefasst und Ihr Verstehen nachgewiesen haben, kann der andere nicht anders als mit einem „ja, genau!“ bestätigen oder korrigierend richtigstellen, was auch kein Nachteil ist. So wird auf jeden Fall eine Beziehung hergestellt und das wirkt positiv. Sie dürfen später durchaus Ihre eigene „andere“ Auffassung oder Ihre eigenen „anderen“ oder „zusätzlichen“ Interessen einbringen. Dabei sollten Sie darauf achten, sich nicht gegen Ihren Gesprächspartner zu positionieren, sondern Ihre Meinung daneben zu stellen. Dann können Sie miteinander austauschen, wie Sie mit so unterschiedlichen Ansätzen und miteinander umgehen wollen. Dieses Vorgehen wird eine konstruktive und verbindliche Gesprächs- und Verhandlungsatmosphäre schaffen.

2. Grundsätze zum personenbezogenen Sprechen

- Sprechen Sie verständlich

  Akademischer Sprachgebrauch wird vielfach innerhalb und auch außerhalb der Universitäten und Fachlabors aus akademischem Klassenbewusstsein zur eigenen Rangerhöhung und Standesabgrenzung verwendet. Außer unter unmittelbaren Fachleuten – sofern sie beziehungsmäßig neutral oder positiv zueinander stehen – hat diese Sprache allerdings nur einen geringen Wert. Sie sollten sich außerhalb solcher Kreise und in größeren Gruppen darum bemühen, jeweils in der Sprache Ihrer Adressaten zu sprechen, das heißt zu Erwachsenen wie zu Erwachsenen, zu Kindern kindgerecht, zu Laien in laienverständlicher Sprache, aber auch zu einer größeren Gruppe von Fachleuten immer psychologisch. Je größer die Gruppe Ihrer Zuhörer oder

Gesprächspartner ist, desto einfacher und klarer sollten Sie sprechen. Sie müssen davon ausgehen, dass in dem Moment, wo zwischen Akademikern Rivalitäten herrschen, die „Reine Vernunft“ außer Kraft gesetzt ist und die Gesetze der Gruppendynamik und Massenpsychologie stärker wirken. Allgemein kann man sagen, dass bei einer Gruppengröße von mehr als zehn Personen selbst Fachleuten eine akademische Sprache langweilig wird. Sofern sich durch eine entsprechende Gruppengröße nicht mehr jeder einbringen kann, lässt das Interesse nach, und es bedarf zusätzlicher Anreize, um die Aufmerksamkeit von Zuhörern zu binden. Neben anschaulichen und witzigen Metaphern sollten Sie sich dann um eine mit wachsender Gruppengröße immer einfachere, klarere und durchaus persönlich-originelle Sprache bemühen.

- Menschen möchten gemeint werden

Dieser Satz ist einer der wichtigsten Schlüssel der Kommunikation. Tausendfach sprechen die klügsten und rhetorisch vermeintlich besten Präsentatoren an ihren Zuhörern vorbei, weil sie nur über sich und ihr Thema sprechen und nicht mit den anwesenden anderen Menschen. Viele sagen eher „Ich habe mir überlegt...“ als: „Wenn Sie sich einmal überlegen,...“. Wenn es Ihnen gelingt, ihren Zuhörer oder Gesprächspartnern herüberzubringen, dass Sie sich um deren Fragen, Interessen, Probleme, Anliegen kümmern, werden Sie viel leichter deren Aufmerksamkeit gewinnen.

- Denken und sprechen Sie aus der Perspektive Ihrer Gesprächspartner

Gehen Sie davon aus, dass Ihre Gesprächspartner sich immer mehr für ihre eigenen Angelegenheiten interessieren als für Ihre. Denken Sie daher alles, was Sie kommunizieren wollen, aus deren Perspektive an, und formulieren Sie Ihre Inhalte als Antwort auf Fragen und Problemlagen, die Ihre Zuhörer (gegebenenfalls auch nur hypothetisch) interessieren und betreffen könnten.

Beispiel

Ihr Urlaubsbericht aus der Karibik mag so schön, so stimmungsvoll, so voller abenteuerlicher Erlebnisse sein wie er will, andere Leute werden sich mehr dafür interessieren, wenn Sie ihn etwa so umbauen: „Wissen Sie, wo Sie einmal einen tollen Urlaub machen könnten? Falls Sie einmal einen wunderbaren Urlaub am Meer mit türkisblauem Wasser, vielen traumhaften Inseln mit weißem Sandstrand machen wollen und sich da dann auch noch ein traumhaftes Hotel wünschen, dann kann ich Ihnen dafür einen heißen Tipp geben: Wenn Sie nach NN fliegen und von dort per Boot nach MM übersetzen, dann werden Sie da direkt am Strand ein spitzenmäßiges Hotel finden, von da aus können Sie dann Folgendes machen: ...“ Und dann können Sie alles, was Sie gemacht haben, so erzählen, dass der andere sich selbst an Ihrem Platz sieht und erlebt. Mehr als es ihn interessieren würde, Sie in seiner Vorstellung auf einem Speedboot sehen zu müssen, würde es ihn reizen, sich selbst darauf zu sehen. Und mit solchen Bildern wecken Sie dann vielleicht seine Lust – zum Zuhören, zum Gespräch – und vielleicht auch zum Hinfahren.

Fragen Sie sich entsprechend immer wieder, was den anderen eigentlich wirklich interessiert, was ihm etwas nutzen kann, und bauen Sie ihm dann seine persönliche Brücke. Sie können sich nicht darauf verlassen, dass er sich diese Brücke selbst baut.

- Sprechen Sie überwiegend in der „Sie“-Form

  In Seminaren zähle ich den Teilnehmern anhand ihrer Video-Aufzeichnungen manchmal vor, wie häufig jemand in einem Statement: „ich“, „mir“, „mein“, „mich“ sagt, nehme die „Man-Form“ hinzu“ und vergleiche das mit der Häufigkeit der Worte: „Sie“, „du“ oder „ihr“. Mindestens sollte man als Laie vermuten, dass das Verhältnis mit 50 : 50 ausgeglichen ist. Faktisch schaffen viele Leute aber über 90 Prozent Ich- und Man-Bezüge. Das Gegenteil wäre psychologisch richtig und möglich: Sie können wunderbar erfolgreich kommunizieren, ohne einziges Mal „ich“ oder „man“ zu sagen, und werden, wenn Sie in jedem Satz einen „Sie“-Bezug herstellen, bestens herüberkommen.

- Meiden Sie die neutralen Formen: „man“ oder: „es”

  Sie können sich einmal mit einer Geste den Unterschied zwischen „Sie“ und „ich“ und „man“ oder „es“ verdeutlichen. Bei „Sie“ werden Sie auf den anderen weisen, bei „ich“ auf sich selbst, und bei „man“ oder „es“ werden Sie vielleicht beide geöffnete Hände nach rechts und links auseinandernehmen. „Ich“ und „Sie“ haben einen Richtungsvektor. „Man“ und „es“ bleiben anonym. Und Sie können aus Formulierungen wie: „Man sollte...“ oder: „Ich halte es für richtig ...“ leicht spüren, welcher Sprecher sich an die anonyme Autorität anderer anzulehnen versucht und wer aus eigener Autorität (= Urheberschaft) spricht. Und wenn Sie sagen: „Ich möchte Ihnen ...“ dann treten Sie in Beziehung. Und doch empfehle ich Ihnen, gedanklich auf der Seite Ihrer Gesprächspartner zu beginnen: „Wenn Sie sich – oder mir – die Frage stellen ..., dann kann ich Ihnen dazu ... sagen ...”

- Die Struktur einer Argumentation ist in drei Schritten aufzubauen:

  – Problem,
  – Gründe,
  – Lösung.

  Diese Empfehlung gilt sehr umfassend von der Alltagsargumentation im Kleinen bis zum Aufbau einer größeren Rede oder Präsentation. Bei kurzen Statements kann es sogar sinnvoll sein, die Hälfte der Redezeit darauf zu verwenden, dem Zuhörer klarzumachen, dass er ein bestimmtes Problem irgendwann tatsächlich haben könnte:

  „Wenn Sie sich einmal vorstellen, Sie hätten in den nächsten zwei oder drei Jahren folgende Aufgabe zu bewältigen ..., dann würden Sie vermutlich zuerst einmal Informationen einholen, was dabei alles zu berücksichtigen ist ...”

  Jetzt haben Sie das Interesse für alles, was möglicherweise zu berücksichtigen ist, geweckt. Ohne Zuhörmotivation könnten Sie sich den Rest sparen. Deshalb sollten Sie sich wirklich um die Anknüpfung an echte innere Bedürfnisse bemühen. Dann folgen im zweiten Schritt die Gründe, aus denen dann im dritten die Lösung abgeleitet wird beziehungsweise argumentationslogisch unvermeidbar folgt. Die Verknüpfung der einzelnen Schritte miteinander geschieht am besten durch Wenn-dann-Formulierungen:

„Wenn Sie A bedenken und B hinzunehmen, dann folgt daraus, dass C für Sie gut wäre. Und wenn Sie C wollen, dann müssen Sie, um das zu erreichen, jetzt sofort D tun."

So führen Sie Gesprächspartner über verschiedene sie betreffende Argumente schlussfolgernd zur Lösung ihrer Probleme.

- Formulieren Sie positiv

Wer gegen etwas argumentiert, ist in der Defensive und wirkt schon allein dadurch schwächer. Wenn Sie sich mit einer Forderung der Gegenseite auseinandersetzen müssen, sollten Sie nie dagegen argumentieren, sondern immer für etwas. Sie müssen sich dann nicht die Zähne an den Argumenten der Gegenseite ausbeißen, sondern können erleben, wie Ihre Saat aufgeht.

- Argumentieren Sie entsprechend nicht gegen die Todesstrafe, sondern für die Würde des Menschen.
- Argumentieren Sie nicht gegen Kopftücher im öffentlichen Leben, sondern für die Befreiung vom Kopftuchzwang.
- Argumentieren Sie nicht gegen Ganztagsbetreuung von Kindern, sondern für eine warme und lebendige Eltern-Kind-Beziehung.

Sie werden erleben, dass sich bei dieser Art der Argumentation oft relativ leicht Lösungen am Horizont zeigen, auf die man sich einigen könnte. Verwenden Sie Argumente nicht zur Verfestigung einer Position, sondern zur Verdeutlichung eines Interesses.

Ein psychologischer Nachteil einer Contra-Argumentation liegt darin, dass Sie sich damit auf der Beziehungsebene gegen Ihren Gesprächspartner wenden und bei ihm das Gefühl erwecken, abgelehnt zu werden. Das erzeugt Widerstand und weckt auf der Antriebsebene Kräfte der Selbstbehauptung. Seine psychologische Reaktion auf Ihr durchaus begründetes „Nein" wird voraussichtlich ein ebenfalls gut begründetes „Doch!" sein. Da hilft dann alle Argumentation nicht viel weiter. Wenn ein Gespräch einmal polarisiert ist, kommt man aus dem

„Streit" so leicht nicht mehr heraus. Packen Sie die Sache lieber frühzeitig von der anderen Seite an und antworten auf eine Forderung, die Sie ablehnen mit:

„Lieber wäre es mir ..." Oder: „Ich würde mir alternativ dazu eine Lösung wünschen, die auch ... beinhaltet."

Wenn Sie dann in der Lage sind, Ihren Wunsch trotz einiger Bedenken und Einwände mehrfach freundlich und klar zu wiederholen, bis der andere erste Signale sendet, dass er sich damit auseinandersetzt, haben Sie gute Chancen, die Kommunikation im Sinn Ihrer Interessen zu einem günstigen Ergebnis zu bringen.

Kommunizieren Sie lösungsorientiert, entwickeln Sie Synthesen

Vielfach höre ich die Auffassung von Führungskräften, dass sie in manchen Gesprächen letztlich nicht überzeugen, sondern nur informieren wollen. Ich frage dann, wozu diese Information dienlich sein soll. Eine häufige Antwort lautet dann: „Damit meine Mitarbeiter das wissen." Doch diese Antwort ist nicht befriedigend und nicht bis zum Schluss durchdacht. Wozu sollen sie nämlich etwas wissen? Doch damit sie Einstellungen bilden, aus denen sie schließlich im Sinne ihres Chefs handeln oder sein Handeln richtig finden. So betrachtet, versucht er also doch seine Mitarbeiter von seiner Meinung zu überzeugen.

Jede Meinung ist argumentationslogisch eine These. Faktisch wird eine These oft mit einer Gegenthese konfrontiert werden. Das ergibt sich nicht in erster Linie aus der Sache, die man auch anders sehen könnte, sondern aus dem menschlichen Bedürfnis, sich durch die Durchsetzung eigener Positionen in einem Machtkampf zu profilieren. Insofern wird Ihnen dieses Spiel immer wieder – quasi von Natur aus – zugemutet werden. Kriege entstehen aus diesem Impuls. So wie man aber Pflanzen veredeln kann, so auch die menschliche Natur. Der Satz: „Der Krieg ist der Vater aller Dinge" deutet das schon an. Es ist eine alte Erfahrung, dass Auseinandersetzungen auch eine kreative Dimension haben und dass aus Reibung ein kreativer Funke entstehen kann. Die Kunst, aus der Polarität von These und Antithese eine solche kreative Lösung zu schaffen, wird seit zweittausend Jahren von der Dialektik unter dem Namen „Synthese“ gelehrt und ist dennoch den wenigsten bekannt.

Wie schafft man eine Synthese? Am besten versuchen Sie es mit der Fragestellung: „Wie bekommen wir die Interessen beider Seiten unter einen Hut?“ Und dann basteln Sie mit viel Kreativität eine intelligente Lösung auf der Sachebene (6. Kommunikationsebene), in der die Interessen (5. Kommunikationsebene) beider Seiten mit einem Maßnahmenbündel (wieder auf der Sachebene) verbunden werden.

These und Antithese werden dabei in der Synthese in dreifacher Hinsicht „aufgehoben”:

1. Die Positionen werden auf der Sachebene aufgehoben, wie ein Vertrag aufgehoben wird.
2. Die Interessen beider Seiten werden aufgehoben im Sinne von aufbewahrt, wie man sich einen Schatz aufhebt.
3. Die Auseinandersetzung durch die erzielte Auflösung des Widerstreits wird auf ein höheres Niveau (her)aufgehoben.

Im Gegensatz zu einem Kompromiss, bei dem jede Seite einen Teil der eigenen Position aufgeben muss und dadurch eventuell auch Ihre eigenen Interessen beeinträchtigt, versucht man in einer Synthese eine volle Verwirklichung der Interessen durch eine neue, kreative Lösung auf der Sachebene zu erreichen.

Beispiel

Bei der Frage, ob deutsche Soldaten im Rahmen von Nato-Einsätzen zu Auslandseinsätzen geschickt werden sollen, kann man sich leicht zwischen Ja-Argumenten und Nein-Argumenten polarisieren. In langen Diskussionen kann man sich Grabenkämpfe liefern, ohne einander näher zu kommen. Wenn man jedoch erkennt, dass es beiden Seiten dringend um eine politisch nachdrückliche Befriedung eines Krisenherdes in der Welt geht, dann wird man sich leicht auf eine

Menge Maßnahmen einigen können, was auch Deutschland dazu beitragen kann: diplomatische Initiativen, Geld, Hilfsgüter, Logistik, vielleicht befristet als bewaffnete oder unbewaffnete Polizisten eingesetzte Soldaten, Ausbildung von einheimischen Polizeikräften und Soldaten, gegebenenfalls sogar in Deutschland, defensive Waffen zum Schutz aller Helfer, Moderatoren, langfristige wirtschaftliche Zusammenarbeit etc. Sehr schnell wird beiden an der Diskussion beteiligten Seiten im Wettkampf um die besten Ideen klar werden, dass neben all diesen Maßnahmen der bewaffnete Einsatz von Soldaten zwar vielleicht eine von vielen Optionen sein könnte, keinesfalls aber die einzige und wichtigste.

In einem solchen Gespräch werden beide Seiten häufig feststellen, dass ihre Interessen teilweise deckungsgleich sind. Neben einigen wenigen vielleicht nicht konsensfähigen Punkten wird sich eine Vielzahl an gemeinsamen Lösungsaspekten finden lassen, auf die man sich einigen kann. Dieses gemeinsame Erfolgserlebnis verbindet dann auf der Beziehungsebene und schafft das Vertrauen und die Voraussetzung für spätere Verhandlungen.

Noch einmal als einfache Orientierung für lösungsorientierte Gespräche formuliert, geht es dabei immer darum, eine Ja-Nein-Polarität zu überwinden und eine „Wie“-Frage daraus zu machen: „Wie bringen wir die Interessen beider Seiten unter einen Hut?”

Kommunizieren Sie konsequent

Ursprünglich hatte ich den folgenden Abschnitt mit „Konfliktgespräche langsam eskalieren“ betiteln wollen. Aber es geht hier nicht allein um Konfliktgespräche, sondern um jedes Gespräch und jede Verhandlung, bei dem oder der man nicht gleich einer Meinung ist. Man empfindet das vielfach noch gar nicht als Konflikt. Wenn man einer Meinung ist, braucht man wenig zu kommunizieren. Man bleibt miteinander im Fluss. Sie werden aber häufig feststellen, dass viele Gespräche um des lieben Friedens willen scheinbar harmonisch geführt werden, obwohl die Meinungen, Interessen, Bedürfnisse oder Grundeinstellungen in himmelweit unterschiedliche Richtungen gehen. Vielfach redet man sich dabei ein, dass etwas schon besser werden wird, dass jemand etwas nicht so gemeint habe, dass man sich schon an etwas gewöhnen werde und dass eben doch nicht so heiß gegessen wie gekocht werde. Ich will niemandem seine Illusionen rauben, aber meine Beobachtungen haben mich gelehrt, dass die Dinge, die man nicht frühzeitig klärt, meistens irgendwann später eskalieren. Hätte man sie früher geprüft und klar und konsequent durchgesprochen, wäre mancher spätere Streit und Ärger und manche Enttäuschung vermeidbar gewesen.

Vor allem für langfristige Beziehungen ist es nicht gut, wenn sie auf unrealistischen Hoffnungen gründen. Eine Ehe sollte man nicht auf Kompromissbasis eingehen, ebenso wenig ein Arbeitsverhältnis. Auch bei der Auswahl und beim Führen von Mitarbeitern sind eine klare Kommunikation und eine klare Linie vorteilhaft und anzustreben.

Konkret sollten Sie dafür folgende Aufgabenstellungen bearbeiten:

Was wollen Sie eigentlich langfristig?

Die erste Empfehlung an Sie ist, immer frühzeitig für sich selbst zu klären, was Sie eigentlich auf lange Sicht wünschen, was nicht und wo die Grenzen Ihrer Kompromissbereitschaft sind. An diesen Grenzen sollten Sie auf gesunde Weise schmerzempfindlich sein, klar und konsequent reagieren.

Was will Ihr Gesprächspartner eigentlich?

Versuchen Sie des Weiteren herauszufinden, was Ihr Gesprächspartner, die Gegenseite, eigentlich wirklich will. Sie sollten da sehr hellhörig sein. Meistens werden die eigentlichen Wünsche zu Beginn eines Gesprächs in Nebenbemerkungen klar artikuliert, stehen also im Raum. Man übersieht oder überhört sie aber nur zu gern, weil sie einem, wenn man sie ernst nehmen würde, Illusionen zerstören würden. Viele Menschen scheinen eine Neigung zu haben, ihren süßen Träumen Vorrang vor der Realität einzuräumen. Das rächt sich immer. Ziehen Sie also niemanden über den Tisch, sondern beziehen Sie seine Interessen ernsthaft mit in die Verhandlung ein.

Beispiel

> Bei einem Bewerbungsgespräch mag jemand für einen ersehnten Job mit wohlklingendem Titel fahrlässig und leichtfertig übersehen, dass er innerhalb von 20 Minuten eine tägliche längere Fahrtzeit, häufige Dienstreisen, zahlreiche Tage der Trennung von der Familie und einen hohen erfolgsabhängigen Lohnanteil akzeptiert. Er hat dann all das für die nächsten Jahre als zusätzliche Lasten zu schultern und verflucht sich schließlich selbst dafür, all dem damals zu schnell zugestimmt zu haben. Entweder wird er dann seelisch und / oder körperlich leiden oder – im günstigeren Fall – kündigen.

Grenzen ziehen und nein sagen können

Die dritte Empfehlung ist: Sie sollten in der Lage sein – und es notfalls ausdrücklich üben – „nein" sagen zu können, ohne dabei Angst, Schuld oder Scham zu empfinden. Sie sollten in der Lage sein, Ihre Grenzen klar zu definieren und notfalls auch scharf zu ziehen und die Konsequenzen davon zu tragen. Also lieber diesen Job nicht annehmen, als jahrelang morgens und abends im Stau stehen. Ich sage allerdings notfalls, weil Sie vor einer Absage im Beispiel oben durchaus auch andere Lösungen als Verhandlungsergebnis hätten anstreben und erreichen können:

Ein Home-Office, Video-Konferenzen, mehr Urlaubstage, einen Assistenten und einen höheren Festanteil bei Ihrem Lohn beispielsweise. Dann hätten Sie den Job antreten können und sich viel Stress erspart. Vermutlich hätten Sie ein solches Ergebnis nicht innerhalb von 20 Minuten erreicht, aber am Ende einer entsprechenden Verhandlung würde man Sie sehr ernst nehmen.

Entwickeln Sie höhere Stressresistenz als Ihre Gegner

Viele Menschen sind für eine lange Zeit scheinbar schmerzunempfindlich. Verkäufer oder Einkäufer müssen manchmal auch etwas pokern können. Man darf ihnen nicht ansehen, wo ihre Schmerzgrenze beim Preis liegt. Aber auch im Privatleben ziehen manche Leute „ihren Stiefel durch" und reagieren nicht auf freundliche Ansprache oder Kritik. Oft resigniert man und lässt sie machen. Dann war die andere Person erfolgreich. Sie können aber davon ausgehen, dass die meisten Menschen irgendwo eine Schmerzgrenze haben, an der sie stoppen und reagieren. Diesen Punkt gilt es zu finden und zu aktivieren. Wenn Ihre Stressresistenz nur bis 4 Punkte reicht und die eines Kollegen bis 6, würden Sie vermutlich bei 5 nachgeben. Dann würde Ihr Kollege sich Ihnen gegenüber in fast allen Fällen durchsetzen. Würden Sie die Auseinandersetzung dagegen bis Stärke 7 hoch eskalieren, könnten Sie sich vermutlich durchsetzen. Diesen Umschlagpunkt anderer Menschen können Sie versuchen herauszubekommen. Kinder schaffen das bei neuen Lehrern meistens in der ersten Unterrichtsstunde. Erwachsene Mitarbeiter oft in den ersten fünf Minuten bei ihrem neuen Chef. Wenn man Helmut Kohl und Frau Merkel nachsagt, sie könnten Probleme aussitzen, dann ist das auch ein Ausdruck dieser Stressresistenz. Als Bundeskanzler oder auf dem Weg dahin würde man vermutlich sonst an Stress zugrunde gehen.

Denken und argumentieren Sie vorwärts und zukunftsorientiert

Eigentlich ist es glasklar, aber man macht es meistens doch falsch: Die Vergangenheit kann man nicht ändern, nur die Zukunft gestalten. Daraus lässt sich die einfache Regel ableiten: Diskutieren und vor allem streiten Sie nicht über die Vergangenheit, sondern verhandeln Sie über die Zukunft.

Beispiel

> Jeden Vorwurf, den man Ihnen macht, „Ja, aber Sie haben damals doch ... gesagt oder getan“, können Sie dem Sinne nach beantworten mit: „Ja, und weil das ja offenbar (trotz guter Absicht) nicht gutgetan hat, müssen wir uns jetzt für die nächsten Jahre eine bessere Lösung ausdenken. Was halten Sie zum Beispiel von..."

Und wenn Sie dann drei Lösungsvorschläge zur Auswahl anbieten, können Sie mit Ihren Gesprächspartnern diskutieren, welcher davon am besten taugt und wie er umzusetzen sei.

Beispiel

> Wenn Ihnen jemand sagt: „Leider habe ich keine Zeit dafür", dann können Sie nachfragend zu klären versuchen: „Heißt das, wenn Sie mehr Zeit hätten, wären Sie durchaus interessiert?" Vielleicht bekommen Sie dann wieder ein „Nein", damit wäre die Sache dann erledigt, aber vielleicht würde die Antwort auch „ja" lauten, und dann ginge das Gespräch mit neuen Optionen weiter.

All das sind Ansätze, wie sie zu einer Synthese gehören. Eine Synthese arbeitet immer auf Lösungen in der Zukunft hin. Argumentationen über richtig und falsch in der Vergangenheit führen dagegen sehr leicht zu verbohrten und rechthaberischen Auseinandersetzungen ohne Lösung. Sie enden meist eher durch Erschöpfung als durch eine gute Lösung. Danach hätte man besser von Anfang an gesucht.

Artikulieren Sie Kritik und Ärger frühzeitig und klar

Es gibt freundliche Menschen, die bersten irgendwann vor Wut, werden ausfällig, gewalttätig oder laufen Amok. Von ihrer überraschten Umgebung werden sie dann schnell als „verrückt" oder „gestört" bezeichnet. Dabei waren sie vorher oft die Nettesten und Freundlichsten, also das Gegenteil von verrückt. Aber selbst bei dem gesündesten Menschen kann irgendwann die Energie zum Freundlichsein aufgebraucht sein, wenn er innerlich ständig anders empfindet, als er sich meint verhalten zu müssen. Wer durch tausend kleine Kompromisse, von denen kein einzelner eine Auseinandersetzung wert wäre, im Lauf der Zeit einen Ärgerpool aufbaut, dem kann es passieren, dass seine Staumauer eines Tages bricht. Um das zu vermeiden ist es besser, kleinen Ärger sofort, wenn er anfällt, zu äußern und ins Gespräch einzubringen. Oft zeigt sich dann eine andere, bessere Lösung, die ohne Ärger das Problem löst. Manchmal zeigt sich aber auch, dass Kleinigkeiten Ausdruck von Einstellungen oder Haltungen sind, die mit den eigenen nicht zusammenpassen, und wo eine grundsätzliche Klärung – und das kann sowohl Verhandlungslösung als auch Trennung heißen – erforderlich ist. Gelingt die Klärung frühzeitig, so weiß man, woran man ist, und kann seine Konsequenzen daraus ziehen. Das sollte man dann – nach Bedenken des Ganzen – auch tun.

Gute Lösungen können oft erst dann gelingen, wenn Ihr Gesprächspartner nicht nur mit Ihnen denkt, sondern Sie auch fühlen kann. Dafür ist es hilfreich, wenn Sie ihn an Ihren emotionalen Reaktionen teilhaben lassen. Es soll merken, was Sie freut und was Sie ärgert. Er soll sich selbst freuen, wenn er merkt, dass Sie seine Vorschläge aufgreifen und ernsthaft bedenken und dabei Vertrauen und Sympathie aufbauen. Wenn er fühlen kann, dass Sie mit einer Lösung unzufrieden oder unglücklich wären, kann er sich darauf einstellen. Indem Sie Gefühle zeigen, mobilisieren Sie zugleich die Gefühle beim Gegenüber.

Beispiel

Eine Mitarbeiterin, die sich seit Jahren ständig von ihrem Chef herumkommandiert, bevormundet und gering geschätzt fühlte, sagte ihm nach einem Coaching einmal in einer ähnlichen Situation wie schon so oft zuvor sehr klar und ausdrücklich: „Merken Sie eigentlich nicht, wie sehr mich das jetzt wieder kränkt und verletzt!? Ich habe mir so viel Mühe gegeben und Sie trampeln jetzt wieder auf mir herum." Und zu ihrer großen Überraschung verwandelte sich ihr Big Boss binnen Sekunden in einen ganz normalen freundlichen Mann, der das aus seiner Chefrolle gar nicht gemerkt hatte und dem es furchtbar leid tat, sie gekränkt und verletzt zu haben. Nach einem einzigen ausführlichen Gespräch wurden die beiden ein perfektes Arbeitsteam.

Kommunizieren Sie strategisch klug

Bei aller guten Absicht und kommunikationspsychologisch richtigem Verhalten werden Sie dennoch nicht immer Ihre Ziele erreichen können. Sie werden auch nicht immer zu einer Synthese gelangen können. Das liegt daran, dass außer den Inhalten, Interessen, Emotionen und Grundeinstellungen Ihrer Gesprächspartner immer auch die Gesamtumstände und die Gruppendynamik einer Organisation, einer Gesellschaft oder eines Familiensystems für das Zustandekommen von Ergebnissen mit eine Rolle spielen:

Was Sie unter vier Augen erreichen könnten, gelingt nicht unbedingt in einer Gruppe von fünf oder zehn Personen. Umgekehrt kann Ihnen auch jemand etwas unter vier Augen grob abschlagen, was er Ihnen in einer Gruppe von Leuten, die mit Ihnen solidarisch sind, oder die für ihn eine wichtige Öffentlichkeit darstellen, zusagen würde. Manches, was ein Gesprächspartner Ihnen persönlich gern zusagen würde, kann er eventuell nicht gegenüber anderen Beteiligten vertreten, Ihr Gesprächspartner oder der aktuell stressige Zeitpunkt vor einer wichtigen Messe kann all Ihr Bemühen scheitern lassen.

Sie müssen also unabhängig von allem authentischen und personenzugewandtem Agieren stets auch mit bedenken, ob es sich um einen geeigneten Zeitpunkt, einen geeigneten Ort, eine geeignete hierarchische Ebene, den richtigen Ansprechpartner und das angemessene eigene Auftreten handelt. Sie können sogar in Erwägung ziehen, ob Sie die richtige Person sind, um mit Ihrem Anliegen erfolgreich zu sein.

Als jüngstes oder zuletzt hinzugekommenes Gruppenmitglied werden Sie es oft schwerer haben, Gehör zu finden und etwas durchzusetzen, als jemand, der schon lange in einer Gruppe ist.

Neben der Dauer der Zugehörigkeit zu einer Gruppe kommt der Rolle, die man darin übernimmt oder zugewiesen bekommt, eine erhebliche Bedeutung für die eigenen Wirkmöglichkeiten zu. Der Gruppenclown oder der Sündenbock hat andere Chancen und Möglichkeiten als der formelle oder informelle Gruppen- oder Meinungsführer. Da man in unterschiedlichen Gruppen oder Gesprächssituationen unterschiedliche Rollen besetzen kann, würde der Sündenbock einer Gruppe seine Sache vermutlich besser voranbringen, wenn er in einem Vieraugengespräch mit einem anderen Gruppenmitglied mit günstigerer Rolle dieses dazu bringt, das Anliegen zu seinem eigenen zu machen und zu kommunizieren.

All solche Aspekte sollten Sie in Ihre Planung mit einbeziehen. Es handelt sich dabei oft um scheinbar äußerliche Kleinigkeiten. Aber man ist viel zu sehr geneigt, an die sachrationale Wirkung seiner Argumente zu glauben. Nach vielen Jahren, in denen ich Erfahrung mit Dialektik und

Führungskommunikation sammeln konnte, schätze ich den Wert von Argumenten immer geringer ein. Wissenschaftlicher Anspruch und Psychologie des Alltags stehen oft in diametralem Gegensatz zueinander. Wissenschaftler in Führungsaufgaben muss ich immer wieder warnen: „Gegen die Psychologie des Alltags geht nichts!“ Das bedeutet: Sachkompetenz muss immer wieder richtig platziert und den Personen, Organisationen und Umständen angepasst kommuniziert werden.

Beispiel

Von der deutschen Bundeskanzlerin Angela Merkel wird berichtet, dass sie zu Beginn ihrer Regierungszeit in einen großen Wandkalender alle während der nächsten vier Jahre wichtigen zu erwartenden Termine, Wahlkämpfe und Großereignisse eintragen ließ und dann abwog, welche Themen zu welchem Zeitpunkt günstig zu platzieren und zu kommunizieren wären. Für wichtige Steuerbeschlüsse wählte sie die Zeit der Fußball-Weltmeisterschaft im Sommer 2006. Im allgemeinen Jubel über die erfolgreichen deutschen Spieler blieben die Aufmerksamkeit und der Widerstand gegenüber erheblichen Steuererhöhungen insgesamt gering. Als Regierungschefin timte sie ihre Aktionen sehr professionell und kommuniziert sehr gezielt Botschaften als Chefsache oder lässt sie von Ministern oder Staatssekretären mitteilen.

5. Das Spezielle des Führens

Das Programm dieses Kapitels ist so zu umreißen: Der erste Schritt beim Führen ist die Installation in einer neu erworbenen Position. Dabei geht es vor allem darum, in den Rang hineinzutreten und sich dort stabil zu platzieren. Ist dies geschehen, muss Führung alle sieben Persönlichkeitsebenen der Geführten umfassen und alle sieben Kommunikationsebenen bedienen. Besondere Führungssituationen verlangen dann nach speziellen Maßnahmen, einige ausgewählte werden hier besprochen. Da vor dem Abschied aus einer Position oft ein erheblicher Autoritätsverfall eintritt, wird auch diese Situation hier ins Auge gefasst und ein Stück darüber hinaus gedacht.

Installation in Führungsrang und -rolle

Rollenfestlegung und Rollenkonflikte

Wenn ich mich bei den Führungsseminaren, die ich seit vielen Jahren durchführe, erkundige, mit welche Fragen oder Nöten die anwesenden Führungskräfte kommen und worauf sie sich Antworten von diesem Seminar wünschen, wird häufig die Frage gestellt: Wie können Konfliktgespräche zwischen Chef und Mitarbeiter effektiver geführt werden? Wenn wir dann einige Situationen durchspielen und analysieren, zeigt sich oft, dass die meisten Gespräche aus einem ganz bestimmten Grund zu Ungunsten des Chefs ausgehen: Er kann seinen Rang als Vorgesetzter nicht durchsetzen.

Wie in einem Wolfsrudel oder auf einem Hühnerhof finden auch zwischen Menschen in jedem Gespräch subtile Kämpfe um die Rang- oder Hackordnung untereinander statt. Selbst vermeintlich einfache und ungebildete Menschen spüren instinktiv, von wem Gefahr ausgeht und von wem nicht, wem sie sich unterordnen müssen, und wem sie überlegen sind.

Sie können sich ihr Gefühl zu bestimmten Personen ebenfalls ganz leicht mit dem Daumen visualisieren: höherrangig als Sie, gleichrangig oder in niedrigerem Rang.

Wenn die Rangverhältnisse klar und akzeptiert sind, funktioniert die Kommunikation meistens problemlos. Da braucht es dann auch nicht viele Argumente. Kompliziert wird es, wenn einer den Rang des anderen nicht anerkennt oder wenn sich die Ränge unterschiedlicher Rollen in einer Beziehung kreuzen: Ein Sohn kann als Akademiker höherrangig als der Vater, der Arbeiter ist, sein, während der Vater in seinem Elternrang gleichzeitig höherrangig als sein Kind ist. Ebenfalls ist die Chefrolle höherrangig als die Mitarbeiterrolle, aber ein 15 Jahre älterer Mitarbeiter hat einen höheren Lebensalterrang als sein Chef. Viele Konflikte entstehen aus solchen Rangkollisionen oder -konflikten.

Unabhängig von jeder inhaltlich-sachrationalen Argumentation schlägt das zueinander eingenommene Rangverhältnis, das einen wesentlichen Aspekt der Grundeinstellungsebene darstellt, in einem oft besonders Akademikern unvorstellbaren Maße ganz subtil durch. Dies geschieht meistens in unauffälligen Kleinigkeiten:

Beispiel 1

> Selbst die eigentlich nur freundlich gemeinte Gesprächseröffnung durch den Chef: „Danke, dass Sie gekommen sind" erzeugt einen niedrigeren Rang für ihn und erhöht den Mitarbeiter. – Der Chef scheint sich bedanken zu müssen, dass der Mitarbeiter gekommen ist. Besser wäre eine Eröffnung: „Ich habe Sie zu mir gerufen, weil ..."

Beispiel 2

> Auch allgemeiner gesprochen kann man sagen, dass jeder, der sich bei einem anderen bedankt, in einen niederen Rang zu diesem tritt. Soll man sich also nicht mehr bedanken? Das wäre sicher auch nicht angemessen. Sie können Ihren Rang allerdings stabil gleichrangig halten, wenn sie dem anderen nach einer erfreulichen Mitteilung oder

Handlung sagen, dass Sie sich darüber freuen. Überheblich, also ranghöher, klingt es dagegen, wenn Sie begutachtend hinzufügen: „Da haben Sie sich ja etwas Nettes einfallen lassen!"

Vielleicht merken Sie, wie diese klitzekleinen Zeichen überall auf das Rangverhältnis der Gesprächspartner einwirken beziehungsweise es symbolisch ausdrücken. Solche Rangabgleichungen finden tatsächlich in jedem Gespräch statt.

Der verbreitete Grundsatz, dass niemand sich über andere stellen soll, ist ein frommer Wunsch. Wo von einer Metaebene heraus funktional koordiniert und geführt werden muss, gibt es unvermeidbar Hierarchien. Gerade nach den vielen schlechten Erfahrungen mit Führung sollten Sie zu zeigen versuchen, dass gute Führung der Verwirklichung gemeinsamer Interessen erheblich nutzen kann. Wenn ein höherer Rang gut gelebt wird, hebt er die Motivation und verbessert das Ergebnis.

Beispiel

Wenn ein Vorstand lobt, hat das einen höheren Wert, als wenn das ein Vorstandsassistent tut. Wenn ein Bischof in vollem Ornat bei die Seele heilsam massierender Orgelmusik segnet, hat es eine psychologisch heilsamere Wirkung als wenn Tante Annegret „Glück und Segen zum Geburtstag" wünscht.

So müssen Sie wissen, dass alles, was Sie aus einem höherem Rang tun, eine um ein Mehrfaches verstärkte Wirkung gegenüber der gleichen Handlung hat, die Sie aus niedrigerem Rang getan hätten. Das gilt im Guten wie im Bösen. Umgekehrt sollten Sie sich auch darüber im Klaren sein, dass Ihr führungsgeschultes ranghohes Firmenverhalten zu Hause bei Ihrer Familie den gegenteiligen Effekt haben kann. Sie müssen darüber weder enttäuscht noch verärgert sein. Es ist normal, dass in einem anderen Spiel andere Regeln gelten. Zu Hause gelten meistens für beide Partner andere Rangverhältnisse als in der Firma. Viele Paarkonflikte resultieren lediglich daraus, dass einer oder beide Partner zu Hause versuchen, dort die Spielregeln und Ränge seiner / ihrer Firma – oder auch ihrer Herkunftsfamilie – weiter zu leben. Das funktioniert normalerweise nicht, da dort völlig andere Rangsysteme und Regeln gelten. Es kann auch durchaus angemessen und gesund sein, wenn im Privatleben eines Vorstandsvorsitzenden die Frau den höheren Rang besitzt. Insbesondere dann, wenn sie die Hauptansprechpartnerin der gemeinsamen Kinder ist.

Höflichkeitsformen sind gefährlich

Wie geht man nun mit den Rangverhältnissen um? Erster Grundsatz dazu: bewusst! Allzu leicht wird man Opfer subtiler psychologischer Erniedrigungsmechanismen. Höflichkeitsformen sind solch eine Falle. Sie stammen „von Hofe", also aus einem streng hierarchisch strukturierten Umfeld. Da galt es besonders auf der Hut zu sein und keinen Ranghöheren zu düpieren. Höflichkeitsformeln sind – wie Ihnen die folgende Auflistung verdeutlicht – meist Gesten der Unterwerfung:

- Jungen lernen einen „Diener" zu machen und Mädchen einen Knicks.
- In Österreich war und ist es ein gängiger Gruß „Servus" zu sagen, was „Diener" bedeutet. Auch die Floskel „ergebenster Diener" war üblich.
- Bis heute schreibt man in vielen Briefen „Sehr geehrter ..." und schreibt damit vom unteren Rang an den oberen.
- Die Unterschriftsfloskeln haben sich heute immerhin geändert, aber bis vor zwanzig oder dreißig Jahren war die Formulierung „Hochachtungsvoll" noch weit verbreitet.
- „Entschuldigung", „sorry" oder „tut mir Leid" sind auch größtenteils Unterwerfungsformeln, sie werden sogar häufig verwendet, wenn keine Schuld vorliegt.

Grundsätzlich können Sie versuchen, solche subtilen Unterwerfungsformeln durch Formen der Freundlichkeit zu ersetzen. Dann haben Sie eine gute Chance, Beziehungen gleichrangig zu gestalten.

In Gleichrangigkeit kommuniziert sich gut

Bei gleichrangigem Verhalten unter Gleichrangigen kann die Kommunikation am besten fließen. Auch unter Ungleichrangigen fördert gleichrangiges Verhalten meistens den Kommunikationsfluss. Als Chef können Sie durchaus über längere Zeit gleichrangig mit Mitarbeitern sprechen. Das dient dem sachlichen Austausch. Es darf Ihnen aber nicht passieren, von Mitarbeitern in einen unterlegenen Rang gebracht zu werden. Ihren funktional höheren Rang müssen Sie jederzeit aus dem Stand aktivieren können.

Trotzdem noch einmal die Warnung: Nicht in allen Situationen herrscht Gleichrangigkeit.

Bei dem Postulat einer Gleichrangigkeit aller Menschen beruft man sich gern auf alte Sätze wie: „Vor Gott sind alle Menschen gleich“ oder: „Freiheit, Gleichheit, Brüderlichkeit“ oder: „Jeder Bürger ist vor dem Gesetz gleich“.

Der menschenfreundliche Impuls beruht allerdings auf einer Verwechslung. Weder sind die Menschen gleich – dafür braucht es keine Beispiele –, noch sind sie gleichrangig:

- Ein Professor hat als Lehrer einen höheren Rang als ein Student und ein Diplomingenieur einen höheren als ein Automechaniker.
- Ein Richter hat einen höheren Rang als ein Rechtsanwalt oder ein angeklagter Bürger.

Darüber hinaus wird selbst unter Professoren, Richtern, Anwälten etc. keine Gleichrangigkeit herrschen, auch da gibt es jederzeit wieder eine spezielle Hackordnung. Faktisch ist Gleichrangigkeit ein äußerst seltener Zustand. Sie dürfte unter Menschen so selten sein, wie der Gleichstand von zwei Waagschalen, bei denen ständig etwas hinzugetan oder fortgenommen wird. Eine Ursache dafür wird darin liegen, dass es bei Menschen von ihrer Natur her ähnlich wie zum Beispiel bei einem Wolfsrudel eine archaische Gruppendynamik gibt. Sie mag ursprünglich vielleicht von der Köperkraft oder dem Erfolg beim Jagen ausgehen. Jedenfalls bilden Menschen ständig hierarchische Ordnungen. Hinzu kommt, dass es unter Menschen wegen ihrer individuellen persönlichen Prägungen immer wieder Einzelne geben wird, die nach Überlegenheit über andere streben. Man mag das psychologisch als Kompensation von Minderwertigkeitsgefühlen erklären, es ist jedenfalls eine Tatsache. Alles Streben nach mehr Geld, mehr Macht, Aufstieg in der Hierarchie ist Ausdruck davon.

Gleichberechtigung ist eine theoretische Fiktion

So wie Menschen faktisch nicht gleichrangig sind, haben sie faktisch auch nicht die gleichen Rechte. Durch unterschiedliche Rollen oder Funktionen in der Gemeinschaft gibt es auch unterschiedliche Rechte und Pflichten:

- Der Betreiber eines Restaurants hat andere Rechte und Pflichten als der einer Tankstelle.
- Ein Beamter hat andere Rechte als ein Angestellter.
- Ein Hauseigentümer hat andere Rechte als ein Mieter.
- Ein Fußgänger hat andere Rechte als ein Autofahrer.
- Ein Verkehrspolitiker muss beispielsweise nach dem Grundsatz: „Gemeinwohl geht vor Eigenwohl" verfahren und Straßen planen und deren Bau auch gegen die Wünsche und Interessen einzelner Bürger durchsetzen können. In seiner Funktion und seiner Rolle kann er das, wofür er eintritt, nicht mehr gleichrangig mit den Wünschen anderer betrachten. Er hat ein höherrangiges Interesse zu vertreten. So gibt es Hierarchien von Interessen und Funktionen.

Gleiche Rechte gibt es in dem Maße, wie man vom selben Standpunkt denselben Blick haben kann. Solche Rechte sind in den Gesetzbüchern niedergeschrieben. Angesichts einiger in der Verfassung verankerter Grund- und Menschenrechte sind vor diesen Grundrechten alle Bürger eines Staates theoretisch gleich. Wie gezeigt, sind sie das faktisch allerdings nicht.

Gleichwertigkeit ist ein ethisches Postulat

Trotz Ungleichrangigkeit und Unterschiedlichkeit der Menschen sowie unterschiedlicher Rechte kann man dennoch der Auffassung sein, dass alle Menschen gleichen Wert haben. Das ist nicht selbstverständlich, und es handelt sich dabei um keinen Wertbegriff, der sich vom Nutzen her ableitet, sondern um ein ethisches Postulat. Da man niemandem das Recht verleihen kann, über den Wert eines Menschen zu urteilen, und es dafür keinen Maßstab gibt, hat man in der Tradition der christlich-humanistischen Weltanschauung diesen Wert absolut gesetzt und in die

Erklärung der Menschenrechte aufgenommen. So ist jeder Mensch gleich zu achten, und sein Leben, seine Freiheit und seine Gesundheit gelten als gleich viel wert. Gleichwertigkeit gehört zu den fundamentalen Menschenrechten.

Achten Sie auf die richtige Rangordnung

In der Position und Funktion als Führender werden Sie sich nun einerseits in Ihrem Rang installieren müssen und andererseits häufig in Situationen geraten, in denen Sie sich in diesem Rang behaupten müssen. Wie kann das gelingen?

Betrachten wir verschiedene Aspekte. Sie werden Menschen kennen, bei denen Sie sich vielleicht seit Jahren darüber ärgern, dass Sie immer von oben herab behandelt werden und sich nicht dagegen wehren können. Diese Menschen spielen erfolgreiches Pingpong und parieren jeden Angriff auf ihren Rang.

Beispiel

> Ein Firmeninhaber, der immer großen Wert auf Sauberkeit auf dem Firmengelände legte, brachte häufig seinen Hund mit aufs Firmengelände und ließ ihn dort frei herumlaufen. Entsprechend hinterließ er hier und dort seine Spuren. Als ein Mitarbeiter einmal den Chef ansprach, dass sein Hund wieder einen Haufen hinterlassen hatte, fragte der nur kurz zurück: „Und, was haben Sie gemacht?“ – Der Mitarbeiter antwortete: „Ich habe den Haufen mittels eines Stücks Pappe ins Gebüsch geworfen.“ – „Das haben sie richtig gemacht“, antwortete sein Chef freundlich, drehte sich um und ging weiter.

Der Firmenchef wäre nicht einmal in Versuchung gekommen, ein Schuldgefühl zu verspüren. Schuldgefühle führen nämlich dazu, in einen niedrigeren Rang zu rutschen. Kein Wunder also, dass die Mächtigen immer Interesse daran haben, dass ihre Untertanen Schuldgefühle haben. Durch Gesetzeskataloge, Sündenregister und vorgeschriebene Buß- und Sühnehandlungen sorgen sie für permanente Schuldgefühle.

Es gibt Menschen, die von ihrer Herkunft her ranghoch aufgestellt sind und ständig so agieren. Viele rangniedrig aufgestellte Leute finden das attraktiv und ordnen sich diesen Personen gerne unter. Andere Personen, die gleichrangig oder höher behandelt werden möchten, entwickeln allerdings oft Widerstand dagegen:

Beispiel

> Ein 60-jähiger Mitarbeiter wurde mir von seinem Chef zum Einzel-Coaching geschickt, weil er sich nicht führen lasse. Unterstellt wurde, er stehe in innerem Widerstand zu seinem Vorgesetzten und solle sich einmal aussprechen und mit mir als Coach seine Einstellung überdenken und hoffentlich ändern. Ich empfand meinen Gesprächspartner als angenehm und sehr souverän. Mir fiel allerdings auf, dass der über seinen Chef von oben herab wie über einen wenig bedeutsamen Mitarbeiter sprach. Schließlich spiegelte ich ihm: „Sie erinnern mich vom Typus her an einen preußischen General, der nebenbei berichtet, dass der König und zweitausend Soldaten gefallen sind, aber die Schlacht doch gewonnen wurde, was doch insgesamt ein erfreuliches Ergebnis sei. Er stehe einfach über allem und das könne ein Chef kaum gut finden.“ Er wunderte sich über meinen Kommentar und schmunzelte: „Tja, mein Großvater war preußischer General, und Sie meinen, das würde man mir noch anmerken?“

Um eine Führungsposition erfolgreich ausfüllen zu können, müssen Sie darauf achten, sich in Ihrem Rang zu behaupten. Wenn Sie dabei stabil und souverän bleiben, wird Ihnen Anerkennung wie selbstverständlich zufließen und gleichzeitig Ihre Durchsetzungskraft fördern. Wenn es Ihnen dagegen nicht gelingt, Ihren Rang zu wahren, werden Sie unter Umständen vom „Thron“ gestoßen.

Abgesehen vom Rang einer Person kann auch ein Amt einen hohen Rang haben. Dann wird dieses mit entsprechenden Statussymbolen ausgestattet, und der Amtsträger wird damit natürlich selbst hochrangig positioniert:

Beispiel 1

Als Papst Benedikt XVI 2006 zum Weltjugendtag nach Köln kam, wurde von der Kirche alles aufgeboten, um ihn der Welt als den Ranghöchsten zu präsentieren: Er reiste vom Stadtrand nach Köln auf dem Rhein – mit dem größten Ausflugsdampfer der Region. Vom Schiff aus hielt er unterwegs eine Rede vor 200 000 Jugendlichen, die ihn seit Stunden am Ufer erwartet hatten. Dann fuhr er weiter bis zur Innenstadt und wurde dort empfangen und zum Dom geleitet, wo er eine Messe zelebrierte. Die Bundeskanzlerin und der Bundespräsident kamen nach Köln und der Papst empfing sie zur Privataudienz. Für den großen Abschlussgottesdienst waren ein zehn Meter hoher und 50 mal 20 Meter großer Hügel aufgeschüttet und fünfzig Kilometer Wege angelegt worden, um 800 000 Menschen zu diesem Gottesdienst zu empfangen. Die Autobahn wurde auf 15 Kilometern Länge gesperrt und als Parkplatz zur Verfügung gestellt. An der Bahnstrecke wurde für zwei Tage ein provisorischer Bahnhof eingerichtet. Dass seine Rolle genauso hochrangig war wie seine Person, zeigte sich beispielhaft daran, dass am Vorabend des Schlussgottesdienstes das leere Papamobil am Veranstaltungsort ungefähr genauso viel Applaus bekam wie am nächsten Tag mit Papst.

Beispiel 2

Der Dalai Lama inszenierte sich auf andere Weise ebenfalls ranghoch: Er trat fünf Tage hintereinander in der Züricher Kongresshalle auf, und die Eintrittkarten kosteten 250,- Schweizer Franken. Er saß dann ganztägig in Meditationshaltung und unterwies die Anwesenden fünf Tage lang in tibetischer Sprache in der Buddhistischen Lehre. Selbstverständlich wurde alles gedolmetscht. Obwohl er gut englisch spricht, bemühte er sich nicht, den Menschen entgegenzukommen, sondern schaffte Distanz und ließ die Anstrengung auf ihrer Seite. Wenn er englisch gesprochen hätte, wäre es für meisten kein Problem gewesen, ihn zu verstehen.

Beispiel 3

> Angela Merkel empfing den Dalai Lama im September 2007 – trotz chinesischen Vetos und Absage einer deutsch-chinesischen Konferenz – im Berliner Kanzleramt. Ein Rangpunkt für die Kanzlerin und gleichzeitig einer für den Dalai Lama.

Beachten Sie aber auch, dass Sie die Statussymbole nicht verwechseln. Als Papst macht man keine Powerpoint-Präsentation, und als Queen erzählt man keine Witze. Der beste Schüler ist noch längst kein Lehrer, und der beste Lehrer darf kein Clown sein. Jede Position und jeder Rang hat seine eigenen Symbole. Mit diesen Zeichen souverän umgehen zu können, ist so wichtig wie das Beherrschen der Tischsitten eines jeweiligen Landes.

Erkennen Sie die Spannungen in Rangverhältnissen

Oft sind die Spannungen in Arbeitsverhältnissen oder privaten Beziehungen darin begründet, dass dort ein dauerhafter Kampf um den höheren Rang geführt wird.

Beispiel

> Eine 41-jährige Frau übernahm von extern kommend eine Abteilung mit 23 Mitarbeitern. Mit den meisten kam sie klar, außer mit einer 38-jährigen Mitarbeiterin, die fachlich zwar hoch qualifiziert war, aber ständig durch Widerspruch und den Versuch, andere auf ihre Seite zu ziehen, negativ auffiel. Insbesondere bei Kritik hinsichtlich dieses Verhaltens verweigerte sie vollends die Kommunikation. Nach einigen Monaten rutschte ihr gegenüber ihrer Chefin dann aber einmal der Satz heraus: „Sie haben mir meinen Job geklaut!" Man konnte aus dem Tonfall heraus verstehen und ergänzen: „Und den mache ich Ihnen jetzt zur Hölle!" Sie hatte die Höherrangigkeit der anderen niemals akzeptiert und arbeitete daran, sie scheitern zu lassen.

Verwenden Sie positive und Ihnen entsprechende Rangsymbole

Unterschätzen Sie nach dem Gesagten also nicht die Symbole, die eine Firma oder Institution Ihnen anbietet. Sie sind vorhanden – auch wenn sich im Einzelfall niemand darüber bewusst ist – und wirken unbewusst auf alle Beteiligten. Sie stärken Sie in Ihrem Rang, machen ihn sichtbar und verschaffen Ihnen automatisch Anerkennung von anderen Menschen. Gewiss sollte die Bedeutung Ihres Ranges und Ihrer Position nicht allein in äußeren Zeichen bestehen, aber das folgende Beispiel zeigt, wie es sich auswirken kann, wenn Sie nicht darauf achten:

Beispiel

Eine junge Frau wurde in einer Firma mit etwa 150 Mitarbeitern in eine Führungsposition eingestellt, und man zeigte ihr einen Parkplatz neben dem Haupteingang. Sie fand es sehr auffällig, dort jeden Morgen zu parken, und es war ihr eher unangenehm, dann von vielen gesehen zu werden. Sie parkte lieber in einer nahen Seitenstraße. Während der ersten Wochen in der neuen Firma war sie enttäuscht, dass Sie nicht so recht wahrgenommen und respektiert wurde. Sogar der Portier rempelte sie mehrfach plump an. Als es dann an einem Tag in Strömen regnete, fuhr sie doch auf ihren Parkplatz neben dem Haupteingang. Am selben Tag wurde sie von mehreren Kollegen aus dem Haus angesprochen: „Ach, trauen Sie sich jetzt doch endlich auf Ihren Parkplatz“ – „Ach, Sie sind ja die neue Leiterin der Marketingabteilung“. Selbst der Portier hielt ihr die Tür auf und machte eine kleine Verbeugung zum Gruß. Sie begriff, dass man sie bislang wie in Probezeit behandelt hatte und dass die Benutzung des Parkplatzes auf die anderen die Wirkung eines definitiven Amtsantritts hatte.

Nehmen Sie also solche Symbole als unterstützende Hilfsmittel und Arbeitserleichterungen dankbar an. Prüfen Sie aber auch, ob Ihnen die Statussymbole Ihrer Vorgänger noch zeitgemäß erscheinen. Zigarren schmücken jede Karikatur eines bösen Kapitalisten. Selbst wenn sie heute wieder in Mode kommen, sollten Sie Zigarren eher im privaten Kreis rauchen als in Ihrer Firma. Das könnte dort negative Assoziationen wecken. Aber die Größe Ihres Büros ist durchaus ein angemessener Hinweis auf Ihren Rang. Dabei sollten Sie sich überlegen, welcher Einrichtungsstil dem entspricht, was Sie darstellen wollen. Wollen Sie konservativ wirken oder modern, behäbig, aktiv oder aggressiv? Sie können das durch unterschiedliche Einrichtungsstile visualisieren. Wollen Sie Langsamkeit oder Geschwindigkeit ausdrücken, Symbole der Nachfolge und Kontinuität oder des Neuanfangs setzen? Wenn Sie sich diese Fragen stellen, werden Sie relativ leicht herausfinden, was gut und passend für Sie ist.

Beispiele aus der Öffentlichkeit:

Beispiel 1

Gerhard Schröder trat im ersten Jahr seiner Regierungszeit nicht nur in Armani-Anzügen auf, sondern ließ sich gezielt darin von Modefotografen porträtieren. Gleichzeitig rauchte er Zigarren und setzte mit beidem das Zeichen: „Ich bin der Boss!" Auch auf der Internationalen Automobil-Ausstellung (IAA) in Frankfurt ließ er sich vor allem mit großen und PS-starken Autos fotografieren. Biographisch werden diese Impulse verständlich, wenn man bedenkt, dass sein Vater im Zweiten Weltkrieg gefallen ist, während seine Mutter mit ihm schwanger war. Die Mutter fristete mit ihren fünf Kindern am Rande eines kleinen Dorfes, wo die Nachbarn ihren Kindern verboten, mit den „asozialen" Schröderskindern zu spielen, ein armes Dasein. Welche Genugtuung im Nachhinein für Gerhard Schröder, ganz oben mit allen Symbolen der Macht spielen zu können.

Beispiel 2

Angela Merkel legt dagegen mehr Wert auf Funktionalität und verweigert sich eher den protzigen Symbolen. Sie setzte sich bei der Internationalen Automobil Ausstellung (IAA) 2007 demonstrativ in umweltfreundliche Kleinfahrzeuge mit Hybrid-Antrieb und ließ diese Bilder durch die Welt gehen.

Beispiel 3

> Frankreichs letzte Präsidenten Pompidou, Mitterrand und Chirac pflegten monarchistische Symbole. Sie liebten den Prunk, große Feste und setzten sich Denkmale durch spektakuläre Architektur. Als Nicolas Sarkozy 2007 Präsident wurde, setzte er sofort neue Zeichen: Er joggte durch den Bois de Boulogne, er trat ohne Krawatte auf, statt würdevoll zu schreiten, rannte er durch die Gänge des Élysée-Palastes und machte Urlaub an für bisherige Präsidenten ungewöhnlichen Orten: auf einer Jacht in der Karibik und im Ferienhaus von amerikanischen Freunden in den USA.

Bestimmen Sie das Rangverhältnis durch Ihr Kommunikationsverhalten

Neben diesen materiellen Zeichen kommt auch Ihrem Verhalten ein hoher Stellenwert für den Rang zu, den andere Ihnen schließlich zubilligen. Als Führender müssen Sie nicht nur im Großen und inhaltlich Richtung, Orientierung, Impuls und Entscheidung geben, in jeder Sekunde und jeder sprachlichen Formulierung sollten Sie mit wacher Präsenz darauf achten, die richtigen Signale zu senden:

Beispiel

> Fragen Sie möglichst nicht: „Wann sollen wir uns dazu treffen?", sondern sagen Sie im ersten Anlauf: „Dann schlage ich vor, dass wir uns Montag morgen um 9.00 Uhr treffen, und dass Sie es alle so einrichten, dass jeder pünktlich da ist." Wenn dann ein Einzelner mault, können Sie noch einmal nachsetzen: „Sie werden das schon irgendwie hinkriegen." Falls jedoch eine Mehrheit Einwände macht, können Sie fragen: „Welcher andere Termin wäre Ihnen genehm?" Wenn die Gruppe sich dann auf einen anderen Termin geeinigt hat, können Sie den „Stempel" daraufsetzen und es bestätigen: „O. k., dann ist das hiermit verbindlich beschlossen." Damit bleiben Sie auch in Ihrem Rang.

Wachheit ist für jeden Tigerdompteur das höchste Gebot gegenüber seinen wilden Raubkatzen. Er muss sie ständig im Blick behalten, alle Signale mitbekommen und sicher damit umgehen, sonst entwinden sie sich seiner Autorität und fallen über ihn her.

Wegen der Vielfalt möglicher Anlässe ist es nicht möglich, Ihnen hier eine Liste von zur Rangbehauptung geeigneten Formulierungen zusammen stellen, ich kann Sie nur darauf aufmerksam machen und anregen, in dieser Hinsicht übungshalber zuerst einmal sorgfältig andere Gespräche zu beobachten oder Gespräche, mit denen Sie nicht zufrieden waren, nachträglich zu analysieren. Sie werden schnell merken, wer der Überlegene und das Gespräch Bestimmende ist. Sie können sich auch für vor Ihnen liegende Gespräche ein paar erste Sätze zurechtlegen, durch die Sie sich rangstabil in Ihrer Position behaupten.

Wichtiger als Sätze und Formulierungen sind aber Ihr inneres Selbstverständnis, Ihre innere Identifikation mit Ihrer Rolle und Ihrem Rang. Davon ausgehend werden Sie intuitiv-spontan genau die Sätze bilden, die Ihrer inneren Einstellung entsprechen.

Sichern und stabilisieren Sie Ihren Rang als Führungskraft

Erfüllen und übertreffen Sie Rollenerwartungen

Man sagt, indem sie durch jedes Schlüsselloch spähe, versuche die sensationslüsterne Klatschpresse alles in den Dreck zu ziehen. Wahr ist, dass es für viele prominente Menschen schwer ist, sich eine Privatsphäre zu wahren, in der sie als Star, Politiker oder Wirtschaftsrepräsentant nicht immer nur in Topform sein müssen, sondern auch einmal entspannen und beispielsweise mit offenem Mund auf dem Sofa schnarchen können. Wehe, wenn das ein Paparazzo aufschnappt und missbraucht. Sie sollten Ihre Privatsphäre also durchaus vom Beruflichen trennen und sich Plätze suchen, wohin Sie sich ohne Öffentlichkeit entspannt zurückziehen können.

Trotz allen Bemühens um Echtheit würde man einer Königin doch raten, sich in der Öffentlichkeit ranggerecht zu zeigen. Wenn sie öffentlich häufig niesen oder sich lautstark die Nase putzen würde, würde das ihrem Ansehen und ihrer Autorität vermutlich schaden. Sie muss also darauf achten, gewisse Rollenerwartungen möglichst weitgehend erfüllen.

Beispiel

Die katholische Kirche hat ihren Priestern jegliche sexuelle Betätigung untersagt. Sex scheint ihr nicht mit dem Bild eines im Auftrag Gottes am Altar Handelnden zu vereinbaren. Jene Kulte, die Fruchtbarkeitsrituale im Tempel zelebrierten, zeugen vom Gegenteil.

Autorität und Würde braucht eine gewisse Distanz

Besonders mit dem Begriff „Würde“ greife ich auf ein Worte zurück, das nicht der Alltagssprache entstammt. Vermutlich ist es deshalb fremd geworden, weil der Alltag und die Allgemeinheit oft so wenig mit Würde zu tun haben. Dennoch hat jeder ein klares Gefühl dafür, ob ein Chef, Vorstand, Politiker, Monarch oder Popstar, ja auch ein Mitglieder der eigenen Familie, würdevoll oder unwürdig auftritt oder behandelt wird. Gerade das Gefühl der Peinlichkeit ist häufig Ausdruck für eine empfundene Würdelosigkeit.

Autorität braucht nun meistens ein gewisses Maß an Würde. Im Alltag des Führens geht es dabei meistens nicht um etwas besonders Großes, aber der Richtungsvektor muss aufwärtsweisen und nicht abwärts. Was macht nun Würde aus und wie erreicht man sie?

Die Hauptaspekte, auf den ich Sie in diesem Zusammenhang aufmerksam machen möchte, sind – marketingtechnisch gesprochen – die Freistellung, Unterscheidbarkeit und positive Abhebung von der Masse. Alle drei Aspekte verlangen eine gewisse Distanz zur Umgebung. Genauso braucht ein Familien-, Gruppen-, Firmen- oder Staatsoberhaupt zur würdevollen Erfüllung seiner Funktion Abstand.

Bei den ganz Großen geschieht das beispielsweise durch Eleganz, Distinguiertheit, Vornehmheit, Bodyguards, Vorstandsetagen, Königsschlösser oder Bundeskanzleramt, durch erhöhte Rednerplätze oder Thronsessel, durch distanzierende Kleidung wie eine Uniform, Haute-Couture-Kleidung oder ein besonderes rituelles Gewand.

Da ich nun nicht erwarte, dass Sie, lieber Leser, der amerikanische Präsident oder die deutsche Bundeskanzlerin sind (ich würde mich freuen, wenn ich mich irre, und stehe dann auch gern zum vertiefenden Gespräch und zur PR-Beratung zur Verfügung), kann ich mich vermutlich auf die kleineren Situationen beschränken und muss hier keine Lektion zur Staatsführung einfügen. Wenn Sie also Führungskraft einer Abteilung oder eines Bereichs einer Firma sind, können Sie durchaus Nähe und Gleichrangigkeit zulassen, Sie müssen aber unbedingt darauf achten, dass eine Restdistanz erhalten bleibt. Das erst versetzt Sie in die Lage, jederzeit wieder in Ihren höheren Rang zu treten und ihn zu behaupten. Was als freundliches Entgegenkommen gemeint ist, darf Rangniedrigere nicht dazu ermutigen, sich zu erhöhen. Dann begänne gegebenenfalls ein unangenehmer Rangkampf, den Sie gewinnen müssten. Achten Sie also darauf, dass freundlich angebotene Gleichrangigkeit nicht zu Verkumpelungen führt und zu intim wird.

Beispiel

> Wer sich als Chef mit einer untergebenen Mitarbeiterin einlässt, wird schnell merken, wie unmöglich es ist, den vorherigen Zustand wieder herzustellen. Die Mitarbeiterin wurde durch das „Verhältnis" rangmäßig erhöht, während der Rang des Chefs meist beschädigt wird, wenn er das Verhältnis abbrechen will und die Beziehung dabei auffliegt.

Auch macht es einen Unterschied, ob Sie sich mit Geschäftspartnern und Mitarbeitern „duzen" oder „siezen". In Teams ist das allgemeine „Du" mittlerweile weit verbreitet. Nun will ich Ihnen nicht das Wohlfühlen unter netten Menschen verderben. Ich möchte Sie aber darauf aufmerksam machen, dass Sie zwar vielleicht mit dem „Du" in entspannten Friedens- und Wohlstandszeiten tatsächlich mehr Nähe schaffen und gemeinsame Schlagkraft erzielen können. Sobald Sie aber einmal in schwierigeren Zeiten Kritik üben und Leute versetzen oder entlassen müssen, geraten Sie dann schnell als vermeintlicher Freund unter Freunden in die Rolle des Spielverderbers und Außenseiters. Wären Sie die ganze Zeit vorher schon deutlich als Chef wahrgenommen worden, so würde Ihre Autorität in einer solchen Situation weniger oder keinen Schaden nehmen. Ich mache Sie deshalb noch einmal darauf aufmerksam, dass es eine Illusion ist, sich im Business als Freundes- oder Familienkreis zu verstehen. Aus einem Familienkreis kann man niemanden wirklich ausschließen, auch nicht, wenn er behindert ist und nicht viel zur Gemeinschaft beitragen kann. Ein Elternteil, der ein Kind verstößt, macht sich im Bewusstsein der ganzen Familie immer schuldiger, als ein Kind es trotz aller Missetaten sein kann. Auch bei einem Mörder erwartet man, dass seine Eltern zu ihm halten. Selbst zwanzig Jahre später gehört ein verstoßenes Kind immer noch zur Familie und stößt nach dem Tod eines verstoßenden Elternteils häufig genug wieder dazu. Das ist in einem Klassenverband, in einem Freundeskreis oder in der Arbeitsgemeinschaft einer Firma anders, auch wenn man es gern familiärer hätte. Illusionen zu folgen, führt immer irgendwann zu Schmerz. Deshalb wäre es sinnvoller, die Dinge so zu sehen, wie sie sind, und von vornherein klare Verhältnisse zu schaffen.

Beispiel

> Bundeskanzlerin Angela Merkel hält die Distanz, indem sie sich nur mit ganz wenigen duzt.

Die durchaus unterschiedlichen Symbole, die in einem fürstlichen oder päpstlichen Hofstaat und Zermoniell verwendet wurden oder werden, schaffen gleichermaßen Abstand und erhöhen den Obersten. Von ihren Grundprinzipien her arbeiten selbst die scheinbar modernsten Protokollregeln eines demokratischen Staates und seiner Vertreter oder eines Großkonzerns mit seinen Repräsentanten nach den gleichen Prinzipien. Schauen Sie sich deshalb genau an, was für Zeichen und Symbole in Ihrem Umfeld verwendet werden, und prüfen Sie, welche Sie für Ihre eigenen Zwecke brauchen können, sollten und wollen.

Dabei können Sie auch einmal darauf achten, dass Status-Symbole nicht immer protzig sein müssen, es gibt auch betontes Understatement nach dem Motto: „Wer ist hier der Bescheidenste“ als Status-Symbol. In Extremform gibt es das in manchen streng religiös geprägten Kreisen. Manchmal wird dort ein Bescheidenheits- und Demutsterror als subtiles Herrschaftsmittel eingesetzt.

Keinesfalls dürfen Sie symbolische Zeichen oder Akte unterschätzen und ignorieren. Sie wirken tief in die Gruppendynamik und die Psyche der Beteiligten und visualisieren ansonsten unsichtbare Aspekte oder Verhältnisse und machen Sie für jeden erfahrbar.

Führen Sie „Symbole“ und „Rituale“ ein

Entsprechend sind auch die verschiedenen sich immer wiederholenden Rituale, die man in Firmen, Familien, Kirchen oder politischen Verbänden und Veranstaltungen zu verstehen. Sie heben etwas besonders Wichtiges ausdrücklich ins Bewusstsein.

Eine vom Betriebsrat einberufene Betriebsversammlung ist genauso ein Ritual wie die Pressekonferenz eines Vorstands oder einer Bundesregierung. Solche Veranstaltungen werden nicht bei besonderen Anlässen einberufen, sondern regelmäßig, und symbolisieren die Macht, Präsenz oder Bedeutung einer Institution oder Person. Hochzeit, Taufe oder Begräbnisfeier heben ein Ereignis oder eine Person aus dem Alltag heraus und visualisieren das Bedeutsame daran. Dabei müssen sich die Liebenden am Tag ihrer Hochzeit gar nicht einmal mehr als sonst lieben. Sie setzen ihrer Liebe und Verbundenheit an einem ansonsten beliebigen Tag durch ein rauschendes Fest ein erkennbares und herausragendes Zeichen und Erinnerungsdenkmal.

Selbstverständlich kommt dem- oder denjenigen, die zu solch einem Ritual Anlass geben oder einladen, ein besonderer Rang zu. Prüfen Sie also, welche Anlässe Sie herausheben wollen, welche Rituale Sie einführen oder abschaffen wollen, und werden Sie zum „Zeremonienmeister“ Ihrer Rolle, Aufgabe und Funktion.

Wie Sie Führungsalltag durch richtiges Setting für Mitarbeiter zum Event machen

Wenn der Kaiser in eine Stadt kam, wenn der Papst nach Deutschland kommt, wenn ein Vorstand eine Niederlassung besucht, immer sind es herausragende Ereignisse, die mit Bedacht und Klugheit gestaltet werden müssen. Da hängen dann von einer kurzen Situation mit wenigen Handlungen oder Worten die ganze Wirkung und das Image der handelnden Personen oder Institutionen für die nächsten Jahre ab. Was im Großen wirkt, gilt meistens analog auch fürs Kleine und kann deshalb zumindest als Orientierungsmittel für das eigene Verhalten dienen: Warum sollte nicht das Jahresgespräch mit dem Chef schon vorher als bedeutsames Ereignis ins Bewusstsein der Mitarbeiter eindringen und als Jahresevent in der Nacherinnerung haften bleiben? Es geht schließlich nur zum geringen Teil um die Worte und Inhalte eines solchen Gesprächs, die fühlbaren Umstände des Gesprächs hinterlassen meist stärkere Spuren: Wo hat das Gespräch stattgefunden, wie war die Stimmung – eher persönlich oder eher businesslike, war es wertschätzend, funktional oder erniedrigend? Wenn Sie solche Gespräche führen wollen oder müssen, sollen Sie prüfen, welches Setting und Arrangement Ihre Absichten am besten unterstützen. Wenn Sie ein Jahresgespräch als Kamingespräch führen, wird es einen anderen psychologischen Effekt haben als ein Gespräch im Bistro nebenan oder im Chefbüro, während draußen im Flur schon die beiden nächsten Mitarbeiter auf ihren Termin warten.

Beispiel

Eine Abteilungsleiterin konsultierte mich, da sie Schwierigkeiten hatte, sich in ihrer aus 21 Mitarbeitern bestehenden Abteilung in einem Großraumbüro zu behaupten. Sie war selbst vorher Teammitglied gewesen und dann zur Leiterin ernannt worden. Es gab einige Mitarbeiter, die deutlich älter waren als sie, zwei hatten selbst spekuliert, die Leitungsposition zu erhalten, und einige Spezialisten wollten sich erst recht nichts von ihr sagen lassen. Nach Analyse der Situation fiel uns auf, dass alle Schreibtische im Raum wie in einer Schulklasse hinter- und nebeneinander aufgestellt waren und die Abteilungsleiterin genauso wie die anderen an einem dieser Tische saß. Ich schlug ihr als Lösungsversuch vor, ihren Tisch wie ein Lehrerpult diagonal in eine Ecke des Raumes zu stellen. Sie hätte dann den Überblick über die ganze Mitarbeiterschar und würde so gewissermaßen die Aufsicht führen. Davor sollte sie dann zwei Stühle stellen und alle Gespräche nur noch an ihrem Schreibtisch führen. Sie setzte den Vorschlag in der folgenden Woche um und berichtete mir nach einiger Zeit, die anderen hätten zwar drei Tage lang etwas verwundert geguckt, aber nach zwei Wochen wäre ihr Autoritätsproblem in der Abteilung gelöst gewesen. Sie war jetzt sichtbar und erlebbar die Chefin. Der Effekt trat so schnell ein und war so verblüffend, dass er einem Abteilungsleiterkollegen auffiel, der dann mit der gleichen Maßnahme in seiner Abteilung denselben Effekt erreichte.

Werden Sie gelegentlich offiziell – Macht durch Sprechhandlungen

Beim Hochzeitsritual ist es ein vertrauter und für die Beteiligten oft auch besonders berührender Moment, wenn der Standesbeamte oder der Pfarrer schließlich sagt: „Hiermit erkläre ich Sie zu Mann und Frau!" Durch das Aussprechen dieses Satzes wird die Amtshandlung vollzogen. Der Satz selbst ist die Handlung. Genauso ist es, wenn man sagt: „Ich verspreche es". Durch den Satz geschieht der Akt und gewinnt erst darin sein Gewicht und seine Bedeutung. Solche Sätze dürfen mit einer gewissen Feierlichkeit ausgesprochen werden. Ein offizieller Rahmen dabei verstärkt die Gültigkeit. Bei Hochzeiten werden mindestens zwei Zeugen dazu gerufen, im Normalfall werden sogar beide Familien Zeuge der Zeremonie. Was hier wieder anhand herausragender Situationen gezeigt wurde, wirkt auch im Alltag, wenn man es angemessen umsetzt. Ein paar weitere Beispiele sollen das zeigen:

Beispiel 1

Als sich bei einem Hausverkauf Interessent und Eigentümer nahezu einig sind, weist der anwesende Makler darauf hin, dass er dem Interessenten gern Bedenkzeit einräumen wolle, dass er aber, solange keine definitive „Handelseinigkeit“ hergestellt sei, weitere Interessenten durch das Haus führen werde. Als beide Seiten dann nach ein paar Minuten Bedenkzeit noch einmal ausdrücklich ihre Kauf- und Verkaufsabsicht bestätigten, sagte der Makler: „Dann können Sie sich ja darauf die Hand geben.“ Und während die Handelspartner das taten, sagte der Makler ganz offiziell und feierlich: „Hiermit stelle ich die Handelseinigkeit fest. Ich werde keine weiteren Interessenten mehr durch das Haus führen.“ In der Tat ist der Kauf eines Hauses ein besonderer Akt im Leben vieler Menschen, und insofern entsprach die Feierlichkeit der Bedeutsamkeit der Situation.

Beispiel 2

Jedes Initiations- oder Aufnahmeritual ändert etwas und verlangt zugleich danach, dieses Geschehen in Worte zu fassen: „Jetzt sind Sie vollberechtigtes Mitglied unserer Gemeinschaft.“ Oder: „Wenn Sie hier unterschreiben, dann sind Sie Führungskraft in unserer Firma.“ In christlichen Klöstern sowie bei Osho-Anhängern wird sogar als Zeichen der neuen Zugehörigkeit ein neuer Name verliehen. Genauso geschah es früher bei der Taufe von Erwachsenen. Sie erhielten einen neuen christlichen Namen. In Firmen entspricht dem beim Aufstieg in einen neuen Rang ein neuer Titel.

Sie sehen, so einfach und universell sind diese Rituale. Auch beim Führen gibt es die besondere Funktion, Dinge durch das klare Aussprechen zu vollziehen. Den Effekt können Sie meistens dadurch steigern, dass Zeugen anwesend sind. Wenn es bei einem Geburtstag oder Jubiläum keine Gäste gibt, hat der Anlass nahezu keine Realität. Der wirkliche Zweck von Feiern jeglicher Art ist eben nicht das lustige feuchtfröhliche Zusammensein, sondern die Anwesenheit einer Gruppe, die durch ihr Dasein die tiefenpsychologische Wirkung des Geschehens – des Lobes, des Dankes, der Erhöhung, der Aufnahme oder des Abschieds – vertieft und verstärkt. Insofern ist es nicht nur nett und gut, wenn jemand ein paar Worte zum Anlass spricht, es ist eine psychologische Notwendigkeit. Ergreifen Sie also die Gelegenheit und fassen Sie den Mut, Ereignisse oder Handlungen in angemessener Form durch Symbol, Ritualisierung und entsprechende Worte aufzuwerten und stärker wirksam werden zu lassen.

Wie Sie gegenüber Höhergestellten kurzzeitig ranggleich sein können

Nachdem Sie nun gewiss das Verhalten mancher anderer Personen oder vielleicht sogar Ihrer eigenen Chefs besser verstehen werden und auch eine Reihe von Ideen für Ihr eigenes Verhalten aufgenommen haben, möchte ich Ihnen noch einen besonderen Tipp für den Umgang mit höherrangigen Personen geben. Bekanntlich fließt die Kommunikation oft nur schwer von unten nach oben. Da wäre es dann hilfreich, dem anderen einmal gleichrangig begegnen zu können, um ihm vielleicht etwas Wichtiges mitzuteilen. Das können Sie unter einer Bedingung gelegentlich schaffen. Erst die Bedingung: Sie müssen selbst nach dem kurzen Moment der Gleichrangigkeit wieder aktiv in den niederen Rang zurücktreten, und Sie dürfen diesen „Trick“ nur selten anwenden. Anderenfalls verunsichern Sie den Ranghöheren und müssen mit Distanz schaffenden negativen Nebeneffekten rechnen. Die Technik besteht darin, den Höher stehenden in einer anderen Rolle als der Chefrolle anzusprechen, und zwar in einer gleichrangigen. Zum Beispiel: „von Mann zu Mann“,“von Frau zu Frau“, von „Familienvater zu Familienmutter“ oder: „mal eine Nebenbemerkung unter Erwachsenen“ oder: „wenn ich Ihnen da mal unter alten Bekannten einen Tipp geben darf ...“. Sie können sich beliebige Varianten ausdenken, müssen sich aber nach einem solchen kleinen Intermezzo wieder auf Ihren Rang zurückziehen, etwa mit einer Formulierung wie: „… aber Sie sind der Chef, das müssen letztlich Sie entscheiden“.

Setzen Sie gerade zum Beginn einer Führungstätigkeit klare Zeichen

Wie starten Sie nun in eine neue Führungsaufgabe? Da wird eine Menge zu tun sein. Damit Sie dabei nicht unkoordiniert und wie zufällig beginnen, schlage ich Ihnen hier einige Maßnahmen vor, die Sie je nach den konkreten Umständen und Bedingungen ändern oder variieren können:

1. Die Inthronisation

Im ersten Akt geht es um die Form der Mitteilung Ihrer Ernennung an Ihre künftigen Mitarbeiter. Sickert die Botschaft auf dem Weg der Gerüchteküche durch, erzählt das die Sekretärin oder ein eingeweihter Mitarbeiter in seinem willkürlichen Jargon, gibt der nächsthöhere Vorgesetzte eine offizielle Erklärung dazu ab? – Und wenn ja, in welchen Worten?! – Oder müssen Sie das Ihren künftigen Mitarbeitern selbst mitteilen – und wenn ja, wie tun Sie das am geschicktesten?

Wenn Sie an diese Frage das Kriterium legen, was Sie am besten in Ihrer Autorität stützt, dann wird das eine klare Rückendeckung durch die nächsthöhere Hierarchieebene sein. Insofern wären Sie gut beraten, Ihren Chef zu einigen positiven offiziellen Worten zu animieren. Er könnte Ihnen vor der gesamten Mannschaft sein persönliches Vertrauen aussprechen, er könnte Ihren Rückhalt bei der gesamten Firmenleitung betonen und Ihre klare Anweisungsbefugnis bestätigen. Wenn er Ihnen dann das Wort formell übergibt – und dann am besten den Raum verlässt –, haben Sie bereits eine gute Grundausstattung an Autorität, noch ehe Sie selbst etwas gesagt oder getan haben. Wenn Ihr Chef dabeibleiben will, sollten Sie Ihre ersten Worte mit ihm abgesprochen haben, dass er Ihnen anschließend wohlwollend applaudiert. Es wäre aber gut, wenn er keine weiteren Kommentare hinzufügt. Dabei würde die Gefahr bestehen, dass Ihre Autorität wieder geschwächt würde. Sie sollten das ausdrücklich mit ihm absprechen.

2. Ihre Regierungserklärung

Wie ein Regierungschef nach seiner Wahl eine Regierungserklärung abgibt, so sollten auch Sie zu Beginn Ihrer Tätigkeit außer einem freundlichen Grußwort auch ein paar grundsätzliche verbindliche Worte sagen. Vielleicht geben Sie Ihren neuen Mitarbeitern zu deren Orientierung einige Ihrer Führungsgrundsätze oder Grundprinzipien bekannt. Versprechen Sie etwas – zum Beispiel Fairness, und fordern Sie etwas – zum

Beispiel, dass das gesprochene Wort bis zum Widerruf verbindlich sei. Teilen Sie darüber hinaus Ihren Plan für die nächsten acht Wochen mit. Der Plan sollte sich vor allem auf Formales und nicht auf Inhaltliches beziehen, beispielsweise Projekte sichten, mit jedem Mitarbeiter ein Gespräch führen, Vorschläge sammeln, mit benachbarten Abteilungen sprechen, die wichtigsten Kunden kennenlernen ...

3. Ein persönliches Vieraugengespräch mit jedem Mitarbeiter

Zuhören ist immer gut. Es drückt Wertschätzung aus und hilft, Überblicke zu gewinnen. Wenn Sie in den ersten Wochen mit jedem Mitarbeiter ein Gespräch unter vier Augen führen, gewinnen Sie nicht allein Informationen, sondern arbeiten vor allem an persönlichen Beziehung zu jedem Mitarbeiter. Sie stehen danach nicht mehr einer anonymen und unberechenbaren Gruppe gegenüber. Wenn Sie es verstehen, aufmerksam zu sein und auch zwischen den Zeilen zu lesen, werden Sie in jeder Hinsicht unschätzbar wertvolle Informationen gewinnen können. Gerade die Smalltalk-Anteile solcher Gespräche können wahre Goldgruben dafür sein.

4. Die erste Zusammenfassung der gewonnenen Einsichten

Nach diesen Gesprächen und Sichtung der Lage können Sie wieder zu einer Abteilungsbesprechung einladen. Dabei können Sie Ihre Einschätzung der aktuellen Lage mitteilen und das Positive würdigen, das Kritische benennen sowie die nächsten Herausforderungen aufzeigen. Gerade hier sollten Sie nicht schönfärben, sondern möglichst nüchtern und sachlich aufzeigen, was Sie recherchiert haben. Sie können gegebenenfalls mehrere alternative Lösungswege, die Sie im Moment sehen, aufzeigen und sie in einem nächsten Schritt noch einmal intensiv mit Betroffenen oder Zuständigen diskutieren. Dann sind aber Entscheidungen fällig.

5. Erste symbolische Maßnahmen

Während Sie noch die funktionalen Zusammenhänge zu durchschauen suchen und bessere neue Maßnahmen recherchieren, sollten Sie schon beweisen, dass Sie Initiative und Macht zu Veränderungen haben. Niemand wird von Ihnen erwarten, dass Sie nach sechs bis acht Wochen die Lösung aller Probleme vorlegen, aber wenn Sie zeigen, dass Sie überschaubare Dinge schnell, unkompliziert und erfolgreich regeln können, gewinnen Sie schnell an Ansehen und Respekt. Dabei sollten Sie in erster Linie Dinge regeln, die im Interesse aller sind, die nicht viel kosten und die wenig Risiko bergen, auf den Widerstand der Mitarbeiter zu stoßen oder nicht zu funktionieren. Im Gegenteil, wenn Sie mit neuen Toilettenpapierhaltern oder WC-Brillen, einer neuen modernen Kaffeemaschine, längst überfälligen elektrischen Aktenvernichtern oder neuen Bildern im Gang erreichen, dass alle aufatmend seufzen können: „Na endlich!", dann haben Sie schon die ersten Pluspunkte gesammelt. Es geht also mehr um eine symbolische Demonstration Ihrer Macht anhand von Kleinigkeiten: Den Flur neu zu streichen, vielleicht einen neuen Teppichboden verlegen zu lassen oder gesündere Sitzmöbel anzuschaffen, könnte die nächste etwas größere Machtdemonstration sein, durch die Sie beweisen, dass Sie auch mit der eigenen Firmenbürokratie zurechtkommen. Prüfen Sie also Ihre Möglichkeiten für symbolische interne Verbesserungen und schöpfen Sie Ihren Spielraum aus. Als Grundbotschaft sollte erst einmal nach allen möglicherweise teils gegenteiligen früheren Cheferfahrungen herüberkommen: „Ich bin für euch" und: „Der oder die Neue tut etwas".

Wenn Sie auf diese Weise ein Grundvertrauen gewonnen haben, können Sie an weitere, für den Erfolg der Arbeit funktional erforderliche Maßnahmen denken und sie durchführen.

6. Das erste halbe Jahr und erste funktionale Maßnahmen

Für den zweiten Schritt haben Sie dann etwa ein halbes bis maximal ein Dreivierteljahr Zeit. In dieser Startphase können Sie mit der frischen Energie des „neuen Besens", der gut kehrt, viele wichtige Weichen für die nächsten (drei) Jahre stellen. Was Sie im ersten Schub nicht substanziell an Änderungen im Neuanfang in die Wege leiten, werden Sie später nur mit wesentlich größerem Aufwand verändern können. Während der ersten sechs bis neun Jahre sind Sie noch nicht Bestandteil des Systems, das Sie führen, sondern können noch mit dem Blick, der Unbefangenheit und der Kraft des von außen Kommenden seine Form verändern und bestimmen. Wenn Sie später Teil des Systems sind und mit Personen, Funktionen und Abläufen verquickt, wird es dann sowohl schwerer, Änderungsbedarf zu erkennen als auch zu realisieren. Prüfen Sie also in dieser ersten Zeit sehr genau, welche Mitarbeiter zum Team passen wen Sie nicht dabei haben wollen und setzen Sie diese Einsichten konsequent in die Tat um. Sie können gerade zu Beginn die Neuausrichtung einer ganzen Mannschaft durch personelle Veränderung erheblich beeinflussen und ein Team neu motivieren. Sie sollten ebenfalls prüfen, wen Sie mit welcher Qualifikation als Neuzugang brauchen und ob es sinnvoll ist, neue Arbeitsabläufe und neue hierarchische Strukturen einzuführen oder alte, eingefahrene abzuschaffen. Von einem neuen Chef erwartet man geradezu, dass er etwas ändert. Da birgt ein möglicherweise aufflackernder Widerstand meistens schon in seinem Beginn einen Keim der Resignation. Wichtig ist auch, dass Sie mit Ihrem eigenen Chef potenzielle Änderungen vorab diskutiert und dass Sie dessen grundsätzliche Zustimmung und Rückhalt haben. Lassen Sie sich gewissermaßen zu den Änderungen von ihm beauftragen.

Der Zwiespalt, in dem sich viele Personen, die neu in einer Führungsaufgabe sind, befinden, lässt sich mit dem eines jungen Chirurgen vergleichen. Um zu helfen, muss er mit scharfem Skalpell einen Menschen verletzen. Aber er muss es tun. Genauso müssen Sie gegebenenfalls als Führungskraft mit scharfen Schnitten eine Abteilung wieder zum Funktionieren bringen. Und wenn Sie dann noch bedenken, dass sich innerhalb weniger Jahre mit hoher Wahrscheinlichkeit wieder Bequemlichkeiten in einer Abteilung einnisten, die ihrem eigentlichen Zweck entgegenstehen, so werden Sie nachvollziehen, dass schon aus diesem Grund solche oft harten Änderungen immer wieder notwendig sein werden. Das sollten Sie auch Ihren Mitarbeitern erklären. Insbesondere viele ältere Mitarbeiter reagieren sonst mit der abfälligen Bemerkung, dass jeder neue Chef zu seiner eigenen Profilierung irgendetwas überflüssigerweise umstrukturieren wolle. Bequemlichkeit, Gewohnheit, Alltagstrott und „Immer so weitermachen wie bisher" sind aber Todfeinde jeglicher sinnhafter Funktionalität. Sie werden also ändern müssen – und tun das am besten zügig zu Beginn Ihres neuen Amtes.

In dieser Zeit werden Sie auch „Exempel" statuieren und zeigen müssen, dass niemand Sie ungestraft hintergehen oder ungestraft seine Vertragspflichten verletzen kann. Gerade Abteilungsmitglieder, die sich eventuell schon seit Jahren unangemessen verhalten, verursachen in einer Abteilung oft erheblichen Missmut und Ärger bei ihren Kollegen. Die warten geradezu darauf, dass ein neuer Chef endlich einmal für Ordnung sorgt und anerkennt, was anzuerkennen ist, und beendet, was längst unerträglich ist. Solche Maßnahmen sind oft heikel und sollten deshalb sehr gut vorbereitet werden. Wenn ein solcher Versuch öffentlich scheitert, stempelt Sie das als ohnmächtigen Chef ab und untergräbt Ihre Autorität. Sie sollten allerdings notwendige Maßnahmen auch nicht aus Angst vor möglichen Komplikationen unterlassen. Wenn sie gelingen, kann das bei guter Kommunikation die anderen Mitarbeiter durch die berechtigte Schadenfreude gegenüber einem zu Recht abgestraften Schmarotzer erheblich zusätzlich motivieren und disziplinieren.

7. Verschleiern Sie nicht Ihre Chefrolle

Das Problem mit dem Gordischen Knoten bestand darin, dass alle, die ihn auflösen wollten, ihn mit Geschicklichkeit und vielen geduldigen Versuchen bearbeitet hatten. Alexander der Große soll ihn dann einfach mit dem Schwert durchschlagen und auf diese Weise gelöst haben. Dem, der den Knoten lösen würde, war die Herrschaft über ein Weltreich verheißen. Nutzen Sie die Idee, und verzetteln Sie sich nicht nur in geduldigen Lösungsversuchen, die doch nicht zum Ziel führen. Manchmal muss man auch das Schwert aus der Scheide ziehen und „entscheiden", um ein Problem dauerhaft zu lösen. Sie sollten dabei nicht skrupellos sein, aber frei von Skrupeln.

Beispiel

> Ein Apotheker hatte mit seinem chronisch unmotivierten Team elf Jahre lang alle möglichen Teambuildingmaßnahmen und Teamtrainings durchgeführt, um ein gemeinsames „Wir-Gefühl" zu erzeugen. Er hatte den Wunsch, dass alle miteinander gut motiviert seien, „unsere Apotheke" nach vorn zu bringen. Der Erfolg war sehr mäßig, und er

wollte nun bei mir im Rhetorik-Seminar lernen, seine Leute besser zu motivieren. Ich stellte ihm als Erstes die harte Frage nach seinem Alter und dem seiner Mitarbeiter. Er war 52 Jahre alt, und der älteste seiner 25 Mitarbeiter war 35 Jahre alt. Weiter fragte ich ihn nach seinen Einkommensverhältnissen und denen seiner Mitarbeiter. Sein Gewinn betrug das Siebenfache des Gehaltes des meistverdienenden Mitarbeiters. Ich fragte ihn darauf hin, wie denn irgendein Mitarbeiter empfinden solle, dass es sich um „unsere Apotheke" handle. Das sei doch offenbar seine Apotheke, nur er traue sich scheinbar nicht, wirklich Chef zu sein. Als ich ihn dann noch fragte, was er wohl machen würde, wenn er erst einmal richtig Chef dieser Firma sei, schoss seine Antwort spontan aus ihm heraus: „Dann würde ich zwei Mitarbeiterinnen entlassen. Die stören chronisch – und das heißt seit 11 und 13 Jahren – das Betriebsklima." Ich schlug ihm vor, genau das zu tun. Nach einigem Zaudern konnte er sich dazu durchringen und berichtete mir ein halbes Jahr später: „Jetzt ist die Kompassnadel aller Mitarbeiter wieder auf mich gerichtet. Die Stimmung ist besser als jemals zuvor, und die Abfindungskosten für die beiden waren die beste Investition meines ganzen Geschäftslebens."

Führen auf sieben Ebenen

Sieben Persönlichkeitsebenen ergeben sieben Kommunikationsebenen. Daraus folgt, dass Sie auf sieben Ebenen führen müssen. Umgesetzt auf die Aufgaben des Führens können Sie der linken Spalte die zentralen Themen dabei entnehmen. In den nächsten Abschnitten wird das näher ausgeführt und auf Situationen angewandt.

Führungsaufgaben	Ebenen der Person
7. Reflexion, Überblick, Vollständigkeit	Geist
6. Sache, Information, Fachkompetenz	Vernunft
5. Interessen, Ziele	Intentionalität
4. Beziehungen, Konflikte	Emotionalität
3. Richtlinien, Regeln, Struktur	Charakter, Grundmuster
2. Motivation	Antriebe, Bedürfnisse
1. Sinnvermittlung	Lebensenergie, Identität

Die folgenden Ausführungen beginnen von der ersten (untersten) Ebene und steigen dann bis zur obersten auf.

Identitätsebene: Führen durch Sinnvermittlung

Vermitteln Sie den Sinn Ihrer Maßnahmen und Ziele

Menschen fragen immer wieder nach dem Sinn dessen, was sie tun und erleben. Das geschieht im Großen wie im Kleinen. Sinn gibt Menschen Orientierung. Empfundene Sinnlosigkeit kann Menschen in Frustration und Demotivation stürzen. Insofern sollten Sie als Führungskraft darauf achten, Menschen den Sinn Ihres Tuns offenzulegen, bzw. selbst den Sinn Ihres Tuns immer so lange zu hinterfragen, bis Sie einen sinnvollen Sinn darin entdecken oder hineinlegen können.

Wenn Mitarbeiter nicht verstehen, worum es bei ihrem Tun gehen soll, um welchen Zweck und welches Ziel es dabei geht, werden sie ihre Kraft und Kompetenz nicht voll einbringen. Insofern unterstützt es Ihre Regelungen und Anweisungen, wenn Sie die Ziele des Unternehmens, die Ziele Ihres Bereichs, Ihrer Abteilung, Ihrer Gruppe, Ihres Projekts klar und präzise definieren und kommunizieren. Aber erst wenn Ihre Mitarbeiter den Sinn dieser Ziele verstehen und als tatsächlich sinnvoll annehmen können, werden sie bereit sein, sich dafür zu engagieren. Auf diese Sinnerklärung sollten Sie deshalb einige Mühe verwenden. Danach haben Sie Ihre Mannschaft gut dabei. Wenn es Ihnen zusätzlich noch gelingt, den persönlichen Nutzen Ihrer Mitarbeiter bei einer hohen Zielerreichung deutlich zu machen oder sogar durch ein Prämiensystem spürbar zu machen, kann eigentlich nichts mehr schief gehen.

Seien Sie sich vor allem darüber im Klaren, dass Ihre persönliche Autorität nur glaubhaft sein kann, wenn Sie als Person in Einklang mit dem Sinn der von Ihnen vorgegebenen oder mitgeteilten Ziele wahrgenommen werden. Wenn Sie dazu in innerer Distanz leben, werden Ihre Mitarbeiter das spüren und es als Bruch Ihrer Glaubwürdigkeit bewerten. Ihre Überzeugungsarbeit beginnt also bei denen, von denen Sie Ihre Anweisungen erhalten. Sie verlangt von Ihnen die Auseinandersetzung mit dem Sinn Ihnen vorgegebener Ziele, auch wenn er nicht bis zu Ihnen mitkommuniziert worden ist. Menschen an Sinn und Nutzen teilhaben zu lassen, ist ein bedeutender Baustein der Kunst, Menschen zu motivieren.

Antriebs- und Bedürfnisebene: Motivation

Wie Sie eine hohe Motivation Ihrer Mitarbeiter erreichen

Viele Menschen werden wegen besonderer fachlicher Kompetenz in eine Führungsposition gerufen. Das ehrt sie zwar, stellt aber nicht sicher, dass diese Person auch führen kann. Viele Führungskräfte sind nicht auf einen hierarchisch funktionalen Umgang mit anderen Menschen vorbereitet, geschweige denn darauf, mit deren Motivationen und Frustrationen psychologisch kompetent umzugehen. Dabei hängt der Erfolg von Führungskräften und Firmen zum großen Teil von der Fähigkeit ab, Mitarbeiter motivieren und psychologisch effektiv steuern zu können. Wie Sie bislang gesehen haben werden, entsteht Autorität zum größeren Teil als psychologischer Effekt, teils aus der eigenen von innen kommenden Ausstrahlung, teils aber aus der Art, wie man mit anderen Menschen umgeht.

Wie können Sie nun die Motivation anderer Menschen wecken? Wie können Sie die innere Kündigung von Mitarbeitern verhindern? Wie holt man abgehalfterte „alte Hasen" aus ihrer inneren Kündigung wieder heraus? Wie schaffen Sie es, die Einzelkompetenz Ihrer Mitarbeiter auszuschöpfen und zu einer großen Gesamtkompetenz zusammenzubringen?

Wie schlichten oder moderieren Sie am besten erregte Gemüter? Wie führt man sensibel Kritikgespräche? Wie kommen Sie heil zwischen den Fronten sich bekämpfender Mitarbeitercliquen durch und wie gehen Sie am besten mit konkurrierenden Mitarbeitern um? Und noch zu guter Letzt: Wie schafft man es, Leute zu begeistern und zu Spitzenleistungen anzuspornen?

All das ist reine Psychologie. Über Profiling und Menschenkenntnis haben wir schon gesprochen. Das ist der Ansatz über das Verstehen. Sprechen wir hier nun noch darüber, wie Sie Ihre Ideen und Vorstellungen attraktiv und inspirierend kommunizieren können, wie Sie Angebote machen können, die tatsächlich etwas bei Ihren Mitarbeitern bewegen – und lassen wir dabei einmal den Dienstwagen und eine mögliche Gehaltserhöhung außer Acht.

Versuchen wir erst einmal, das trockene Wort Motivation durch ein paar andere einzukreisen oder zu ersetzen:

In Jugendgangs gibt es häufig einen „Anstifter“. Warum sollten Sie die Rolle nicht auch unter Erwachsenen übernehmen? In einer Rockband kann es auch den Impulsgeber oder den Einpeitscher geben. Wenn irgendwo ein Trend ausbricht, dann war da jemand, der mit einer zeitgemäßen Idee und deren Vermarktung andere damit angesteckt hat. Es gibt tatsächlich Dinge, denen eigentlich kein wirklich damit zusammenhängendes reales Bedürfnis zugrunde liegt und die doch erfolgreich mit Bedürfnissen verknüpft werden. Irgendetwas ist plötzlich „in“ und die „Groupies“ können nicht genug davon kriegen.

Nein, das ist nicht meine normale Sprache, und es braucht auch nicht Ihre zu werden. Aber vielleicht merken Sie, dass das Wort Motivation in Firmen mittlerweile so überstrapaziert ist, dass es quasi schon tot ist. Sprechen Sie zu Ihren Mitarbeitern jedenfalls nicht über Motivation, fragen Sie nicht danach und verlangen Sie das nicht. Fragen Sie lieber nach Ideen, stellen Sie selbst Ideen zur Diskussion, unterstützen Sie verwegene oder kühne Ideen und Impulse und investieren Sie Vertrauen. Ideen sind purer Geist. Wenn zu einer Sache Geist dazukommt, entsteht „Begeisterung“. Die Wortbildung ist vergleichbar der im Wort „Besamung“. Lassen Sie „Geistsamen“ entstehen und fördern Sie deren Wachstum.

Es geht vielleicht vor allem darum, dass Ihre Mitarbeiter sich daran freuen können, wenn sie ihren Chef als geistreich, offen, mutig, ermutigend und vorwärtsstrebend erleben können. Sie müssen nicht gleich alles genehmigen, aber erlauben Sie, Dinge im Geist zu bewegen und weiter zu denken oder auch in der Phantasie erst einmal weiter zu spinnen. Jedes „Nein", jede Verweigerung, jede Denkblockade, jede Entmutigung eines Impulses, die von Ihnen ausgeht, enttäuscht und demotiviert Mitarbeiter. Wenn Sie das teilweise vermeiden können, haben Sie schon viel erreicht. Lassen Sie den Menschen ihren Spieltrieb, spielen Sie immer wieder mit und machen dann klar, wann es ernst und verbindlich wird.

Wenn Sie zusätzlich noch Raum geben, Phantasien über den Tag und das gegenwärtige Projekt hinaus zu entwickeln und dabei selbst zukünftige Szenarien spielerisch mit entwerfen, dann sind Sie schon mitten in einer Visionsarbeit.

Wenn Ihnen der Begriff „Vision" überholt und abgenutzt zu sein scheint, vergessen Sie ihn, und lassen Sie sich trotzdem ermutigen bzw. ermutigen Sie andere, mit Neugier und Tatendrang in die Zukunft zu schauen und faszinierende Entwürfe zu wagen.

Demotivation vermeiden und Wertschätzung geben, das sind die beiden Schlüssel, um Menschen in selbst erzeugter Bewegung zu halten. Wenn Sie Menschen nach ihrem Wissen und ihren Einschätzungen fragen, wenn Sie ihnen Freiraum für positive Selbstdarstellung geben, ihnen positiv und mit Vertrauen begegnen, sie als Individuen mit ihren persönlichen Besonderheiten wahrnehmen und schätzen, dann werden Sie ein gutes Klima zwischen sich und diesen Menschen aufbauen.

Wenn es Ihnen außerdem noch gelingt, mittel- oder langfristig sinnvolle Ziele zu erarbeiten und vorzugeben, dann werden Sie kaum jemanden schieben oder zerren müssen. Ein gesunder Mensch bewegt sich von allein und empfindet Lust dabei, etwas Sinnvolles zu tun und sich darin zu verwirklichen. Und Sie dürfen ruhig darauf vertrauen, dass die Mehrzahl lahmer Menschen nicht krank, sondern nur gebremst ist. Wenn Sie ihnen Gelegenheit geben, sich wieder ungebremst einzubringen, werden Sie manche positive Überraschung erleben und sich an vielen Menschen freuen können.

Glauben Sie nicht, dass Menschen in erster Linie Spaß an ihrer Arbeit haben wollen. Sinnerfüllung ist der treffendere Begriff. Wer als Krankenpfleger in einer Krebs- oder Aidsstation arbeitet, wird vermutlich nicht viel Spaß bei seiner Arbeit haben, wenn er aber Sinnerfüllung darin findet, kann er, ohne witzig oder lustig zu sein, ein glücklicher Mensch sein.

Eine besonders motivierende Vertrauensbeziehung können Sie zu einem anderen Menschen oft genau dann herstellen, wenn die betreffende Person einen Fehler gemacht hat. Wenn sie dann von Ihnen als Chef erwartet, zu Recht getadelt zu werden, und Sie sie stattdessen auf ihre bisherigen Leistungen hinweisen, Ihr Vertrauen zu der betreffenden Person ausdrücken und eher Mitgefühl dafür zeigen, das diese Situation nun gerade nicht so gut gelungen ist, dann demonstrieren Sie durch solch ein Verhalten die Stabilität der Beziehung und lassen den Mitarbeiter erleben, dass diese Beziehung auch Fehler aushält. Eine entsprechende Resonanz wird zu Ihnen zurückkommen.

Grundeinstellungsebene: Richtlinien, Spielregeln, Personaleinsatz, Umgang mit der Organisationsstruktur

Geben Sie Richtlinien, Spielregeln, Maßstäbe und Limits vor

Manche Probleme oder Aufgabenstellungen tauchen im täglichen Geschäft immer wieder in nicht ganz gleichen aber ähnlichen Varianten auf. Als Chef können Sie dann jedes Mal hoffen, dass der zuständige Mitarbeiter die Situation gut bewältigt, oder Sie können Situation und Umstände jedes Mal neu diskutieren und für jeden Einzelfall eine neue Lösung erfinden oder erfinden lassen.

Leichter wäre es, durch klare Bestimmungen für diese und ähnliche Fälle Regelungen zu treffen, nach denen ein Mitarbeiter die Lösungswege für bestimmte Aufgaben deduktiv und fast automatisch ableiten kann. Das können Sie auf unterschiedliche Weise tun: durch Regelung der Zuständigkeit, durch Richtlinien, Regeln, Maßstäbe oder klare Limits.

Wenn die *Zuständigkeit* für eine Tätigkeit nicht geklärt ist, kann möglicherweise der Falsche etwas Schädliches tun, was der Richtige leicht bewältigt hätte. Für einen Kunden gibt es nichts Schlimmeres, als mit einem Problem erst einmal mehrere Etappen telefonisch weiter verbunden zu werden oder Telefonnummern zu erhalten, unter denen er entweder niemanden erreicht oder wieder jemanden, der nicht zuständig ist. Ein sauberes Organigramm mit klaren Zuständigkeitsregelungen sollten Sie insofern zügig erstellen (lassen) und für verbindlich erklären.

Richtlinien legen dagegen Abläufe fest, wann und mit welchen Prioritäten Aufgaben vom zuständigen Mitarbeiter selbst zu lösen sind und wann er Kollegen oder den Chef hinzuziehen muss. Solche strukturellen Abläufe ergeben sich manchmal intuitiv aus einer gefühlten Richtigkeit. Das ist aber nicht selbstverständlich. Rivalitäten und Animositäten zwischen Mitarbeitern können einen solchen gesunden Automatismus verhindern. Insofern ist es sinnvoll, als Chef auf die entsprechenden Abläufe zu achten, sie zu institutionalisieren und über ihre Einhaltung zu wachen. Vor allem sollten Sie beim Austausch von Personen überprüfen, ob die Abläufe noch funktionieren oder ob durch die neue Person und ihre Wirkung aufs Umfeld neue Strukturen besser wirken. Egal welche Strukturen Sie schaffen, das Ziel sollte dabei sein, Abläufe zu rationalisieren und stabilisieren, indem man sie stärker personenunabhängig macht. Das ist in der Realität nur begrenzt möglich, und nach dem Wechsel von Personen sollten Sie stets überprüfen, ob die strukturellen Abläufe weiter wie beabsichtigt funktionieren.

Regeln können darüber hinaus einzuhaltende Arbeitsschritte festlegen, etwa dass in einer bestimmten Reihenfolge vorzugehen sei. Beispiel:

1. Schritt: Problemannahme und Interview des Kunden,

2. Schritt: rechtliche Prüfung,

3. Schritt: Prüfung möglicher wirtschaftlicher Folgen,

4. Schritt: Verhandlungsangebot an den Kunden,

5. Schritt: Lösungsversuch im Sinne der Kundenzufriedenheit,

6. Schritt: bei Misslingen des fünften Schrittes: eine wirtschaftliches Lösung für das Unternehmen notfalls mit harten rechtlichen Schritten durchziehen.

Mitarbeitern hilft es, wenn sie klare Prioritäten für Aufgaben bzw. für deren Abwicklung mitgeteilt bekommen. Zum Beispiel:

- Erst die Aufgaben erledigen, die Geld bringen, dann die, die Geld kosten.
- Probleme möglichst im Konsens lösen und den anderen schlussendlich zufrieden stellen.
- Ein zufriedener Kunde ist die beste Werbung. Notfalls – im vertretbarer Rahmen – auch draufzahlen.
- Langfristig und zukunftsorientiert denken!

Ein *Limit* ist eine Grenzziehung bei den Rechten und Pflichten. Ein Mitarbeiter mag beispielsweise für eine Transaktion von bis zu 5 000 Euro alleinige Vollmacht und Zuständigkeit haben, eine Lösung zu erarbeiten und zu vollziehen. Geht es um eine Transaktion über 5 000 Euro bis maximal 20 000 Euro, muss er von einem Kollegen gegenzeichnen lassen. Bei höheren Summen muss die Entscheidung beziehungsweise Genehmigung des Chefs eingeholt werden.

Personaleinsatz: Klären Sie Verträglichkeiten und Unverträglichkeiten

Es gibt Menschen, die fallen immer wieder über einander her. Egal, um welches Thema es geht, sie streiten sich immer wieder. Von der Antriebsebene kann es dabei um verschiedene Motive gehen: den Kampf um Anerkennung, das Bemühen um Überlegenheit, das Drängen nach positiver Selbstdarstellung vor anderen. Was auch immer es sein mag, Sie werden es im Einzelfall nicht ändern können. Vielleicht können Sie aber feststellen, beobachten oder auch austesten, wer mit wem solche Konflikte führt und wer mit wem nicht. Nur in den seltensten Fällen kämpfen Menschen gegen jeden anderen. Meistens handelt es sich um einen spezifischen Typus, auf den jemand besonders gereizt reagiert. Dabei können Ähnlichkeiten mit prägenden Personen aus der Vergangenheit eine Rolle spielen und eine Übertragung auf eine Person in der Gegenwart. Gehen Sie davon aus, dass Sie solche Konflikte als Führungskraft und/oder Beteiligter normalerweise nicht psychologisch in den Personen auflösen können. Dann sollten Sie pragmatisch vorgehen, anerkennen, was ist, und vielleicht die Zusammenarbeit von Menschen variieren. Wenn zwei Mitarbeiter sich in einem Büro ständig streiten, können Sie sie in verschiedene Büros setzen und darauf achten, dass sie möglichst wenig miteinander zu tun haben. Wenn ein Mitarbeiter mit einem Kunden nicht zurechtkommt, sollten Sie so flexibel sein, diesem Kunden einen anderen Gesprächspartner zu stellen. Wenn Sie mit einem Mitarbeiter immer wieder aneinander geraten, wäre es vielleicht gut, diese Berührungen zu vermeiden und über Ihren Stellvertreter laufen zu lassen. Schwierige Menschen sind oft gar nicht schwierig, wenn sie mit anderen, typgerechteren Partnern zusammenkommen.

Wie Sie Organisationsstrukturen handeln

Mehrfach habe ich beobachten können, dass nacheinander mehrere Inhaber einer bestimmten Position in einer Firma oder Organisation – einmal sogar vier Personen hintereinander – während ihrer Dienstzeit gestorben sind. Einmal sprach ich mit der dritten Person, kurz bevor sie diese Position antrat, und machte sie darauf aufmerksam, dass dieser Platz möglicherweise gefährlich sei. Lachend erwiderte mir der Betreffende, dass er sich das auch schon gedacht hätte, aber er habe keine Sorge, dass ihm das auch passieren könne. Vier Jahre später war auch er mit 58 Jahren gestorben. Organisationssystemische Beobachtungen (unter anderem nach Bert Hellinger) konnten zeigen, dass es sowohl in Firmen als auch in Familien solche strukturellen Zusammenhänge geben kann. Treffen beispielsweise von verschiedenen Personen oder Organisationsteilen extrem gegensätzliche Verhaltenserwartungen auf eine Person mit hohem Pflichterfüllungsbedürfnis oder starker Angstbesetzung, so kann diese Person möglicherweise den entstehenden Konflikt nicht bewältigen und geht daran zugrunde.

Mehrere Empfehlungen lassen sich aus dieser Erkenntnis ableiten:

- Prüfen Sie hinsichtlich Ihrer gegenwärtigen, früheren oder zukünftigen Stellen:
  - wie Sie, Ihre Vorgänger und gegebenenfalls Nachfolger damit klargekommen sind,
  - ob dort extrem gegensätzliche Erwartungen aufeinanderprallen,
  - mit welchen persönlichen Verhaltensmustern Sie ausgestattet und wie konfliktresistent oder empfindlich Sie sind.
- Versuchen Sie in Ihrer Organisation Strukturen herzustellen, die sauber, klar, deutlich, frei von Widersprüchen oder erheblichen Spannungsfeldern sind. Arbeiten Sie wie ein Wasserbauingenieur und beobachten Sie, ob das, was Sie am einen Ende der Hierarchie an Information oder Anweisung hinein geben, tatsächlich dort ankommt und umgesetzt wird, wo Sie es beabsichtigt haben. Schaffen Sie menschliche beziehungsweise technische Kontrollsysteme, um Abweichungen und Störungen im System frühzeitig feststellen und ihnen gegensteuern zu können.
- Achten Sie darauf, wen Sie an welchen Platz setzen. Viele Ausfälle wegen Krankheit liegen darin begründet, dass Mitarbeiter am falschen Platz eingesetzt sind. Aus Callcentern ist bekannt, dass Mitarbeiter, die dort zur Reklamationsannahme eingesetzt sind und ständig mit Aggressionen von Kunden konfrontiert werden, nach ziemlich genau zwei Jahren eine erheblich höhere Krankheitsanfälligkeit aufweisen. Man ist daher vielerorts zu einem Rotationsprinzip übergegangen, bei dem Mitarbeiter nach 18 Monaten aus der Reklamationsannahme automatisch versetzt werden.
- Wenn abzusehen ist, dass Ihre Entscheidungen von einem Chef unterstützt werden, der in zwei Jahren in den Ruhestand geht, werden Ihre Mitarbeiter Sie nicht so ernst nehmen, wie wenn hinter Ihnen ein neuer, aktiver Chef steht, den man noch länger fürchten muss. Wenn Sie offenkundig der Zögling oder Protegé Ihres Chefs sind, macht das Ihre Autorität abhängig von seiner. Sinkt sein Stern, sinkt Ihrer mit. Denken Sie also langfristig und prüfen Sie, wem Sie sich anschließen oder in wessen Aura Sie auf mittlere oder längere Sicht gut – oder schlecht

– aufgestellt sind. Wenn Sie nur vom Schwiegersohn des Unternehmers abhängen und dessen Frau sich scheiden lässt, werden Sie möglicherweise mit ihm gleichzeitig gehen müssen. Verankern Sie sich also lieber breit in einer Organisation oder ziehen Sie im Ernstfall selbst schnell die Konsequenzen. Grundsätzlich sollten Sie immer einer Kündigung oder einem Mobbing zuvorkommen und lieber selbst kündigen. Eine Situation passiv als Opfer zu erleiden, ist psychisch schwerer zu verarbeiten, als wenn Sie selbst der Agierende sind. Im negativen Fall bleibt das Gefühl der Bedrohung jahrelang erhalten und beeinträchtigt das Selbstwertgefühl für die nächsten Bewerbungen und Tätigkeiten.

- Strukturen bilden sich immer da, wo Menschen lange zusammen sind. Sie wachsen auch unabhängig und jenseits von gewünschten oder vorgegebenen Firmenstrukturen. Solche Untergrundstrukturen wie Freundschaften, Gewohnheiten, Interessengemeinschaften sind oft stärker als Organisationsstrukturen. Manchmal kann man versuchen, auf solchen Strukturen aufzusetzen, aber da sie meistens eher quer zu Firmenbelangen stehen, wird das nur in Einzelfällen gelingen. Sinnvoller ist es, die eigenen Strukturen durch Konsequenz und Klarheit so stark zu machen beziehungsweise so tief in eine Organisation und Gruppe einzufräsen, dass sie wirksamer sind als informelle andere Strukturen. Manchmal scheint aber auch nur durch die Auflösung alter Zusammenhänge und Verbindungen – etwa durch Versetzung von Mitarbeitern in andere Büros oder Abteilungen oder durch anderweitige Beseitigung von zentralen Figuren in störenden Seilschaften – eine Führungssituation zu Gunsten des Chefs und der Firmeninteressen möglich zu sein. Wenn es Ihnen gelingt, einen solchen Präzedenzfall konsequent zu betreiben und für sich zu entscheiden, haben Sie gute Chancen, selbst die strukturellen Abläufe zu bestimmen. Umstrukturierungen in Firmen sind vielfach allein deshalb notwendig, um alte Seilschaften zu zerschlagen und jeden Einzelnen wieder in einem neuen Umfeld individuell zu integrieren und neu zu aktivieren.

Beziehungsebene: Teammoderation und Konfliktmanagement

Moderieren Sie Ihre Gruppenbesprechungen konsequent und erfolgreich

Im konkreten Führungsalltag gehört zur strukturierten Lösung von Aufgaben das regelmäßige moderierte Gespräch im Team, wo jeder seine Beiträge liefern und seinen Platz im größeren Zusammenhang erkennen und zugewiesen bekommen kann. Prioritäten, Dringlichkeiten und Wichtigkeiten können dabei gemeinsam erarbeitet und bewertet werden und den Stempel der Gültigkeit durch die Entscheidung des Chefs bekommen. In dieser Rolle sollten Sie vor allem eröffnen, definieren, fragen, klären, zuhören, beobachten, Informationen sammeln, Meinungen, Mehrheiten und Stimmungen erkunden und sich dann entweder von der Mehrheit inspirieren lassen, ihr folgen und die vorherrschende Meinung absegnen und für verbindlich erklären. Oder mit klaren Worten eine andere Entscheidung treffen und die Aufgaben für deren Durchführung verteilen.

Die Autorität eines Moderators ist immer dann sicher, wenn er dafür sorgt, dass auch abweichende Meinungen und Kritik in einer Gruppe Raum bekommen. Je größer also Ihre Sorge ist, mit einer eigenen Meinung Gegenwind zu bekommen, desto wichtiger wird es, dieser Gegenmeinung Ausdrucksmöglichkeiten zu bieten. Am geschicktesten ist es, wenn Sie anschließend jemanden zu Wort kommen lassen, der dieser Meinung widerspricht. Ein altes Herrschaftsmotto lautet: „Teile und herrsche!" Es bedeutet: Es ist besser, sich nicht selbst mit seinen Gegnern zu streiten – und gegebenenfalls dabei zu unterliegen –, sondern lieber Vertreter der eigenen Meinung zu Wort kommen und den Streit austragen zu lassen. Entweder gewinnt der dann, und man kann mit seiner Führungsautorität dessen Ergebnis absegnen, oder aber man greift als Vermittler zwischen verschiedenen Standpunkten ein und sucht eine Lösung, bei der beide Streithähne ihr Gesicht wahren können. In beiden Fällen gewinnt der Moderator eher an Anerkennung, als dass er sie verliert.

Wie Sie Konflikte professionell managen

Beste Führung, beste Mitarbeiter, gut bediente Kunden – und trotzdem knallt es ab und zu. Ein Leben ohne Konflikte ist zwar denkbar, aber nicht real. Es sollte eine wichtige Grundeinsicht in Beziehungen sein, dass Konflikte nicht die Grenze und das Ende einer Beziehung sind, sondern Bestandteil jeder gesunden Beziehung. Partner, die von sich glauben und behaupten, sie hätten keine Konflikte miteinander, kann ich nach vielen Erfahrungen mit den Folgen verdrängter Konflikte nur ernsthaft auffordern, sich noch einmal ernsthaft auf Tabuthemen, Ängste und Vermeidungsstrategien zu prüfen. In jeder Beziehung gibt es Reibung. Und Reibung erzeugt Feuer. Davor kann man einerseits Angst haben, aber man könnte auch die Vorstellung wohliger Wärme dazu entwickeln. Es kommt darauf an, wie man mit dem Feuer, wie man mit Konflikten umgeht.

Wie Sie gute Lösungen forcieren

Die erste Frage, die Sie in einen Konflikt einbringen und konsequent wiederholt stellen sollten, lautet: „Worum geht es dir und worum geht es mir?" Erst wenn das geklärt ist – und die Aspekte können aus mehreren Persönlichkeitsebenen stammen –, kann man zur Betrachtung der nächsten Frage übergehen: „Wie gehen wir damit um und welche Lösungsmöglichkeiten könnte es dafür geben?" Wenn man sich damit dann konsequent beschäftigt, werden sich für die meisten Konflikte brauchbare und entschärfende Lösungen ergeben.

Treten Sie als Vermittler auf

Vielfach sind Menschen in ihrem Zorn, ihrem Ärger, ihrer Wut oder Frustration über ihren Streitpartner und die scheinbare Unmöglichkeit, eigene Vorstellungen durchzusetzen, so verbissen, dass sie die besten Lösungsstrategien nicht mehr umzusetzen vermögen. Dann hilft oft ein Dritter. Der muss nicht einmal inhaltlich vermitteln, oft hilft es schon, wenn jeder der Streitenden seine Sichtweise und seine Forderung dem Dritten erzählen kann und von diesem durch ein paar Fragen Anerkennung erfährt. Wenn dann der Dritte jeden fragt, worum es ihm eigentlich gehe, worauf es ihm ankomme und welche Lösungsmöglichkeiten er sich gegebenenfalls vorstellen könne, nähern sich die Standpunkte oft schon an. Als Chef werden Sie manchmal diese Vermittlungsrolle bekommen oder übernehmen müssen. Am besten täten Sie das schon vor einer verschärften Eskalation. Als Chef haben Sie neben der reinen Moderatorenrolle zusätzlich die Möglichkeit, Entscheidungen zu treffen und Lösungen zu verordnen. Das können Sie im salomonischen Sinne durchaus tun. Sie sollten dabei darauf achten, dass niemand sein Gesicht verliert.

Fördern Sie positive Ich-Botschaften: „Ich wünsche mir"

Viele Konflikte wären vermeidbar, wenn man sich schon vor ihrer Eskalation so verhalten würde, wie man es nach dem Ausbrechen eines Konflikts tun muss, um ihn wieder zu entschärfen: Alle negativen Bewertungen einer anderen Person oder ihres Verhaltens provozieren Enttäuschung, Abwehr oder Aggression. Sie sollten Abwertungen also vermeiden. Formulierungen wie: „Sie sollten nicht immer das und das tun" oder: „Das sieht Ihnen mal wieder ähnlich" taugen nicht zu einer friedlichen Lösung. Hingegen kommt man mit Formulierungen wie: „Ich würde mir wünschen, dass Sie ..." meistens recht weit. Damit weist man nicht zurück, sondern lockt den anderen auf ein neues Feld, und gibt ihm eine Anleitung, wie er Anerkennung gewinnen kann.

Genau in diesem Sinne können Sie auch als Vermittler formulieren: „Wenn ich Sie richtig verstehe, würden Sie sich wünschen, dass ...". Sie werden überrascht sein, wie leicht sich damit aus vielen Konflikte die Schärfe nehmen lässt und wie schnell sich dann oft nahe liegende Lösungen zeigen.

Lösen Sie große Konflikte in kleine Teilkonflikte auf

Bundeskanzlerin Angela Merkel wird dafür gelobt, dass sie es immer wieder schafft, scheinbar große Konflikte in kleine Elemente zu zergliedern und dann für möglichst viele Aspekte Teillösungen zu erarbeiten. Selbst wenn die große Komplettlösung dann noch fern scheint, so bedeutet jede kleine Einigung ein Erfolgserlebnis und ermutigt alle Beteiligten, auf dieser Erfolgsstraße weiterzumachen. Beobachter führen einen Teil ihres großen und zu Anfang ihrer politischen Laufbahn unerwarteten Erfolgs auf diese Strategie zurück. Große, klare und einfache Lösungen für komplizierte und konfliktträchtige Sachverhalte sind grundsätzlich eher unwahrscheinlich. Denken Sie strittige Themen daher immer in Richtung möglicher Lösungsansätze und differenziert an. Eine gute Lösung besteht oft wie ein Bild aus vielen kleinen Pixeln. Zeigt sich, dass Sie aktiv und erfolgreich gute Lösungen bewirken können, hebt das Ihre Autorität und man wird Ihren Rat und Ihre Meinung auch in anderen schwierigen Situationen einholen.

Nachgeben oder eskalieren lassen?

Manche Situationen werden Sie trotz aller guten Ansätze und Versuche nicht lösen können. Irgendetwas können Sie vielleicht nicht greifen und irgendjemand kommt Ihnen immer wieder quer.

Prüfen Sie dann durchaus auch einmal, ob nicht das eigene Nachgeben die beste Möglichkeit sein könnte. Jedes Ding hat seinen Preis, und der Friede kann es wert sein, dafür auch einmal auf einen anderen, kleineren Gewinn zu verzichten.

Wenn für Sie aber die Grenze des Zumutbaren erreicht ist, können Sie auch versuchen, eine Situation mit sanfter Gewalt hinzubiegen oder mit einem Knall enden zu lassen. Sie sollten sich dafür überlegen, wie Sie den betreffenden Konflikt in beispielsweise zehn Stufen aktiv bis zu einem Bruchpunkt eskalieren können. Wenn Sie sich dann bereit machen, diesen Fahrplan in einem festgelegten Zeitplan langsam und konsequent durchzuziehen und dabei den Druck auf die andere Seite Schritt für Schritt erhöhen, haben Sie eine gute Chance, dass Ihr Gegenüber auf diesem Weg einknickt und sich fügt. Wenn Sie keine großen Anlässe zum dramatischen Konflikt oder Ausstieg bieten, haben Sie die Chance, das zu biegen, was möglichst nicht brechen soll. Wenn es dann aber trotz aller Behutsamkeit doch bricht, können Sie relativ sicher sein, dass in diesem Fall eine Trennung oder Auflösung die konstruktivste aller Lösungsmöglichkeiten ist.

Interessenebene: Interessen klären, durchsetzen und Ziele verwirklichen

Definieren und veröffentlichen Sie Ziele

Klären Sie, bevor Sie Forderungen stellen, erst einmal Ihre eigenen Interessen, Absichten und Ziele. Vielfach sind Ziele besser unter dem Stichwort Interessen zu formulieren. Mit formulierten Zielen hakt man sich leicht zu konkret auf der Sachebene fest. Es geht nicht wirklich darum, eine Million zu besitzen, sondern genug zum Leben und für einigen Luxus zu haben und zufrieden zu sein. Ob einem ein Ferienhaus ganzjährig gehört oder ob man es für die jährliche Aufenthaltsdauer von zwei mal zwei Wochen gemietet hat, ist nicht wirklich wichtig. Das Interesse, das man dabei verfolgt, sind entspannte und glückliche Urlaubszeiten. Die kann man auch in einem Hotel haben oder auf einem Campingplatz. Das Geld ist zwar ein mögliches Mittel dafür, aber nicht das ausschließliche. Es gibt auch andere Wege zum Glücklichsein. Bleiben Sie also gedanklich auf der Ebene der Interessen, formulieren Sie sie für sich, und teilen Sie anderen auch diese Interessen mit. Machen Sie dann die Verwirklichung von Interessen zu Ihrem Ziel, und Sie werden viele tausend Wege dahin finden.

Setzen Sie Ziele konsequent durch

Wenn Sie Unzufriedenheit bei sich feststellen, sollten Sie prüfen, ob Sie Ihre Ziele im beschriebenen Sinn vielleicht aus den Augen verloren haben. Ob sich die Prozesse, in denen Sie sich befinden, in andere Richtungen entwickeln. Dann heben Sie sich bei einem passenden Anlass – zum Beispiel zum Beginn eines neuen Jahres oder beim Antritt eines neuen Oberchefs – Ihre Ziele und die dahinterliegenden Interessen wieder klar ins Bewusstsein.

Sie werden dann die Abweichungen davon erkennen und Maßnahmen einleiten können, um die Weichen wieder neu auf Zielerreichung und Interessenverwirklichung zu stellen. Wenn Sie in innerer oder äußerer Klausur den tatsächlich vorhandenen Änderungsbedarf reflektieren, wird Ihnen schnell deutlich werden, was „eigentlich“ zu tun wäre.

Um erfolgreich zu sein, werden Sie die erforderlichen Maßnahmen konsequent durchziehen müssen. Wenn Ihnen das schwerfällt oder Sie Skrupel dabei haben, können Ihnen vielleicht die folgenden Gedanken helfen:

Fragen Sie sich, was Ihr Nachfolger mit dem Auftrag, Ihren Bereich wieder in Ordnung zu bringen, in den ersten Tagen oder Wochen an Ihrem Platz machen würde. Gewiss würde er die Ärmel aufkrempeln, kräftig anpacken und eine Menge alten Kram ausmisten. Ihre Wahlmöglichkeit ist: entweder jetzt selbst genauso anzupacken oder zu warten, bis Sie durch jemand anderen – vielleicht Ihren Nachfolger oder den Konkursverwalter – ersetzt werden. Vermutlich wäre es Ihnen lieber, selbst der Handelnde zu sein. Wer einen auf den Abgrund zurollenden Karren nicht rechtzeitig bremst, fällt mit ihm und aller Ladung hoffnungslos in die Schlucht. Vielleicht fragen Sie sich, was Ihr Nachfolger sofort ändern würde und tun Sie es auch sofort. Vermutlich werden Sie bei diesem Gedankenspiel erst erschrecken und dann verblüfft sein, was dann alles möglich scheint. Der andere würde vielleicht containerweise ungesichtete Akten und Altlasten entsorgen. Er würde vielleicht sofort Dinge tun, die Sie seit Jahren aus irgendwelchen Rücksichten oder Skrupeln nicht getan haben. Er würde Dinge radikal ändern und keine Rücksichten nehmen. Im Zweifel muss er extra dafür eingestellt werden, dass er tut, was Sie versäumen. Packen Sie also die Dinge lieber selbst an und bringen Sie sie auf den richtigen Kurs.

Sachebene: Ergebnisse produzieren, Informationsmanagement

Ergebnisse erreichen und Probleme lösen

Sie werden vor allem dafür bezahlt, dass Sie mit einem Team Ergebnisse erreichen und auftretende Probleme lösen. Fachlich kann das nicht immer der Chef. Auch die persönlich-privaten Probleme, durch die Mitarbeiter in ihrer Leistungsfähigkeit beeinträchtigt sind, können nicht alle vom Chef behandelt und gelöst werden. Entsprechend müssen die Aufgaben auf genau die Personen verteilt werden, die geeignet und in der Lage sind, das entsprechende Problem oder Teilproblem zu lösen. Vermutlich ist es besser, nicht Aufgaben, sondern ausdrücklich die Lösung von Problemen zu delegieren. Outsourcen ist eine Möglichkeit dafür. Man mietet sich vorübergehend Kapazität oder einen Experten hinzu. Für fachliche Probleme einen Fachspezialisten, für persönliche Probleme einen Coach. Wenn Sie als Führungskraft den Anstoß dazu geben und den Nutzen und die Verhältnismäßigkeit einer Maßnahme überprüfen, haben Sie schon einen guten Job gemacht. Ob Sie dabei interne oder externe Kapazitäten einsetzen, ist zunächst fast gleichgültig. Sie sollten vor allem darauf achten, sich und Ihre Abteilung nicht zu überfrachten, indem Sie alles selbst zu machen versuchen.

Reflexionsebene: Reflexion, Überblick, Vollständigkeit

Den Überblick im Wesentlichen schaffen und bewahren

Bei allem, was ein Arbeitstag an Ereignissen, Umständen oder Chaos bringt, so sollten Sie sich als Führungskraft darüber im Klaren sein, dass Sie auch dafür bezahlt werden, gesetzte Ziele nicht aus den Augen zu verlieren und trotz hoher See das Schiff Ihrer Abteilung dorthin zu steuern. Im Alltag verliert man das Wesentliche oft aus dem Blick. Aber der Kapitän oder Steuermann eines Schiffes muss trotz haushoher Wellen nicht allein auf die Wellen, die Mannschaft und das Schiff schauen, sondern vor allem auf den Kompass, der die Richtung zum Ziel zeigt.

Viele Probleme und Verzögerungen entstehen, weil Ziele aus dem Blick geraten sind. Deshalb ist es gut und richtig, wenn eigens einer dafür bezahlt wird, auf deren Erreichung zu achten. Das ist meistens der Chef. Und der darf sich nicht in den Tumult hineinziehen lassen. Er muss auf einer höheren Ebene den klaren Blick für Sinn, Zweck, Ziel und Nutzen bewahren und koordinierend alle Aktivitäten und Maßnahmen so bewerten und steuern, dass sie im Ganzen dem gesetzten Ziel und Zweck dienen und zu dessen Erreichung führen.

Wenn Sie diese Aufgabe ernst nehmen, dann müsste der zweite Grundsatz lauten:

Zielerreichung durch Prioritätensetzung

Auch das ist eine Funktion, die zu Ihren Tätigkeiten gehört: Wichtiges von Unwichtigem zu unterscheiden und Ihre Mitarbeiter anzuleiten, diese Unterscheidungsfähigkeit selbst zu entwickeln. Das Wesentliche ist nämlich oft leise, und das Unwichtige erklärt sich laut zum Dringenden. Das Dringende ist aber selten wesentlich und wirklich wichtig. So gilt es, sich vom Lärm nicht in Beschlag nehmen und verwirren zu lassen, sondern hinter dem vordergründig Lauten auch das Leise, das wesentlich ist, wahrzunehmen oder zu suchen.

Methodisch können Sie die Eingänge und Tätigkeiten auch in einer ABC-Analyse sortieren:

A = wichtig und eilig,

B = wichtig, aber nicht eilig und

C = weder wichtig noch eilig.

C kommt dann gleich in den Papierkorb, A wird sofort erledigt und B, sobald Zeit ist. Falls ein vermeintliches C doch wichtig gewesen sein sollte, wird es sich schon noch einmal melden.

Stellen Sie die Zielerreichung ausdrücklich fest

Schön, wenn Sie die bisherigen Vorschläge erfolgreich umgesetzt haben. Es reicht allerdings noch nicht, Ziele zu definieren, zu priorisieren und die Aufgaben gut zu verteilen. Sie müssen auch überblicken, ob die Ziel zureichend erreicht werden. Zureichend heißt einerseits gut, andererseits aber eben auch nur zureichend. Wenn Sie ein Perfektionist sind oder Perfektionisten in Ihrer Abteilung haben, werden viele Aufgaben nie vollendet werden. Dabei ist es äußerst wichtig, Projekte und Aufgaben auch ausdrücklich abzuschließen. Das gilt erst recht für deren einzelne Bausteine. Sie sind als Chef dafür zuständig, Dinge für fertig zu erklären und gegebenenfalls auch Mitarbeiter davon abzuhalten, an einer Sache hobbymäßig weiterzuarbeiten. Prüfen Sie also die Fortschritte und stellen Sie mit Chefautorität fest, wann es genug ist und wann ein Ziel als erreicht zu gelten hat. Damit Sie die Fortschritte überprüfen können, sollten Sie Teilabschnitte definieren oder festlegen lassen und für jeden Abschnitt zeitliche Fristen setzen und die Ergebnisse überprüfen (lassen). Am besten machen Sie sich einen Plan mit den einzelnen Fertigstellungsterminen der einzelnen Projektabschnitte und achten darauf, den Überblick zu bewahren, indem Sie sich regelmäßig berichten lassen.

Never change a winning team?

Wenn alles gut läuft und Sie, Ihr Chef, Ihre Mitarbeiter und Ihre Kunden zufrieden sind, vergessen Sie erst einmal alles, was Sie hier bisher gelesen haben, und lassen die Dinge mit gutem Gewissen vorläufig so weiterlaufen. Nicht zu Unrecht sagt man: „Never change a winning team.“ Vieles läuft einfach auf intuitive Weise gut, und man kann selbst vielleicht gar nicht in Worte fassen, warum etwas gut läuft. Wenn dann irgendein Experte von außerhalb das Erfolgsrezept Ihrer Arbeit analysieren oder destillieren wollte, würde er vermutlich viel Unsinniges und Unbrauchbares extrahieren, das bei Nachahmung keineswegs zum gleichen Erfolg führen würde. In jeder kleinen Lokalzeitung werden 100-Jährige immer wieder nach einem Rezept gefragt, wie man so alt werden könne, und man erfährt als Leser die unterschiedlichsten und unsinnigsten Antworten. Manches ist nicht erklärbar, davon sollte man auch dann, wenn es gut läuft, lieber die Finger weg lassen.

Trotzdem bleibt es wichtig, seine Augen, Ohren und intuitiven Antennen stets offen und auf Empfang zu halten, denn gut balancierte Zustände können auch schnell aus dem Gleichgewicht geraten und umkippen. Märkte können sich verändern, mithandelnde Personen können in private persönliche Krisen geraten, es gibt viele mögliche Störfaktoren.

Beispiel 1

Viele Firmen des deutschen Maschinenbaus waren international führend und wirtschaftlich extrem erfolgreich mit Entwicklung, Produktion und Verkauf von mechanischen Schreibmaschinen und Rechenmaschinen. Da schien überhaupt nichts veränderungsbedürftig, alles inklusive weiterer technischer Innovation und Perfektionierung schien in bestem Fahrwasser und völlig ungefährdet. Und dann tauchten aus Fernost plötzlich die ersten Taschenrechner, die ersten elektronischen

Schreibmaschinen und dann die ersten PCs auf. Da ging es mit manchem deutschen Technik-Konzern plötzlich rasant bergab. Zu spät erkannten viele Unternehmen den Zug der neuen Zeit und wurden völlig unerwartet mit rasantem Tempo „von rechts" überholt und verschwanden mit ihren ehedem klangvollen Namen von der Bildfläche.

Beispiel 2

Viele Verlagshäuser, in denen über Jahrzehnte Journalisten und Geisteswissenschaftler wie Germanisten, Politologen, Wirtschafts- oder Wissenschaftsjournalisten den Ton angegeben haben, sind den Neuen Medien, der Interneteuphorie und der entsprechend rasanten technologischen Entwicklung nicht gewachsen. In den neuen Internetfirmen stehen auf der anderen Seite plötzlich Mathematiker, Physiker und Informatiker und entwickeln die Grundlagen einer interaktiven neuen Mediengesellschaft, von der die Verlage der alten Art überhaupt keine Vorstellung haben und in der sie mit ihrer Personalausstattung überhaupt keine Chance haben, erfolgreich mitzuwirken. Ein rasanter Umbau der gesamten Strukturen wäre erforderlich.

Es bleibt also ein gewisser Zwiespalt zwischen „Never change a winning team!" und „Sei wachsam!". Was ist wann zu tun. Es ist schwer, eine andere Empfehlung zu geben als: „Aufmerksam bleiben!" Alles kann sich ändern, und wenn sich nur eins ändert, kann sich doch alles ändern. Für dauerhaften Erfolg bleibt es Ihnen nicht erspart, ständig auf dem Sprung bleiben zu müssen und notfalls sogar wie in den obigen Beispielen bereit sein zu müssen, sich selbst mit auszutauschen. Oder, um es mit den Worten des ehemaligen sowjetischen Präsidenten Gorbatschow zu sagen, der damit den damaligen DDR-Staatsratsvorsitzenden Erich Honecker auf die Versäumnisse in der DDR ansprach: „Wer zu spät kommt, den bestraft das Leben." Da hatte die DDR schon das Vertrauen ihrer Bevölkerung verloren und war wegen jahrzehntelanger Erstarrung nicht mehr so schnell zu reformieren, wie es für ihren Fortbestand notwendig gewesen wäre. Sehen Sie also zu, dass Sie trotz allen Erfolgs nicht in die träge Gewissheit abgleiten, dass alles immer so bleibt.

Besondere Führungssituationen

Wenn Sie zum Chef Ihrer bisherigen Kollegen befördert werden

Es ergibt sich immer wieder und führt auch fast immer zu Komplikationen: Jemand wird in seinem Team nach Ausscheiden des Chefs selbst zum neuen Chef. Alle Beziehungen, die eventuell seit Jahren gut laufen – „ich habe mit allen ein gutes Verhältnis, da wird es leicht sein, die Abteilung zu führen" –, müssen in Wirklichkeit völlig neu gestaltet und aufgebaut werden. Vielleicht sind plötzlich alle neidisch. Wenn man gemeinsam gegen den alten Chef war – sind nun vielleicht alle genauso gegen den neuen Chef. Das mag mit den Personen nicht viel zu tun haben. In einer gemeinsamen Ablehnung derer „da oben" sind sich leicht viele Leute einig. Auch Einstellungen wie: „Von dem lassen wir uns doch nichts sagen, der ist doch einer von uns" oder: „Die soll sich jetzt bloß mal nichts einbilden und denken, dass wir jetzt nach deren Pfeife tanzen" können das neue hierarchische Verhältnis von Anfang an erheblich belasten und gegebenenfalls scheitern lassen. Deshalb die erste Empfehlung an Sie: Lassen Sie lieber die Finger davon. Beförderung in der eigenen Abteilung ist meistens kein Spaß.

Bei der zweiten Empfehlung geht es mehr um die Bedingungen, unter denen Sie sich eventuell doch darauf einlassen könnten: Wichtig ist, dass Sie von Ihrem Chef oder Ihrer Organisation klar positioniert werden. Zwitterpositionen sind immer zwiespältig und schwierig. Also lassen Sie sich lieber nicht auf Konstruktionen ein wie: Primus inter Pares, gleiches Gehalt wie früher, keine Anweisungsbefugnis, aber doch Koordinator oder Sprecher. Daran werden Sie wenig Spaß haben. Wenn aber mit Ihren Chefs klare Aufträge an Sie abgesprochen sind, eine Neustrukturierung Ihres Bereichs mit Umsetzung mehrerer Personen vorgesehen ist und Sie Vollmacht und Rückendeckung bei der Umsetzung erhalten, dann können Sie den Sprung auf die nächste Ebene wagen. Am besten wird dann der alten Abteilung die neue Aufgabenstellung und Ihr Auftrag von Ihrem Chef klar kommuniziert. Am besten mit klar angegebenen Zeitfenstern für die Erreichung bestimmter Etappenziele und Übertragung der Verantwortung dafür an Sie. Sie können dann den Sinn dieser Aufgabenstellung noch einmal betonen und Ihren Willen, die Ziele zu erreichen, und Ihren ehemaligen Kollegen Klarheit, Wahrheit und Fairness versprechen. Danach sollten Sie schnell loslegen und Ihre Mitarbeiter mit ein paar kleinen und schmerzlosen Änderungen an Veränderungen gewöhnen, die Sie dann, notfalls unter Einbeziehung Ihres Chefs, durchsetzen müssen.

Freundschaften mit Kollegen erweisen sich in solchen Situationen häufig als gefährdet. Wenn Sie bislang beruflich und privat gleichrangig waren, schafft eine berufliche Rangveränderung in einer solchen Beziehung eine Schieflage. Die mag zwar nur beruflich gemeint sein, wirkt aber häufig auch auf das private Verhältnis zueinander. Entweder werden also bislang freundschaftliche Verhältnisse zu Geschäftsbeziehungen, oder aber Sie sollten Ihre zwei besten Freunde ermutigen, sich für neue Positionen außerhalb Ihrer Abteilung zu bewerben, und deren Weiterentwicklung nach Kräften fördern.

Erweisen Sie dann Ihrem Team ein paar kleine Gefälligkeiten und stellen schnell die geschäftlichen Dinge in den Mittelpunkt. Stellen Sie klare Fragen, geben Sie klare Ziele vor, teilen Sie frühzeitig die Maßstäbe für deren Erreichung mit und messen Mitarbeiter am Ergebnis ihrer Arbeit. Achten Sie also auf Funktionen und deren Erfüllung, treten Sie als Funktionsträger auf, und achten Sie in den Beziehungen zu Ihren Mitarbeitern darauf, dass sie aufgabenorientiert in Fluss bleiben. Gehen Sie möglichst nicht auf das Angebot von privaten Beziehungen zu Mitarbeitern ein, sie erweisen sich im Lauf einer Zusammenarbeit meist doch als zweckorientiert. Wenn die Zwecke dann nicht erreicht werden, tut eine solche Desillusionierung später meist beiden Seiten weh. Bleiben Sie also lieber geschäftsmäßig.

Wenn Sie eine neue Mannschaft einstellen bzw. zusammenstellen können

Eine besonders günstige Situation scheint es zu sein, wenn Sie sich Ihr Abteilungs- oder Projekt-Team selbst zusammenstellen können. Diese Situation ist zwar eher selten, aber kommt doch vor. Die Freude darüber wird allerdings oft schnell getrübt, weil man nicht genug Leute von der

Art findet, wie man sie eigentlich brauchen würde und gern hätte. Der Vorteil ist, jeder von Ihnen neu eingestellte Mitarbeiter hat zu Ihnen seine Hauptbeziehung. Sie sind in direkter Kommunikation mit ihm und sehen sich nicht alten Seilschaften gegenüber, die Sie weder durchschauen noch wesentlich beeinflussen können. Sie können auch nach Sympathie auswählen, was den Vorteil hat, dass neben fachlicher Qualifikation auch die Beziehungsebene positiv sein wird. Eine Gefahr liegt allerdings darin, dass sich bei zu großer Sympathie eine Gleichrangigkeit in die an sich hierarchische Beziehung einschleichen kann, die beim Führen hinderlich sein kann. Also auch hier ist eine Balance zu suchen und zu finden. Dennoch liegt in einer neuen Zusammenstellung die Chance, frei von Altlasten gemeinsam eine Vorwärtsstrategie entwickeln und durchführen zu können.

Wie Sie mit Altlasten umgehen

Vielfach arbeiten Vorgesetzte darauf hin, Mitarbeiter, mit denen sie nicht klarkommen, oder die schwierig sind oder scheinen, in andere Abteilungen abzuschieben. Manchmal wird anders als im letzten Abschnitt sogar eine neue Abteilung aus so genannten „Altlasten" zusammengestellt und dann erst für diese Abteilung ein Vorgesetzter ausgewählt und ernannt. Das nennt man dann eine schwere Erbschaft.

1. Meine erste Empfehlung ist wieder: Finger weg davon, lassen Sie sich auf solche Jobs lieber nicht ein. Prüfen Sie immer sehr sorgfältig die Umstände, Aufgaben und Schwierigkeiten eines neuen Jobs, den Sie angeboten bekommen. Vieles können Sie durchaus vorher feststellen oder erahnen. Außerdem sollten Sie prüfen, inwieweit bei schwierigen Herausforderungen Ihre Chefs hinter Ihnen stehen und Lösungen konsequent mit betreiben. Weicheier, die sich hinter schönen Worten verstecken, nutzen Ihnen nichts. Zweimal habe ich in den letzten Jahren erleben können, dass Führungskräfte, die eine Geschäftsführung übernahmen, darüber getäuscht wurden, dass die jeweiligen Firmen eigentlich bereits pleite waren. Es wurde eigentlich in beiden Fällen nur ein Sündenbock zur Veröffentlichung des Konkurses gesucht, der dann nach dessen Versagen aussehen und ihm zur

Last gelegt werden konnte. So wie Liebe blind machen kann, mag auch die Freude über einen neuen klangvollen Posten übersehen lassen, welche Probleme damit verbunden sind.

2. Die zweite Empfehlung lautet: Nicht jeder, mit dem ein anderer oder sogar eine ganze Gruppe nicht klargekommen ist, muss wirklich einen Schaden haben. Es kann sich um besonders unkonventionelle, eigenständige, kreative, individualistische oder konsequent gradlinig denkende Menschen handeln. Schauen Sie sich also jeden Einzelnen sorgfältig an, und prüfen Sie, was seine Qualitäten sind.
3. Zum Dritten könnte es sich um Menschen handeln, die – eventuell sogar durch ihren früheren Chef – hochgradig frustriert und demotiviert sind. Da sind ein neuer Anfang, ein neuer Ansprechpartner und ein neues Umfeld oft die beste Chance für eine Wiederbelebung eines Menschen. Wenn jemand merkt, dass Sie sich um ihn bemühen, für ihn sind und sich als fair und vertrauenswürdig erweisen, klappt ein solcher Mensch vielleicht eines Tages wieder sein Visier hoch und legt die Rüstung ab, hinter die er sich zurück gezogen hat. Wenn es gelingt, das Misstrauen eines solchen Menschen zu überwinden und sein Vertrauen zu gewinnen, können Sie einen besonders zuverlässigen Mitarbeiter gewinnen, der für Sie durchs Feuer geht.
4. Wenn Sie allerdings nach sorgfältiger Prüfung feststellen, dass jemand in seiner Persönlichkeitsstruktur zwiespältig ist und lügt oder täuscht, dass jemand den Anforderungen nicht gewachsen ist und auch nach drei Nachschulungen nicht gewachsen sein wird, dann bleibt Ihnen oft nur übrig, als beste Lösung das zu betreiben, wovor ihr Vorgänger gekniffen haben: die Trennung. Das scheint oft heikel und schwierig, aber im ersten halben Jahr einer neuen Tätigkeit ist die psychologische Situation dafür günstiger als nach zwei oder drei Jahren. Und wenn Sie sich um den Rückhalt in Ihrer Organisation bemühen, konsequent abmahnen, Fehlverhalten überführen und dokumentieren, sind auch die rechtlichen Aspekte meist zu handlen. Gerade hinsichtlich unverschämter Menschen sollten Sie zu Ihrer eigenen Beruhigung und als potenzielle wirksame Drohung auch über die Einstellung verfügen: „Ich werde schon dafür sorgen können, dass der Betreffende nicht mehr ruhig schlafen kann."

Worauf Sie beim überregionalen Führen auf Distanz achten sollten

Vieles, was in diesem Buch bislang gesagt wurde, scheint allgemeingültig zu sein. Das meiste orientiert sich an der überwiegenden Situation des Führens im mittleren Management vor Ort. Immer mehr Firmen und Konzerne arbeiten allerdings überregional, international bis global und dadurch gibt es auch zunehmend Situationen, in denen eine Gruppe überregional geführt werden muss oder international agierende Mitarbeiter unterschiedlicher Nationalitäten aus der Ferne gelenkt werden müssen. Diese Situationen schaffen neue Herausforderungen und Probleme. Sie können hier nicht alle erschöpfend beantwortet werden, aber einige Grundgedanken sind doch angebracht:

1. Informieren Sie sich frühzeitig über die Mentalitäten anderer Kulturen. Bislang haben wir nur über individuelle Charaktere gesprochen. Auf gleichem kulturellen Hintergrund mag das reichen. Aber jede Gesellschaft bietet ihren Mitgliedern kulturell vorgeprägte Verhaltensleitlinien und damit einen grundlegenden Rahmen für die Ausprägungen der Persönlichkeiten und ihrer möglichen Eigenschaften und Verhaltensweisen. So sind die sogenannten deutschen Tugenden Pünktlichkeit, Ehrlichkeit, Leistungsbereitschaft, Verlässlichkeit nicht überall in gleichem Maß als Werte anerkannt und verbreitet. Sowohl „das schnelle Geschäft“, „der gewonnene Vorteil“ oder „die Überlistung des anderen“ können in anderen Kulturen sportlicher Anreiz sein, wie andererseits in anderen Kulturen ein freundschaftliches Verhältnis die Voraussetzung für Geschäftsbeziehungen sein kann. Lassen Sie sich von Fachleuten für die jeweiligen Länder beraten.

2. Machen Sie sich immer wieder als Veranstalter und Gastgeber erkennbar. Lassen Sie alle Ihnen direkt unterstellten (neuen) Mitarbeiter, die selbst Führungsaufgaben oder größere Verantwortung tragen, in angemessenen Zeitintervallen zu sich in die Zentrale bzw. zu Ihrem Standort kommen, und nehmen Sie dabei Stellung zu Grundsatzfragen. Reisen Sie vor allem nicht als um Anhörung bettelnder Gast Ihren Mitarbeitern ständig hinterher. Wenn Sie in anderen Niederlassungen oder Ländern auftreten, dann lassen Sie das dort – natürlich

auf eine ihrem Status angemessene Form – als „bedeutenden Anlass“ vorbereiten. Sie sollten dafür sorgen, dass man vor Ort zu ihnen kommt und dass Sie dort zumindest beim Antrittsbesuch der Einladende sind. Danach können Sie auch Gegenbesuche machen.

3. Distanz verlangt Vertrauen, aber Kontrolle ist besser. Mitarbeiter, die Sie täglich sehen, können sie beaufsichtigen und kontrollieren. Sie bekommen mit, was Sie tun, und können jederzeit nachhaken. Liegen räumliche und zeitliche Distanzen zwischen den Begegnungen, steigt die Notwendigkeit gegenseitigen Vertrauens. Entsprechend harsch sollte Ihre Reaktion ausfallen, wenn Mitarbeiter sich nicht korrekt verhalten haben. Eine zu lange Leine verführt dazu, sich Freiheiten herauszunehmen und zu vermuten, dass der entfernte Chef ohnehin nicht merkt, was wirklich läuft. Insofern wird es sinnvoll sein, vor allem ergebnisorientiert arbeiten zu lassen und die Ergebnisse sorgfältig zu überprüfen. Aber es ist auch gut, Vertrauenspersonen vor Ort zu haben, die gegebenenfalls als Frühwarnsystem Signale geben, wenn irgendetwas schräg- oder schiefläuft.

Führen und Coachen

Es ist deutlich geworden, dass vermeintliche Sachprobleme oft in anderen Ebenen ihre Wurzeln haben und in Wirklichkeit die Folgen von mentalen Einstellungen von Menschen sind. Ändern Menschen ihre Sichtweisen oder Einstellungen, erweisen sich manche Probleme, die über lange Zeit unlösbar schienen, plötzlich als lösbar.

Wenn Ihre Führungsautorität nicht ausreicht, um auf innere Einstellungen von Menschen den gewünschten Einfluss zu nehmen, stellt sich häufig die Frage nach einem Coaching. Dabei ist oft unklar, was darunter zu verstehen ist und wer diese Funktion sinnvollerweise übernehmen kann.

Die „Coaching-Kultur“, die in den letzten Jahren in Deutschland entstanden ist, verwendet einen Begriff, der aus dem Bereich des Sports stammt, und hat ihn auf den Bereich des Managements und der Menschenführung übertragen. Dabei geht es zunächst vor allem um die Optimierung von Prozessen in Firmen, mittlerweile aber auch zunehmend um eine lebensberatende Mitarbeiterbegleitung.

Dabei zeigt sich, dass Vorgesetzte sehr wohl als Berater in sachlich-fachliche Hinsichten erfolgreich coachen lernen können, hinsichtlich persönlich-privater Fragen aber sehr schnell an eine persönliche Grenze kommen, die vom Mitarbeiter als zu intim empfunden wird. Sie sollten in dieser Hinsicht also eine klare Unterscheidung zwischen „direkt tätigkeitsbezogen" und „personenbezogen" treffen und nur Coachings in erster Hinsicht selbst anbieten und sich darauf einlassen.[4]

Der Abschied aus der Führungsrolle

Was beim Abschied häufig schiefläuft

Eines Tages ruft der nächste Karriere- oder Lebensabschnitt. Darüber mag man sich freuen oder nicht, es ist der Lauf der Dinge. Vor dem Abschied aus einer Position tritt häufig ein erheblicher Autoritätsverfall ein. Amerikanische Präsidenten gelten spätestens ab der zweiten Hälfte ihrer zweiten Amtszeit als „lame ducks", als „lahme Enten". Sie leiden unter Autoritätsverlust. Wenn jemand seine Macht verliert, weist er für die Menschen seiner Umgebung nicht mehr in die Zukunft. Er wird von der Zukunft überholt, und die meisten orientieren sich zügig an demjenigen, der voraussichtlich nach ihm kommt.

Oft ist es im Nachhinein schmerzlich, wenn der Rückblick auf ein großes (Lebens-)Werk durch einen ungeschickten Abgang getrübt ist. Leider schaden sich viele bedeutende Persönlichkeiten, die Großes geleistet haben, durch einen schlechten Abgang.

Beispiel

Bundeskanzler Helmut Schmidt wurde zwar vorzeitig gestürzt, aber es war der Verrat des kleineren Koalitionspartners, der gewissermaßen seine Ehre rettete. Über 20 Jahre lang führte er diskret und doch nicht

---

4 Mehr zum Thema Coaching können Sie meinem „Coaching-Brevier" entnehmen.

ohne Einfluss das Leben eines „Elder Statesman" im Hintergrund, schrieb ein paar Bücher und meldete sich gelegentlich zu weltpolitischen Themen und Anlässen zu Wort.

Was in der Politik für alle sichtbar abläuft, geschieht in Firmen im Kleineren und Kleinen. Vorstände werden gegangen, man spricht von Vertragsauflösung in gegenseitigem Einvernehmen. Vieles wird kaschiert. Was man selten beobachten kann, ist, dass jemand freiwillig geht, ohne einen neuen Job zu haben. Natürlich löst eine offene Situation beim Betreffenden Angst aus, und die ist wohl in den meisten Fällen das Klebemittel an alte Sessel. Für die Queen und für Päpste scheint das auch zu gelten, aber man kann es in diesen besonderen Fällen auch anders sehen: Als Mutter der Nation oder als Vater der Christenheit kann man eigentlich sowenig abdanken wie der Vater oder die Mutter einer Familie. Egal, in welchem Verfallszustand, sie bleiben im Rang und in der Position an dem entsprechenden Platz. Sie können nicht zurücktreten.

Worauf Sie beim Abschied aus einer Führungsposition achten sollten

In Firmen werden Funktionen mit Personen besetzt und die Personen sind austauschbar. Trotzdem kleben viele Personen an ihren Plätzen, als wären sie vom Geburtsrecht dafür vorgesehen. Wenn sie dann schließlich mit sanfter oder derber Gewalt entfernt werden müssen, entehrt sie das meistens. Deshalb sollten Sie sich lieber frühzeitig Gedanken über Ihre nächsten Schritte und über den eigenen Abgang machen. Dazu einige Gedanken und Empfehlungen:

1. Kündigen Sie Ihren Rücktritt oder Abschied möglichst spät an, beziehungsweise treten Sie nach der Ankündigung schnell zurück. Lange Zeiten des Übergangs sind für alle Beteiligten unerfreulich. Hören Sie lieber zwei Jahre früher auf, als einen zweijährigen zähen Abgang zu machen, oder bringen Sie sich in einer eventuell für Sie geschaffenen Sonderrolle speziell ein. (Das ist allerdings meistens auch nicht wirklich erfreulich.) Gehen Sie lieber davon aus, dass Sie in der Zeit, die Sie früher in den Ruhestand gehen, sehr viel mehr Lebensfreude ge-

winnen und genießen können, als wenn Sie sich in den letzten beiden Jahren daran aufreiben, sich an etwas zu klammern, was doch nicht zu halten ist.

2. Bleiben Sie grundsätzlich nicht zu lange auf einer Position. Fünf bis sieben Jahren sind genug. Danach besteht erhöhte Gefahr, dass Sie zum „Inventar“ gerechnet werden und an Autorität verlieren. Mindestens sollten Sie dann in Ihrem Bereich Neuanfänge mit einbauen. Grundsätzlich gewinnen Sie eher an Autorität, wenn Sie sich von einer neuen Firma teuer als externer Fachmann einkaufen lassen. Dabei sind größere Gehaltssprünge erfahrungsgemäß auch leichter möglich als im Rahmen eines internen Aufstiegs. Die Neigung zum Wechseln der Firma lässt bei Mitarbeitern, die länger als 12 Jahre bei einer Firma sind, statistisch rapide nach. Das liegt vermutlich daran, dass sie es nicht mehr gewohnt sind, neu zu beginnen, sich an ihrer Stelle eingewöhnt haben und mehr Angst vor einem Wechsel haben als jemand, der schon häufiger einen Wechsel erfolgreich bewältigt hat. Eigentlich wäre gegen Beständigkeit ja nichts einzuwenden, aber der oben beschriebene Effekt, dass man von einem langjährigen Firmenmitarbeiter kaum noch überraschend Neues erwartet, schmälert auf Dauer die Attraktivität. Weder das Selbstwertgefühl noch der Arbeitsmarkt reagieren darauf positiv, und ein später Wechsel nach jahrzehntelanger Betriebszugehörigkeit ist psychologisch und arbeitsmarkttechnisch schwierig. Wenn man dann aber noch 10 bis 15 Jahre bis zum Ruhestand warten muss, kann das zu einer langen, unbefriedigenden Zeitspanne werden.
3. Besonders in Konzernen sehe ich, dass exzellente Führungskräfte, die schon länger an ihrem Platz sind, oft schon fünf Jahre vor ihrem Ruhestand schleichend an Autorität verlieren. Das steht dann dem, was sie mit ihrer Kompetenz und Erfahrung bewirken könnten, diametral entgegen. Manche Mitarbeiter, die für sich selbst keine Veränderungsperspektive sehen, versuchen die Unbequemlichkeit einer solchen Führungskraft einfach auszusitzen. Darum als Empfehlung an Führungskräfte um Mitte 50: Sehen Sie zu, noch einmal einen neuen Job zu bekommen, noch einmal eine Hierarchiestufe höher zu springen oder ein wichtiges Projekt zu übernehmen! Werden Sie nicht zum

öffentlichen Abgesang Ihrer selbst. Eine gesunde Hierarchie hat immer auch mit dem Alter zu tun: Die Jungen fangen unten an, und oben stehen die Erfahrensten im „Ältestenrat“. Wenn Sie noch einmal etwas Neues anfangen, kann das vielleicht Ihre Lebensarbeitsleistung krönen, und Sie werden noch einmal für eine Zeit als „der Neue“ gelten und für drei bis fünf Jahre kraftvoll und mit Einsatz Ihrer Gesamtkompetenz wirken können.

4. Bauen Sie einen Nachfolger möglichst frühzeitig auf, und veranlassen Sie eine frühzeitige Nachfolgeplanung in Ihrer Firma. Anzustreben wäre eine verbindliche Regelung, auf die sich jeder einstellen kann. Wenn absehbar ist, dass Ihr Nachfolger Ihre Strategie weiterführen wird, ist auch vorstellbar, dass er schon ein Jahr vor Ihrem Abgang als Nachfolger öffentlich gemacht wird. Dann sollten Sie wirklich alle Dinge mit ihm im Einklang aufstellen. Dabei wird Ihre Autorität dann nicht oder kaum geschwächt. Je deutlicher aber wird, dass Ihr Nachfolger eine andere Strategie fahren will oder soll, desto früher sollte die Wende mitgeteilt und Ihr Abschied vollzogen werden.

Excellence in Leadership und Passion in Success

Schauen Sie sich die Zeugnisse Ihrer Kinder oder Patenkinder an oder auch Ihre eigenen. Sie erfahren nicht nur von Spitzenleistungen. Weder mit Prügel, Nachhilfe oder zärtlichen Kosungen werden Sie lauter beste Noten bewirken. Sie werden und sollten Ihre Kinder trotzdem lieben.

Schauen Sie in den Spiegel, und Sie werden vermutlich weder Miss World noch Mister Universum sehen. Weder mit Sport, Fasten oder Schönheitschirurgie werden Sie erreichen, für ewig jung zu bleiben oder eine ideale Phantasiegestalt von sich zu verwirklichen. Sie sollten trotzdem keine Minderwertigkeitsgefühle bekommen und dürfen sich trotzdem mögen.

Schauen Sie auf Ihr Einkommen, und Sie werden sich vermutlich weder mit Bill Gates noch mit anderen Milliardären messen können. Vermutlich werden Sie es weder mit Ackern noch durch Betrug noch mit Spekulationen oder Glücksspielen in einem Jahr verdoppeln können. Sie sollten trotzdem das Leben genießen und sich erlauben, glücklich zu sein und ein zufriedenes Leben zu führen.

Seien Sie glücklich, aber vielleicht nie ganz, gewähren Sie sich und anderen Ruhe, aber nicht für immer. Seien Sie als Chef oder als Elternteil bei aller Großzügigkeit, Liebe und allem Respekt doch immer auch Förderer und Vorbild. Bleiben Sie mit sich, der Welt und den Menschen positiv gestimmt und gnädig. Leben Sie in liebevoller Achtsamkeit. Erlauben Sie sich Verständnis und Mitgefühl. Suchen, schaffen und erfinden Sie für sich und andere immer wieder neu eine gut balancierte Lebenskunst.

Wenn Sie nicht Missgunst, Neid oder Ablehnung provozieren wollen, sollten Sie, je höher Ihr Rang und Ihr Ansehen ist, anderen Menschen desto mehr an Großzügigkeit, Respekt und Achtung entgegenbringen.

Geben Sie Ihr Bestes an Ihrem Platz, schaffen Sie anderen Raum, damit sie ihr Bestes geben können. Folgen Sie Ihrem Herzen und vertrauen Sie Ihrem Bauch und ermutigen Sie andere zu Gleichem. Fragen Sie nach Sinn und fordern Sie ihn, vermitteln Sie ihn an andere weiter. Gehen Sie oft auf andere zu, reichen Sie helfend Ihre Hände. Bauen Sie Brücken und schaffen Sie Platz, bedenken Sie Ziel und Ende.

Es können nicht alle Menschen ständig Spitzenleistungen erbringen. Eine Familie, eine Firma, ein Volk besteht aus verschiedensten Menschen mit unterschiedlichsten Begabungen, Erfahrungen und Fähigkeiten. Ehren Sie jeden an seinem Platz und in seiner Art, unterstützen Sie jeden in seiner Weiterentwicklung. Folgen Sie Ihrer Leidenschaft, pflegen Sie Ihre Lust und Ihre Freude. Griesgrame braucht die Welt nicht. Schauen Sie jeden Menschen auch einmal freundlich an und schenken Sie der Welt Ihr Lächeln.

Besinnen Sie sich immer wieder auf das Wesentliche und lassen Sie andere daran teilhaben. Erfolg ist nicht, was man will, sondern das, was aus allem Bemühen schlussendlich folgt. Treten Sie vor und wieder zurück, genießen Sie Erfolg und gewähren Sie ihn.

Laotse sagt: *„Von einem guten Führer werden sie sagen: Wir haben dies selbst getan."* Seien Sie ein guter Führer.

Die größte Autorität hat, wer sie weder erstrebt noch benutzt, das strahlendste Charisma, wer nichts davon weiß.

Lebe, liebe, lache!

Der Autor

Dr. phil. Winfried Prost
hat seit 1980 mehr als 1000 Führungs- und Persönlichkeitsseminare sowie zahlreiche Beratungen für Vorstände und andere Führungskräfte mit insgesamt mehr als 12 000 Teilnehmern durchgeführt. Einige Jahre arbeitete er mit Professor Rupert Lay zusammen. Dr. Prost studierte an der Hochschule des Jesuitenordens St. Georgen in Frankfurt und an der Universität in Bonn Philosophie, Pädagogik und Theologie.

Seit 1986 führt er seine Tätigkeit überwiegend im eigenen Seminarhaus in Köln durch. 1996 gründete er die Akademie für Ganzheitliche Führung. 2005 bezog er in Köln ein neues Akademiehaus direkt am Rhein und eröffnete 2006 eine Zweigniederlassung in Zürich.

Prost ist Experte für Führungsfragen, für rhetorische und dialektische Kommunikation und berät bei schwierigen Verhandlungen. Weitere Schwerpunkte seiner Beratungen sind: Öffentlichkeitsarbeit, Persönlichkeitspsychologie und Psychosomatik. Sein Ansatz ist eine ganzheitliche, das heißt alle Persönlichkeitsebenen und Lebensbereiche umfassende Wachstumsarbeit, deren Ziel es ist, brachliegende oder blockierte Persönlichkeitsanteile zu aktivieren und in das private und berufliche Lebensfeld zu integrieren.

Einen Teil seiner Erfahrungen veröffentlichte er als Autor von mittlerweile 20 Büchern. Seit 2001 bietet er eine Ausbildung zum Coach an.

Winfried Prost ist in der vierten Generation Pädagoge und Vater von fünf Söhnen und einer Tochter.

Kontakt: www.winfried-prost.de

Weitere Bücher von Winfried Prost

GLASPERLENSPIELE*; Verborgenem Wissen auf der Spur, Reise zum tieferen Sinn unserer Worte, 1999.

AUS PARTITUREN DES SCHICKSALS*; Schicksale und Krankheiten tiefenpsychologisch gedeutet, 304 Seiten, 2000.

FÜHRE DICH SELBST!* Die eigene Lebensenergie als Kraftquelle nutzen, 3. Auflage 2001.

COACHING-BREVIER*; 150 Goldene Regeln für Coaching und Training, 2003.

LEXIKON KÖRPERLICHER UND PSYCHISCHER SYMPTOME UND DER GESCHICHTEN DAHINTER*; 2004.

DIALEKTIK –DIE PSYCHOLOGIE DES ÜBERZEUGENS; 3. Auflage in Vorbereitung, Gabler Verlag 2008.

VOM UMGANG MIT SCHWIERIGEN MENSCHEN; Experten berichten von ihren schwierigsten Fällen und deren Lösung, herausgegeben von Winfried Prost, in Vorbereitung, Gabler Verlag 2008.

MANIPULIEREN UND ÜBERZEUGEN; Unterschwellige Beeinflussung erkennen, einsetzen oder abwehren, 5. Auflage in Vorbereitung, Gabler Verlag 2009.

RHETORIK UND PERSÖNLICHKEIT; Wie Sie selbstsicher und charismatisch auftreten, 2. Auflage in Vorbereitung, Gabler Verlag 2009.

* Diese Bücher sind nur direkt beim Autor erhältlich.

Stichwortverzeichnis

Printed in Poland
by Amazon Fulfillment
Poland Sp. z o.o., Wrocław

76389734R00148